悦读丛书
媒介与大众文化系列

浙江省社科联社科普及及课题成果
21KPWT03ZD-3YB

流量危机

亚文化圈层的心理画像

郭沁　著

ZHEJIANG UNIVERSITY PRESS
浙江大学出版社
·杭州·

总　序

一直以来，我们对大众文化的感知总是宏大而模糊，它是音乐、电视、电影，也是某段时间的社会流行，还是群体共享的价值观，它似乎包罗万象，却又不可触及。在关于大众文化的诸多表达中，媒介文化是大众文化发展到一定阶段后出现的新型文化形式，涉及的领域十分庞杂，又依托新型网络技术，演化出无限丰富的内涵。这些新技术不仅融合了多种传播媒介，更创造出一个泛在的、多元化的媒介环境，在潜移默化中改变了大众文化的表现形态，调整了媒介与人类社会的关系。自此，大众文化不再是一个模糊空洞的术语，而是一种与新兴媒介共生的特殊生活方式。

清晨唤醒我们的可能不是晨曦鸟鸣，或是石英闹钟的嘀嘀哒哒，而是手机传出的自定义音乐。起身后，查看微信留言成了几乎所有人的习惯。从广播电视的早间新闻节目中获知天下大事已经太过滞后，人们开始习惯登录新浪微博、抖音或其他手机App，看看身边发生了什么趣事、世界起了怎样的变化。而这样的"查看"会在一天剩下的碎片时间内上演很多次，成为下意识的肌肉行为。天各一方的朋友不必焦急期盼着见字如晤，一个视频电话就能让大家促膝长谈。而借着网络一线牵，内向的人不必再害怕社交，陌生人也能迅速热络起来。于是信箱里的报纸和信件消失了，快递柜里的网购包裹成就了每日的惊喜。操场上玩泥巴的小朋友不见了，虚拟世界里开黑联排的"战友们"增多了。纸和笔虽然未被弃用，但电脑等生产力工具成了人们的不二选择。唱片、磁带和录像带上都落了灰尘，剧场的时间难合心意，倒不如打开平板，戴上耳机，隔绝外界干扰，沉浸在一场场视听盛宴中……如果有个从100年前意外来到2022年的穿越者，他一定会惊讶于所看到的一切，但对于我们大多数人来说，这些与新媒介共生的情景稀松平常得如同吃饭饮水，白叟黄童皆享乐其间。

毋庸置疑，媒介文化已然渗透至日常生活的方方面面，以至于很多时候，我们很难跳出现有的视角审视和理解它所带来的巨大影响，甚至会忘记自身正处在一个由媒介环绕的世界中。也正是这种潜移默化的、沉浸式的生活体验，让媒介几乎主宰了我们每一天的心得体悟。

既然我们已经发现了媒介文化已经深刻融入现代人的生活方式，就需要继续讨论这种参与的价值及后续影响。社会化理论认为，人的一生都需要不断提高自身的社会化程度，学习生活技能和工作技能，培养沟通能力和思辨能力，内化社会主流价值观，以便更好地适应现在及未来的社会生活。个人的社会化不是刻意而为的教学，也没有限定场景，在个人与他人、个人与环境的交互中，社会化进程会自然而然地向前推进。美国传播学者查尔斯·赖特认为，现代人社会化的场景除了家庭、学校等人际交往圈层，还有特定的大众传播环境。除了社会化功能，环境监视、解释与规定，以及提供娱乐也是大众传播的重要功能，即媒介"四功能说"。换言之，媒介对个人生活的参与程度远比想象中的深远：它不仅提供了现代化生活方式的范例，还是我们愉悦自身、获得身份认同、内化社会价值观、感知所处环境并作出恰当回应的关键场景。

这样的关键场景正随着大数据、5G、AI等新网络技术的更迭发展而扩大，赋予了媒介文化更强劲的生命力。人们的生活方式和社会认知模式不断更新，迫使各行各业自我变革以适应时代发展，新产业、新业态层出不穷，提升了我们的生活创新力。无论是年轻人还是银发族，都越来越离不开媒介带来的全新体验，甚至主动参与至媒介文化传播中，以满足在工作、生活、精神娱乐等方面的独特需求，媒介文化也由此重塑了我们思考、沟通和交往的方式。也就是在这样的紧密相连中，媒介与我们的关系出现了一定程度的扭曲。

看不见的网络通过一个个数字信号拉近了人与人之间的距离，却悄无声息地异化了正常的社交距离和尺度。海量的网络信息使人们足不出户便可领略广袤世界，却也在潜移默化间禁锢了人们的视野。一些严肃讨论日渐娱乐化，思想碰撞退化为非理性诡辩，以热爱限制自由，以立场判定是非功过。庸俗的暗语和难懂的缩写如病毒般蔓延，暴戾逐渐填充网络空间。大概这就是为何有人以"娱乐至死"来总结当下，并将祸水源头归于网络文化兴盛吧。尤其当青少年成为网络文化的主要受众时，人们的担忧更增加了几分。青少年正处在生理心理急速发展、人际交往和外部环境交替变化的"风暴"期，时刻徘徊于矛盾与挑战间。由于媒介对日常生活的全方位浸染，他们不可避免地开始独立接触互联网和大众文化，甚至有时更把网络当作他们逃避现实世界的空间，只是他们的初级社会化进程尚未完成，未能形成独立思考、理性判断的能力，容易被各类网络事件误导。知悉了这些，对青少年群体媒介参与的正确引导就显得格外重要。

那么，在媒介文化传播与人类社会联系愈加紧密的今天，媒介文化应被视为人类进步的推力还是阻碍？不同年龄层的人们如何参与至媒介文化中？网络文化给他们带来了怎样的影响？我们又该如何面对网络中复杂的传播现象和事件？当越来越多的人开始思考这些问题时，本套媒介与大众文化系列丛书的出现恰逢其时。本套丛书力图通过揭示媒介文化的形成机制来引导读者认识复杂的文化现象，培养理论洞察力和批判能力，拓宽视野。本套丛书选择了10个人们在日常关注并参与的话题，希望通过对具体个案的描述和分析，对传播学的基本理论做深入浅出的解读，帮助读者学会以传播学的视角辩证地思考周遭发生的事件，进而萌生对传播行业的兴趣。

浙江大学求是特聘教授

吴　飞

序　章　天下苦"粉圈"久矣？争议之外的思考

在阅读本书前，让我们先一起进入以下场景：一个普通人的半日行程。

你走在街头，看到不远处商场外部的LED大屏幕上正循环播放着某位歌手的视频，似乎是他的粉丝买下了该时段屏幕广告的播放权，以此种方式庆祝歌手新单曲获得的好成绩。你来到地铁站，长长的过道里铺天盖地的是另一位明星的宣传图，祝福的文案让你猜测这是粉丝为了庆祝该明星18岁生日而准备的成人礼。到达站台，提示候车时间的电子屏幕在播放着新闻，正说到某位明星刚刚抵达了你所在的城市，而赶来接机的粉丝们阻碍了机场交通。还未来得及感慨，你就听到周围几个身穿校服的学生在激烈地讨论着最新档的选秀节目，他们先责怪经纪公司不够卖力宣传，又谴责其他队友偷人设、抢资源，连累自己挑选（pick）的练习生恐无缘出道。你对这些不感兴趣，于是往边上走了几步，想刷刷微博打发等车时间，却发现热搜榜单被各路明星的周边八卦霸占：谁的新剧开拍了、谁接了新代言、谁出轨了谁恋爱了、谁被提名为观众最喜欢的艺人——可你甚至从没听过这位艺人的名字，甚至连某位明星出席活动的穿着也登上了热搜前十。你意兴阑珊地退出热搜，随意浏览着微博，发现关注的博主发布了热映电视剧的长篇影评。影评写得中规中矩，只刻意强调了出彩之处，对问题的点评却如隔靴搔痒，并未深入讨论。你点开评论想知道究竟是你太过苛刻，还是他人也有此感受，奈何热评区早已被几位主演的粉丝们占领，充斥着华丽却空洞的赞美之词，辅以精美却失真的单人剧照，以及这些主演已播的、待播的、尚在拍摄中的作品信息。粉丝们使尽浑身解数向"误入"评论区的路人们——比如你——"安利"着自己的偶像，可你这位路人却并未从这些千篇一律的评论中提取出任何有价值的内容。你无奈地退出评论区，精心编辑了一条原创微博以表达关于这部剧集的意见和建议。不承想，自认为中肯的评价却瞬间受到了主演粉丝们的围攻，他们质疑你不懂欣赏，怀疑你是其他演员的粉丝却伪装成路人来带节奏；更有甚者，认为你是收了钱的营销号，故意抹黑他们的偶像。你尝试解释却又被粉丝恶意曲解，而此时你的私信也被粉丝的谩骂攻占……你愤而卸载了微博，终于从百口莫辩中"存活"下来。当你把这一段遭遇说与你的亲朋好友时，终于找到了共鸣：有此经历的并非你一人，身边人多多少少都曾被粉丝的一些行为和言论干扰过正常的社交生活。回想种种遭遇，你们忍不住发出疑问，这些粉丝到底怎么了？

幼稚、无脑、病态……粉丝似乎天然就和这些负面词汇绑定在一起。他们被认为是社会脱节者，将生活局限于某个领域，拒绝其他社会经验。他们分不清现实和幻想，对自己所"粉"的对象抱有不切实际的认知和期待。而当粉丝以群体的形式——所谓粉圈——出现时，他们身上的负面标签则变得更多。粉丝群体常被认为是是非不分、党同伐异的。他们只活在非黑即白、非此即彼的世界里，用各种方式维护偶像的形象和利益。粉丝群体还被认为具有极强的攻击性。一旦他们认为自己的偶像受到了不公正对待——即便这并非客观事实——就会立刻回报以言语谩骂及其他攻击行为，违反社会公序良俗，甚至在法律的边缘疯狂试探。有人认为粉圈的核心问题是"摒弃主流价值观，却沉迷个人崇拜"。粉丝的世界是以所"粉"偶像为核心构建的，偶像的利益高于自身及他者的利益。因此，这些粉丝也被认为没有应有的社会责任感和羞耻心，不仅不会因为自己的行为损害到他人的权益而感到愧疚，还善用诡辩之术合理化自身行为，再用近似传销的话术体系洗脑群体内部成员，宛如社会"毒瘤"。也有人认为粉圈真正的问题在于粉丝"不产生生产力，却鼓吹消费主义"。每当明星艺人有新代言或新作品，他们的一些粉丝便倾巢而出地争相购买，超额消费、超前消费之风大盛——偶像专辑能买一百张专辑的，就咬咬牙买三百张。然而，消费并不是粉丝的终点，发挥舆论力量，将粉丝购买力与艺人商业价值和影响力挂钩，以此"诱使"利益相关方为自己的偶像提供更多后续资源才是真正目的。与粉丝畸形的消费观相呼应的是"流量至上"现象，一些投资方为了最大限度榨取粉丝群体的经济价值而无视普通大众的娱乐需求，以流量代替质量、以话题取代内容，蛮横地破坏了文娱产业的生态平衡。

当然，也有不少散装粉丝强调自己的追星之旅是理智的"圈地自萌"[1]，着重强调身为粉丝的所得所悟，又与非理性的同好们划分界限，游说四方、企图以一己之力"洗白"群体。然而，近年来一些粉丝群体与大众之间的矛盾愈演愈烈，"出圈"事件频发，把整个粉丝圈层推向舆论的风口浪尖，让大众不得不质疑所谓"圈"的边界在何处？尤其当大量低辨识能力、无经济能力的未成年人也开始参与追星时，粉圈表现出的不健康价值观和消费观无疑令人忧心，随之而来的长远的、潜在的社会危害更不容小觑。血气方刚的青少年极易受群体情绪煽动，在与其他群体的"对战"中通常表现得更为积极且暴力。2019 年底北京互联网法院在关于青少年和粉丝文化的报告中指出，在该院受理的网络侵害名誉权纠纷案件中，青少年是涉嫌侵权主体（即案件被告）的案件大多与明星艺人相关，其中 25 岁以下的被告占比超 40%，而 20 岁及以下的被告占比达 10%。[2]

凡此种种，也难怪人们每每谈到粉圈，都认为其该被"治"了。天下真的苦于粉圈久矣！

作为对这些担忧的回应，2020 年 5 月，十三届全国人大三次会议召开时，有代表提议要整顿不良"粉圈文化"，引导未成年人树立正确的主流价值观。同年 8 月，教育部等六部门联合印发了《教育部等六部门关于联合开展未成年人网络环境专项治理行动的通知》[3]，此项行动将加大对"粉圈"文化等涉及未成年人不良网络社交行为和现象的治理力度。随后，广电总局也发布了《国家广播电视总局关

1　圈地自萌，网络用语，指在自己的小圈子里自娱自乐，沉迷于自己的相对小众化的爱好。

2　《"粉丝文化"与青少年网络言论失范问题研究报告》，https://m.thepaper.cn/baijiahao_5292496.

3　教育部等六部门关于联合开展未成年人网络环境专项治理行动的通知，http://www.gov.cn/zhengce/zhengceku/2020-08/26/content_5537641.htm.

于推动新时代广播电视播出机构做强做优的意见》，提出要坚决防止追星炒星、过度娱乐化、高价片酬、唯收听收视率等不良倾向。这些举措可在一定程度上规范粉丝非理性行为、限制未成年人消费、解决流量明星数据注水等广受关注的社会问题。

诚然，粉圈的种种恶行无法洗白，应当予以批判，但除此之外，粉丝群体是否当真一无是处？是否真的只会给我们带来消极的社会影响？我认为答案是否定的，原因有三：其一，我认为粉圈并不等同于粉丝群体，因此即使人们对粉圈恶行愤怒不已，但由整个群体买单也颇不适合；其二，一旦开始理解个人从"路人"成为"粉丝"的心路历程，便不觉得他们都是幼稚、无脑和病态的；其三，在理解粉丝经济时，不应只着眼于粉丝的消费行为，他们的产出行为或许更值得关注。

粉丝群体并不等同于粉圈，或者说，粉圈只是粉丝亚文化圈层中的一个子集，仅由部分成员构成。它代表了部分圈内成员从各自为营到高度集中、从自由散漫到专业专职的转变，是对特定目标的群体性驱动，以及对相应行为的无条件奉行——而这一过程通常不是温和与理性的。粉圈的源头可追溯至选秀艺人，即爱豆的诞生。"你死我亡"的晋级过程造就了粉圈的极端性、攻击性和排他性。然而，粉圈的高效性——因放弃个人意志而提升了群体行动效率——和高收益性——因以情感冲动代替理性思考而自愿成为商业资本的"盘中餐"——延续了它的生命力、诱导了它的扩张性，被商业资本刻意播种至其他社群生根发芽。粉圈甚至已经成为一个形容词，用以指代思想和行为上的极端倾向，形容无需理性思考而仅凭立场站队的盲目，形容非此即彼、非黑即白的二极管思维。这样的粉圈早已与粉丝汇聚成群的初衷背道而驰，凡理性尚存的个人都难以与之为伍。

广义来说，粉丝群体是一个由粉丝们自发组成的社群，它以共同爱好为基础，认同为核心，彼此的分享和支持为基石，本质是亚文化圈层的一个小分类。此处的"共同爱好"，可泛指一切兴趣，包括但不限于文学内容、影视作品、文化风俗

1　国家广播电视总局印发《国家广播电视总局关于推动新时代广播电视播出机构做强做优的意见》的通知，http://www.nrta.gov.cn/art/2020/11/5/art_113_53696.html.

等。在互联网普及之前，爱好者们难以聚集成群，至多只能形成零星的小圈子，所以那时的粉丝的确称得上是"圈地自萌"的小群体。在新媒体技术的加持下，享有共同爱好的人们得以通过网络消除时间、空间上的距离，迅速集结成群，圈层日渐壮大，而粉丝文化也已经成为广泛流行于青年群体的亚文化现象。社群的壮大有利有弊：一方面，网络社群成为新的社会资本，满足了粉丝在不同层面的需求；但另一方面，大环境驱使粉丝社群这一原本小众、孤立的亚文化圈层逐渐从边缘走到中心，暴露在公众的视野中。粉丝群体一方面仍然希望保留自己作为小众文化圈的特征，保持一定封闭性；另一方面，又不得不适应由新媒介技术带来的一系列外部环境的改变，为自己的爱好争取更多的社会认同和经济收益——这种诉求在以明星为核心的粉圈中更为突出。于是，当私域空间碰撞公共空间，当亚文化圈冲击主流文化圈，各种矛盾、冲突、互不理解和互相伤害几乎不可避免，但若有适合的契机能增进了解，却也不是不可调和。

粉丝常被诟病为推崇个人崇拜。盲目的、过度的崇拜自然不可取，可纵观过往，粉丝中的确有不少因崇拜某个人而努力奋进，最终追星成功，迎来自己辉煌人生的成功案例。2022年卡塔尔世界杯赛事结束后，刚刚夺得总冠军的阿根廷队运动员胡利安·阿尔瓦雷斯在接受媒体采访时表示，自己从小就是梅西的球迷，至今仍保留着儿时和梅西的合影，能和偶像一起在球场上奋斗是一种荣耀，如今一起夺冠更是幸福的事。可见，如果崇拜的对象不是徒有其名而是行业翘楚，粉丝个人又不耽于逸乐而是以之为奋斗目标，"个人崇拜"这件事也可以有意义。

当粉丝以群体出现时，他们又时常因为过度占用公共资源而被质疑，比如在公共场所的大屏做广告，以此为偶像庆贺，又或是在公开平台疯狂刷屏抢占公众话题。但不可否认的是，这份组织力如果被善加利用，也可以化身为社会积极力量，譬如粉丝的公益应援就已成为社会公益的重要组成部分。淘宝上的免费午餐公益店中，有明星联名的公益午餐常年占据销量榜单前位；新冠疫情初期，各类明星粉丝公益应援组织与其他社会各界人士一起踊跃地捐款、捐物。当粉圈把应援手段扩展到公益应援后，明星效益的社会价值自然也显露出来。

　　除了公益价值，粉丝群体还带来了不可忽视的文化经济效益：他们并不是单纯的消费者，而是积极的文化产出者。《盗墓笔记》系列小说自 2006 年开始在网络连载后便吸引大量关注，实体小说的总销量已破千万册。大量粉丝在贴吧、微博等网络社交平台深度探讨书中情节，创作、发表同人作品，甚至还自发组织了"稻米节"等粉丝活动来表达对小说中人物的喜爱，小说中的重要场景甚至成为粉丝们的打卡胜地，带动了当地的旅游发展；同时，由该小说改编成的网剧、电影陆续上映并取得了不俗的播放量。种种迹象都表明《盗墓笔记》已然成为一个火爆的文化 IP，可稍加考证便会发现，《盗墓笔记》最初其实是另一部探险小说《鬼吹灯》的同人小说，作者受《鬼吹灯》启发，本来只打算写个短篇作为支持，没想到最后创造了一个"盗墓宇宙"。这样的故事并非孤例，在粉丝二创之路上还有不少由同人走向专业创作的案例。如今，粉丝二次创作及衍生周边已经造就一个可持续发展，并能带来巨大社会影响的文化产业，粉丝经济也因此成为一个涉及经济学、社会学、心理学、传播学等学科的热点议题。

　　近年来，粉丝社群的规模愈加壮大，其蕴含的社会经济效益和文化影响也逐渐显露。粉丝与外界摩擦不断，可又在摩擦中达成有保留的合作与谅解，以对抗的姿态一点点被主流文化"收编"，但相关讨论仍多是浮于表面的泛泛而谈。本书的撰写初衷并非要对粉丝群体展开一轮批判，当然也不是要尝试洗白粉丝的非理性行为，而是试图从学理的角度来阐述追星文化的发展历史，挖掘粉丝疯狂投身"追星事业"背后的心理机制，并探讨互联网时代粉丝群体对社会文化、经济等方面的影响。如果你是一名粉丝，我希望你能在阅读时得到一些共鸣，也能有所反思；如果你是一名粉丝文化的反对者，也希望你在阅读后至少对粉丝这一群体有更深入的了解，如果能将这种了解转化为理解和谅解那就再好不过了。即使你仍想批判他们，也请先放下固有认知带来的误解，有理有据地批判他们。在回顾了非粉丝群体与粉丝群体、普罗大众与"乌合之众"之间爆发的矛盾、冲突，以及"休战"之后，我很乐于见到未来可期的和解与合作。

　　本书共分为两个部分。第一部分主要梳理了粉丝从个人到群体、从羞涩到疯狂、从幕后到台前与公众对抗的演化史：其中第一章从词源学、粉丝行为、公众态度等角度对粉丝与公众矛盾做了整体梳理；第二章从媒介发展的视角出发，归纳粉丝话语权的提升路径；第三章和第四章以东亚偶像产业的发展轨迹为引，讲述了我国偶像产业的发展、困局及展望；第五章着重从心理学和社会学角度出发剖析粉丝崇拜的根源。第二部分主要分析了粉丝经济的时代背景、畸形现象、社会意义及新势能：其中第六章探讨了粉丝的文化消费及流量变现机制；第七章阐释了各利益方在粉丝经济模式中的需求；第八章解释了粉丝应援的方式及意义；第九章从群体角度出发，解析粉丝组织在应援中的作用及其进化特征；第十章将粉丝视为产消者，重新解构粉丝在文化产业中的作用及社会意义。

目录

第一部分

"乌合之众"的演化论

　　明星、偶像、粉丝、粉圈……这些词可能会唤起我们的负面情绪，这是因为公众往往将明星偶像们定义为"德不配位"的群体，而他们的拥护者——粉丝——则是心智不全的"乌合之众"，而粉丝的集合，即粉圈，在不断刷新人们认知的底线，可谓是社会"毒瘤"。公众的这种想法当然不是无本之木、无源之水，但需要注意的是，当我们有这样的想法时，脑中映射的"明星""偶像"是谁？"粉丝"的定义又是什么？

　　先说偶像。科比·布莱恩特是无数篮球迷心中不可代替的偶像，大卫·贝克汉姆是足球迷们心中的偶像，披头士乐队至今仍被不少摇滚歌迷视为不可超越的偶像，钟南山院士也曾言青年人将科学家视为偶像；然而另一方面，邓丽君是偶像，五月天是偶像，周杰伦是偶像，TFBOYS也可以是偶像。由此可发现，引发公众不满情绪的似乎只是从事文娱工作的演员、歌手以及选秀出身的"爱豆"们，公众对于体育明星则颇为宽容，对其他类型的公众人物也并无多大意见，甚至还颇为赞赏。那么，公众对于文娱工作者及其粉丝群体的感知，究竟是出于偏见的惰性思维，还是理性思考后的判断？

　　至于粉丝，球迷是粉丝，歌迷是粉丝，影迷是粉丝，二次元是粉丝，选秀粉是粉丝，热衷购买华为、小米等国产品牌的人也会称自己为"花粉""米粉"。那么，粉丝到底是什么？怎么样才算是粉丝？如果仅仅看过几场球赛，算是球迷吗？随意哼唱某位歌手的某几首歌，算是歌迷吗？只是欣赏某位演员饰演的某个角色，算是演员粉吗？只是喜欢某部影视剧，算是剧粉吗？单纯喜欢某个动漫角色，算是二次元吗？喜欢某个选秀"爱豆"的长相，算是颜粉吗？仅在微博发表评论支持华为，算是"花粉"吗？其实，公众对粉丝身份的定义并不清楚，甚至不少人对自己是不是粉丝也难下判断。在这样的现实前提下，贸然将整个粉丝群体置于公众的对立面，似乎有所不妥，也容易误伤"友军"。不可否认，极端粉丝的行为理应被批判，但并非所有粉丝都是极端粉丝，也并非所有粉丝行为都应被干预。如果粉丝只是坐在台下安静欣赏，他们是否需要被批判？如果粉丝能在追星的过程中丰富自身并惠及他人，他们的追星之旅以及他们的偶像是否仍然会被认为是一无是处？

公众与粉丝群体的矛盾，尤其是以明星艺人为核心粉丝群体间的矛盾不仅客观存在，还由来已久，但并非不可调和。

第一章　傲慢与偏见：污名化的时代

美国传播学者亨利·詹金斯（Henry Jenkins）在他的民族志研究[1]《文本盗猎者——电视粉丝与参与式文化》（*Textual Poachers: Television Fans and Participatory Culture*）中总结了 20 世纪七八十年代之前美国坊间对电视粉丝的偏见。当时的电视粉丝被认为是在情感和智力上都不成熟的群体，他们沉浸在电视虚构的世界中分不清现实与虚幻，执着于无意义的细节，并赋予这些低价值的文化产品以不恰当的重要意义，还会无脑购买一切与电视剧或其中演员有关的产品。这些带有偏见的认知虽是针对当时美剧《星际迷航》（*Star Trek*）系列影视作品[2]播出期间的狂热电视粉丝提出，却渐渐上升至整个粉丝群体，直到今日仍与他们形影不离，甚至有愈加刻板化的趋势。

在公众眼中，一些粉丝是心智不成熟且被洗脑的，是心理不正常且常有偏激反应的，也是情感不理智且不切实际的，他们僭越道德底线，狂热又失智。当粉丝独自一人的时候是着魔的"独狼"，当他们聚集成群时就是歇斯底里的"乌合之众"。公众对粉丝群体的批判并非完全出于他们的臆想和傲慢。想想那些演唱会现场疯狂应援的观众、球场外扭打成团的主客场球迷、漫展中身着奇装异服的二次元爱好者，以及为了购买偶像周边产品而千金散尽的"氪金"狂魔、在机场追击围

1　民族志研究（ethnography），一种定性研究方法，研究者在研究对象的真实生活环境中观察对象，或与之互动。

2　美国科幻电视剧，剧集讲述了一个发生在 23 世纪的太空冒险故事。

堵明星并造成公共设施损坏的，或是跟踪尾随其至潜入偶像住宅的"私生饭"……传统认知塑造下的不成熟、不理性、不切实际的粉丝形象与现实世界的故事不谋而合，似乎为公众的偏见提供了有力证据。

不过，同样不可忽视的事实是，不论是"独狼"还是"乌合之众"，我们首先应当视粉丝为独立的客体，他们也拥有正常的生活，作为粉丝的体验只是他们常态生活中的一部分。站在演唱会现场的他们是为歌手呐喊的狂热歌迷，而散场之后他们就又回到了各自普通的日常生活，可能是懂事孝顺的子女、刻苦优秀的学生，或勤劳努力的打工人，各种身份之间并不矛盾。为避免深陷群体性偏见，粉丝们自然想要为自己正名，控诉不公的待遇。他们认为公众的偏见是缘于不理解，只要开诚布公地沟通就能消除误解。于是，他们心急火燎地向公众展示自己作为正常人的生活片段、宣传自己为社会作出的贡献、反复描述自己在追星过程中的收获，以证明自己所做并非一无是处；也有从受害者的立场出发，试图向公众科普粉圈知识、合理化自己的行为；另一些粉丝则公开与公众口中的非理性粉丝划清界限，以证明自己的理性。可惜，这样的沟通并没有达到理想的效果，公众或许不再与个人粉丝纠缠，却依然无法接受作为群体的粉圈。

大众与粉丝间如此根深蒂固的矛盾究竟从何而来？让我们尝试回顾过往，着重从词源学、社会价值导向以及行为结果的角度展示粉丝群体与公众之间种种偏见的来源。

第一节　矛盾来源

公众对粉丝的偏见主要可归咎于三大源头：其一是粉丝在词源学上的"原罪"；其二是不恰当的社会价值；其三是粉丝行为对大众文化中重要边界的触碰。

"原罪"

从词源学的角度来看，"粉丝"是有"原罪"的。

　　中文语境中的"粉丝"是一个舶来词，是英文单词"fan"的汉语音译，最早由台湾媒体[1]引入语言体系，2003年后才渐渐被大陆媒体使用，而在此之前媒体会直接用英文单词fan或fans来指代这一群体。2001年，网易社区发布的国外娱乐圈新闻中提到"不过有些跟伊势谷贴身的Fans对此极表不满……"[2]，2002年，《南方都市报》发布的娱乐新闻中提到"F4在香港举行歌友派对和Fans一起做游戏……"[3]，2005年，随着《超级女声》节目的火爆，"粉丝"这一称呼被媒体大量使用，强势进入公众视野；与此同时，天涯社区（自1999年）、百度贴吧（自2003年）、微博（自2009年）等社交媒体的崛起进一步促进了"粉丝"的传播率。终于到了2012年，"粉丝"一词首次被第六版《现代汉语词典》正式收录，完成本土化过程，进入日常汉语词库。第七版《现代汉语词典》对"粉丝"的解释是"迷恋、崇拜某个名人的人"。虽然我们通常默认粉丝是明星艺人的迷群，但"粉丝"在汉语语境中的正式定义并非专指特定人群，而是泛指一切公众名人的迷恋者。在"粉丝"被正式引入汉语固有词库之前，具有相近概念的名词包括崇拜者、拥护者、发烧友、某迷（如球迷、戏迷、影迷、歌迷）等。其中"迷"可理解为迷恋某人或某物的人；而"崇拜者"最早源自宗教，在各版《辞海》中均被解释为因尊崇和敬拜"精神体"（如神、仙、鬼、怪等）而采取某些行动（身体动作、念、唱、祷告等）的人，后增加了非宗教含义，引申为对他者表达崇敬钦佩的人。可见，不论是对英文舶来词"粉丝"，还是汉语固有词"迷"等，甚至是带有宗教色彩的"崇拜者"，在汉语语境的定义中都为中性的，至少不带贬义。

　　那么，"粉丝"的原罪从何而来？

　　让我们从英文原词中寻找答案。"fan"在韦伯斯特词典中被视为是"fantic"的缩写，而第八版《牛津高阶英汉双解词典》对该词的解释为，"fantic"，即入迷者。在这一词条下的其他解释也包括"极端分子；狂热信徒"。后缀为"-ism"的派生词

1　林资敏. 抓住怪怪粉丝（Fans）——视觉行销策略[M]. 上海：上海人民出版社，2003.

2　狗仔队死追广末凉子，http://ent.163.com/edit/010604/010604_78866.html.

3　到Fans中去[N]. 南方都市报，2002-12-02. http://ent.sina.com.cn/m/2002-12-02/1140116630.html.

"fanaticism"，被解释为"（尤指宗教、政治上的）狂热，入迷"。回溯至此，可发现词源学上的"fan"已经不再中性，而是被归为极端分子的一类，并附有浓厚的宗教色彩。如果我们继续从词源学的角度挖掘，"fanatic"的根源其实是来自拉丁语词"fānāticus"，该词被用于指代受到神灵或恶魔启示的、极度虔诚的人。在更日常的表达中，它暗含"frantic（疯狂的）""frenzied（狂乱的）""mad（发疯的）"的意思，因为当时的社会环境认为在宗教上表现狂热的人，多是被神灵支配或被恶魔附身而精神疯狂、言行失常的人（见图1）。

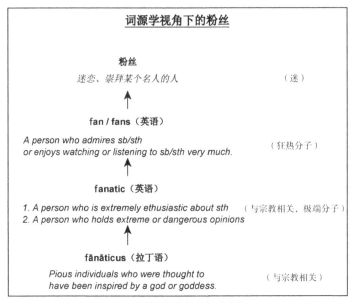

图1　"粉丝"的词源演化之旅

　　由此总结，"fan"诞生于宗教且与精神上的疯魔和行为上的失常息息相关。虽然随着历史文化的变迁和语言使用的变化，"粉丝"在各个语言体系中的定义大抵都褪去了最初负面色彩的引申而呈中性词态，但大众对粉丝群体的偏见似乎并未因词性的变化而消失，反而越发激烈。

品位和价值

（一）推崇个人崇拜

从定义来看，粉丝迷恋的并不只明星艺人，其他公众人物也有粉丝支持，甚至文本、物件等非人载体也有相应的迷群存在。这些粉丝群体间仿佛存在着"鄙视链"，相较于球迷、书迷等，艺人粉丝处于"鄙视链"底端，最不为公众待见，核心原因之一便是他们对明星艺人强烈的个人崇拜。

个人在成为粉丝之前，或许只是被艺人的颜值、造型、性格、业务能力等特质吸引，对艺人良好的初印象推动他们主动探索艺人的信息，并在不断挖掘中产生更深刻的情感，最终认同了自己粉丝的身份。与情感伴生的还有粉丝厚重的滤镜，严重的认知偏差让他们无限放大艺人的优点，把艺人塑造为完美无缺、超凡脱俗的形象："你的鼻子是喜马拉雅山吧，高挺到只能让人感慨大自然的鬼斧神工。""你是玫瑰上的露水，是所有清澈和美好的结合。""唯有你的光辉，能像漫过山岭的薄雾。"对艺人形象的积极构建又反过来强化他们对自己粉丝身份的认同感，以及对艺人的情感联结，更有一些偏激的粉丝深陷"滤镜—情感升级—滤镜升级"的循环，不断自我矮化并神化艺人，最终生出崇拜。在从词源学的角度分析"粉丝"时，我们已经发现了粉丝与宗教的关系。无论是汉语固有词"崇拜者"，还是由"fanatic"衍生来的"粉丝"，最初皆源于宗教。这倒并非合理化粉丝对艺人过度的个人崇拜，也并非主张将粉丝的所有情感皆逆推为宗教意义上的崇拜，而是试图提出一种可能：从某种意义上来说，当个体认同了自己粉丝身份的时候，这种近似宗教崇拜的属性便已经被悄悄附加。

当然，大部分粉丝并不会真的把艺人崇拜当作宗教信仰，而是停留在理性的欣赏和有保留的认同上；小部分的狂热粉丝虽不至于像真正的宗教徒一般对着真人偶像顶礼膜拜，但在艺人"神性光环"的影响下，他们常表现出盲目的信任和无条件的服从，并主张把这份偏执的个人崇拜推广至整个群体，而这正是公众所担忧的。当个人陷入狂热情绪时，其思维逻辑多半是非理性的，随之而来的便是认知能力的失调和行为反应的失控，如果个体持续沉浸在这种情绪中，就会逐渐迷失自我。当粉丝聚集成群时，情绪会在彼此的互动分享中被放大和加强，把整个粉丝群体推至疯狂且失控的边缘，最终导致群体性迷失。由此，公众眼中对艺人疯狂崇拜的这些粉丝大都无视公德、责任、同理心等公序良俗，他们丧失了自我意识的构建，无所谓自身价值的实现，自然更不在意他人的自我实现；这些对粉丝而言也无关紧要，只有偶像的利益才是正事，只有帮助偶像争取更多利益才是正途，对社会的破坏力可想而知。

更为令人忧心的是，近年来粉丝群体呈低龄化发展的趋势，未成年成了粉圈主力军。一项调查显示，90后受访者中的追星族不足三成，95后受访者超过半数认为自己是追星族，而在00后中，这一比例高达七成。[1]青少年群体的心理和生理发育尚不成熟，对事物的认知偏向感性认识而非理性批判，他们中的粉丝群体追求刺激、对危险行为有强烈的好奇心，同时喜欢挑战权威、以出格的行为彰显自己的个性。明星艺人光鲜亮丽的形象可以满足青少年的猎奇心和感官刺激，而公众的盲目偏见又激发了青少年的叛逆心理，于是，他们主动沉迷其中，把偶像视为情感寄托、把追星视为彰显个性，又在群体心理的影响下放纵情感将其转化为"信仰"。此时，若无正确引导，这些青少年的追星行为不仅会导致荒废学业的问题，还会令他们生出畸形的价值观和社会观，给社会发展带来负面影响。

（二）模糊精英品位

在近代工业社会之前，人类社会长期处于资源匮乏状态，大众消费以满足生存需求为主，三餐温饱、有瓦遮头便已经足够，社会文化对大众消费价值观的塑造也以提倡勤俭节约为主，生产受人尊重，消费却是可耻的。工业化进程率先改变了以西方国家为首的工业国家的生活消费方式，消费观由资源匮乏、抑制大众消费，变为资源充分、鼓励大众消费。而社会生产力的进一步饱和让大众的消费需求从生存必需品上升到精神追求和自我满足等方面。由此，消费被赋予了新职

1　2018年《维度》联名腾讯理财做的问卷调查，https://m.sohu.com/a/284653199_599520.

能，成为区隔社会的工具。[1]

社会精英人士为了巩固自己的社会地位，精心打磨了一套符合自身品位的消费文化。他们先把商品符号化，再赋予符号以价值品位，用消费体现品位，用品位区隔自我与他者。高尔夫是中产阶级的休闲、西装礼服是上流社会的名片、香水味比烟火气更暗示浪漫魅惑、莎士比亚的作品比其他小说更有深邃内涵、交响乐团的表演比流行乐队更高雅……这些价值品位大都被主流社会认可，因为它们由占据社会主导地位的精英人士构建，但与此同时，这些意义又无法惠及普罗大众，因为普通人疲于工作的忙碌和生活的压力，无暇理解符号背后的价值。于是，精英品位成为区隔不同的阶层的标志，受过更高教育、具有更高社会经济地位的社会精英自然品位高雅，而受教育水平较低、处于低社会阶层的人群品位难免低俗。

精英品位也具有迁移性。处于低品位阶层的人群为了使自己看起来更高雅，会刻意迎合并模仿高品位人群的消费模式，努力成为他们中的一员，却在无形中消解了消费铸成的隔离。面对品位的迁移，作为高品位的精英人士的心态颇为复杂。一方面，他们试图引导并同化公众认同他们的消费品位；可另一方面，他们又不希望被轻易模仿，想通过消费长久地与低品位的人区隔开，维持独特的高雅品位。于是，当某一符号品位下沉至普通人群中，高品位们便会立刻将之抛弃并寻求新的高雅品位。但是高品位复杂心态中最为吊诡的部分，并非既希望推广自己、又不希望被轻易模仿的矛盾心理，而是当他们面对与自己品位不一致的或不接受同化的群体时的反应——他们会愤怒地将这部分人群判定为社会的异类，是"不正常"且需要予以教化的。当这部分群体的数量过于庞大时，精英人士甚至会产生恐慌感，担忧这股不受自己控制的力量会完全模糊他们精心打造的、被大众认可的高雅品位。

这种由精英人士构建的消费品位也能在一定程度上解释为何一些粉丝群体会被公众认为是"不正常"的，因为他们企图创造自己的品位文化，将符合自己审美

1　凡勃伦. 有闲阶级论：关于制度的经济研究 [M]. 李华夏，译. 北京：中央编译出版社，2012.

品位的对象——不论是文本、影视作品、公众人物还是其他——推上价值巅峰予以崇拜，完全无视现存的社会品位以及普罗大众对这种品位的拥护和自我同化。精英品位的构建同时也解释了为何公众对不同类型的粉丝圈层有不同的态度。球迷因追捧男性化的体育赛事而被认为是部分可取的，但其他粉丝群体，尤其是以明星艺人为核心的粉丝圈层仅展现了肤浅的外貌认可而非内涵追求、推崇的是通俗文化而非精妙的文学作品、崇拜的是世俗人而非更有社会价值的科学家和艺术家等，自然无法得到大众，尤其是精英人士的认同。所以，在一些粉丝眼中超凡脱俗的明星，在公众眼中或许是俗不可耐；而被公众认可的老艺术家，在粉丝眼中也可能是老气横秋的。公众以为，"他们为什么不崇拜科学家等更有社会价值的公众人物？就算崇拜明星，也该崇拜那些真正有作品的明星吧"。在这种互不理解又互不相让的对抗中，明星艺人的粉丝面临巨大的争议，被判定为最上不了台面的群体之一。

（三）消费价值

除了对个人崇拜的推崇和对精英消费品位的模糊，一些粉丝群体还挑战了我国主流文化所推崇的消费价值观。

亚伯拉罕·马斯洛（Abraham Maslow）在他的需求层次理论中指出，当人们的生理和安全需求被满足后，自然而然地会追求更高层次的需求，如社交需求、尊严需求及自我实现。粉丝消费是典型的精神追求类消费，本无可厚非，但粉丝群体的消费观却与我国的主流消费观大相径庭。自古以来，中国的传统文化都推崇勤俭。《左传》有言："俭，德之共也；侈，恶之大也。"魏徵的《谏太宗十思疏》中提到"不念居安思危，戒奢以俭，斯亦伐根以求木茂，塞源而欲流长也"。曾国藩也将勤、俭立为家风，曾言："家俭则兴，人勤则健，能勤能俭，永不贫贱。"在战争中浴火重生的新中国又经历了三年困难时期等历史事件，勤俭节约、艰苦奋斗等品质尤显可贵，社会方式是生产型，国民消费以必需品支出为主。自20世纪90年代起，我国度过了物资匮乏的年代，消费逐渐升级，消费观也呈多元化发展趋势，但不同年龄层的人群的消费观念略有不同，而这种不同暗示了粉丝与公众冲突的源头。

50后、60后人群亲身体会了物资匮乏年代生活的不易和劳动的艰辛，认为人生需要奋斗，对享乐主义多加以批判且坚守勤俭节约的生活态度。70后人群先后经历了改革开放、互联网兴起等重要历史节点，物质生活的改变让他们开始注重生活质量，他们是当今社会的中流砥柱，是传统意义上的精英人士，虽然部分70后推崇极致的精英消费品位，将消费视为身份的象征，但大部分仍继承了老一辈勤劳节俭的传统，在消费观上主张理性消费，接受有限的享乐消费观念，更追求高性价比。80后是第一代独生子女，又恰巧经历了从计划经济转型市场经济的特殊时期，物质生活与前几代人相比有了质的飞跃；同时，义务教育的普及使得他们有机会接受良好的教育。在全球化进程的影响下，他们建立了多元价值观：一方面，他们认可父辈的节约型消费观；但另一方面又无法接受父辈将这样的消费观强加于己身，他们追求个性化的品质生活、强调自我实现，相较于节约型消费观，更倾向于享乐型消费。90后是信息时代的优先体验者，物质在父辈祖辈的不断积累下变得富足，他们因此过上了衣食无忧的生活，物质上的富裕让他们更渴望寻求精神上的满足。在消费观上，不少90后都是完全的享乐主义，"精致穷"就是他们的生活态度。他们追求潮流却又拒绝同质化，主张个性化和兴趣化的消费观，而追星对他们来说正是彰显个性和满足兴趣的选择。至于00后，又进一步将90后的消费主张"发扬光大"得淋漓尽致，为兴趣爱好付费成了他们最大的消费特点。对他们而言，消费不再是身份的象征、社会的区隔，而是为爱付出，是纯粹的享受和刺激的体验。

　　现在让我们回到粉丝群体与公众价值冲突的问题上。当我们了解了不同年龄层的消费观后，就不难理解一些粉丝为何成为众矢之的。在主张节约型消费的50后、60后老一辈人和主张理性消费的70后、80后社会精英中流砥柱眼中，那些非理性的、盲目的、一厢情愿为爱付出的粉丝不仅不生产创造价值，还通过无底线的消费消耗大量社会资源，可耻又浪费。在相对开放的90后和00后眼中，即使他们认可同龄人的消费观，也未必能认可一些粉丝偏激且无节制的消费理念。于是，组成社会中大多数的他们站在同一阵线，以铺张浪费、无度消费为名，集体批判这些粉丝群体。

私域对抗公域

如果粉丝"圈地自萌"的个人崇拜尚属私人选择，那么与盲目崇拜伴生的过界行为，就是粉丝群体遭受公众诟病的另一重要原因。更致命的是，这种以私域空间对抗公共空间的行为正因媒介的发展而深入蔓延，呈多元化表达。

传统媒体时代的粉丝是孤独且闭塞的，他们常觉与社会脱节，一方面是信源的匮乏让他们很难从本就不多的娱乐信息中寻觅到自己想要的内容；另一方面是因为身为粉丝总被误以为与病态相联系，无法被大众接纳和认可；与此同时，媒介环境也并未能提供可靠的能与其他"脱节者"相连的渠道。有的粉丝可能根本不知道世上还有许多与他们有一样喜好的群体，他们被隔成一个个孤立的个体，便如一座座隐藏在人群中的孤岛，最后只能被迫沉浸在自己构建的幻想中，坐实病态的名号。也有相对"积极"的粉丝，在寻求亲友支持无果后，与其继续被扣"不正常""怪胎"的帽子，倒不如主动克制自己的情感，隐藏自己粉丝的身份，以换取社会的认同。在最好的情况下，部分幸运粉丝能通过信件、报纸广告、电视节目等传统媒介找寻到相同爱好的人，做一些简单沟通。而这有限的互动分享便是粉丝亚文化的雏形，只是此时的粉丝圈层体量极小且封闭。那些有幸相聚的粉丝把自己的小群体当成情感的避风港，他们甘愿隐藏在不被打扰的角落，不想被公众发现、拒绝与外界沟通，更抗拒主流文化的介入。沟通的失效加深了粉丝圈层孤独和小众的气质，外界对粉丝的评价也大多停留在针对其幼稚幻想主义的批判上，如加拿大籍演员威廉·夏特纳曾在一档综艺节目中忍无可忍地对他的粉丝说："回到现实中去吧！"（Get a life!）

受后工业潮流影响，自20世纪90年代起，互联网走进千家万户，极大地便利了人们的生活，也同时改变了粉丝群体的孤岛状态。网络让拥有相同爱好的人快速找到同伴，粉丝群体不断壮大，孤岛成了群岛，又发展成繁荣的大陆。在这片由粉丝组建的大陆上，他们建造了一个个以特定爱好为核心的圈层，为了共同的喜好一路向前。互联网不仅拉近了粉丝之间的距离，还悄然改变了粉丝与被粉对象间的相处模式，尤其在以真人为核心的粉丝圈层中，这种变化最为明显。那些曾经隐于幕后、高冷又神秘的明星艺人们不再欲擒故纵地诱惑粉丝靠近，而是假手网络主动将自己全方位地展现于公众，尤其是支持者面前，邀请他们参与到自己的生活中；而在追星之旅中，粉丝与明星的彼此关系也在一次又一次的亲密互动中变得越发牢不可破——至此，一个由粉丝为核心、以日常化的交互体验为参与模式的粉丝亚文化圈层诞生了。与新粉圈一同降世的还有以粉丝消费为宿主的新型粉丝经济，以及由此引出的网络时代粉丝对抗公共空间的新问题。

美国学者凯斯·R.桑斯坦（Cass R.Sunstein）认为网络在提供大量信息的同时也限制了公众的思维方式。[1] 大数据技术揣摩着人们的喜好，奉上个性化的服务；人们耽于量身定制的愉悦而本能地排斥那些容易引发不快的信息。渐渐地，网络居民们被分隔成无数的小社群，拥有相同愉悦感知的人聚到一起，重复发布、传递、接收着相近的信息。这些信息好似回声室中的回声，在反复传播中逐渐丢失了原来的特征，又被改编打磨成符合群体需求的模样，而社群内的大多数成员也并不想追本溯源，反而甘愿将经过夸大扭曲的故事视为事实的全部，造成群体性"偏激的错误、过度的自信和没道理的极端主义"。身处其中的社群成员的群体身份认同感在一次次的声波震荡中被加强，他们排斥一切来自外部的声音，使得各个社群之间渐呈"鸡犬之声相闻，民至老死不相往来"的局面。

背靠网络而生的新粉圈正是这样一个社群，它与其他小众社群一样有着独特的内部生态，而长久"回荡"在圈层内部的自然是与偶像相关的一切。圈中的粉丝片面地夸大了偶像对社会的价值和影响力，认为自己的偶像清醒而高洁，正在从事伟大的事业，也获得了卓越的成就。如果这些偏差认知只流传于私域空间，至多让大众继续批判粉丝的极端幻想主义——一如互联网诞生前，但以流量为养分的新型粉丝经济却不甘让自己的宿主淹没于互联网的浩瀚声波中。操盘手们以艺人做饵，挑拨着粉丝破圈而出，以反击来维护所爱、以发声来扩张领地，用最疯狂的姿态吸引最多的流量，获得最大的经济利益。于是，粉丝的主动出圈在所难

1　凯斯·桑斯坦.信息乌托邦：众人如何生产知识[M]竞悦，译.北京：法律出版社，2018.

免，他们为爱出征，开始兢兢业业地为偶像的事业奋斗。"蛋糕就这么大一块，你不为哥哥/姐姐争取，那就会被别人抢走了。""哥哥/姐姐这么努力，我们也不能落后呀！"他们疯狂地在以微博为主的社交媒体上制造流量、扩张"领地"，乐于将偶像的每一件小事送上热搜，不顾非粉丝群体是否想看到这些小事。"Tag带起来，帖子发起来！"在这样的号召下，常年霸占热搜的是#×××的口红色号解析#、#×××落水太撩了#、#×××新发型#等无意义的日常信息。除了霸占热搜，粉丝们还会通过重复、大量回复同一条微博的方式来控制KOL[1]微博评论的舆论走向，"刷"掉那些针对偶像的负面评论，使评论区看似积极向上，仿佛如此便能让大众对自己的偶像青眼相待。

粉丝在扩张地盘之时难免遇到阻碍，而每一次遇阻都可能引发小范围的战争，展现出粉丝群体极强的攻击性。他们时常将自己置于受迫害的幻想中，时刻对圈层外部保持警惕，尤其对家粉圈[2]的任何举动都让他们草木皆兵，认为是对自己偶像发起的攻击，必须坚决捍卫。"哥哥/姐姐只有我们了，我们不守护他/她，谁来守护他/她？"当尖锐的批评被掩盖，温和的意见也变得刺耳。渐渐地，粉丝不再接受理性的讨论，也不接受来自外界的一切非正面评价。他们会主动"出警"，在各个网站搜索关键字以监测"舆情"，一旦发现有不利于自己偶像的内容就会出面干涉，劝对方删掉相关内容，或用控评的方式掩盖负面信息。当非粉丝群体尝试与他们沟通，指出他们的行为正在侵犯言论自由时，便会立刻被扣上"黑粉""反串黑""披皮黑"[3]等污名化称呼，继而遭到无休止的围攻挑衅，"你都不知道他/她有多努力，你凭什么指责他/她"，"你行你上啊"，"我看你就是×××（对家）的粉丝，故意来黑他/她的吧"，"我看你是收了×××（对家）的钱来黑人的吧"。有

---

1 KOL：key opinion leader，关键意见领袖。

2 对家粉圈，即指与自己偶像类型相同的其他明星艺人的粉丝群体。如，对于某位特定年轻男演员的粉丝群体而言，所有其他年轻男演员的粉丝群体都可以被称为"对家"，而年轻男歌手的粉丝群体一般不会被视为"对家"。在某些特殊情况下，一些年轻女演员的粉丝群体也会被称为"对家"。不过，通常只有人气相当的同类型艺人粉圈，才会被认为是有威胁的"对家"。

3 黑粉：编造事实，恶意挑拨、抹黑的人。反串黑：高级黑粉的一种，看似夸奖其实嘲讽，有捧杀的意思。披皮黑：披着"路人"外皮来带节奏的人，通常会被认为是其他艺人的粉丝，故意来抹黑当事人。

时，围攻还会上升为侮辱性的集体谩骂、恶意举报等网络暴力行为，甚至还会激化为诽谤、名誉侵权、人肉搜索等违法行为。

随着无止境的扩张性和攻击性，网络时代的粉丝群体正一步一步地蚕食着公共空间，以小众的私域空间挑战大众的公共空间，将原本属于大众的网络社交平台"私有化"。一些本该宣传民生热点话题的热搜被改建成明星艺人们的专属秀场，本该共享资讯的社交平台变为单调乏味的艺人宣传口，本该激发思想碰撞的讨论却被强行割裂为非此即彼的极端对立，本该自由发言的个人账号却被纳入艺人口碑的"舆论"监控区……杀红眼的粉丝在战斗中不断进化升级，肆意消耗一切可动用的公共资源，在法律的边缘过界试探，试图为自己的偶像杀出一条晋升之路。但这样的"努力"却并未达到理想的效果，公众非但没有因此欣赏舆论风眼中的艺人，反投之以厌弃，又避之唯恐不及，而当粉丝群体中出现青少年时，公众的愤怒中更添一丝担忧。如何正确引导青少年理性追星也成为大众关心的议题。2019 年 12 月底，北京互联网法院召开新闻发布会聚焦"粉丝文化"与青少年网络言论失范问题[1]。研究报告指出，自 2019 年 1 月 1 日至 2019 年 11 月 30 日期间，以青少年为涉嫌侵权主体（即案件被告）的网络侵害名誉权行为集中出现在从事演艺工作的公众人物名誉权侵权案件中，共有 125 件。作为被告的青少年中大部分是在校大学生，而他们的侵权行为内容包括使用侮辱性语言（29 件）、捏造事实（105 件）等。当被问及发表不当言论的目的时，他们大多表示仅仅是想要回护喜欢的艺人，但选择的方式却是谩骂、攻击、人肉搜索和构陷他人，最终把自己送上公堂。

网络扩张和攻击之外，也有粉丝将战火引到了线下，但在粉丝的线下混战中，以艺人为核心的圈层"争斗"算不上经典，足球暴力才是最典型的粉丝群体性暴力行动。球迷受到场上球员热血表现的刺激，辅以酒精的助力，只需一点导火索就会为了自己支持球队的荣誉感而和对方球队的球迷打作一团。球迷的暴力倾向在

1　"粉丝文化"与青少年网络言论失范问题研究报告，https://baijiahao.baidu.com/s?id=16534235673749719
80&wfr=spider&for=pc.

19 世纪末就初现端倪，但直到 20 世纪五六十年代公众才真正开始重视这个问题。足球暴力甚至引发了如种族歧视等球场外的社会冲突，"足球流氓"的称号也逐渐成形。我国也有不少由足球球迷引发的暴力事件，其中"五一九事件"被认为是我国历史上首宗球迷骚乱事件。事件发生在 1985 年 5 月 19 日，当时中国国家男子足球队在打平即晋级的大好形势下，主场被中国香港队击败，止步世界杯预选赛第一阶段。比赛结束后北京工人体育馆内外都发生了大型球迷骚乱，足球流氓掀翻球队大巴，破坏沿街车辆及其他物品。事件很快被定性为"有组织的破坏活动"，共有一百多名参与人员被抓，而中国球迷就以这种奇怪的方式与世界"球迷文化"接轨了。

过界侵犯

在以私域挑战公域、破坏大众的网络体验之后，一些粉丝并未停止自己的征程。一些极端分子更将魔爪伸向他们爱慕的偶像，处心积虑地挖掘偶像的隐私、干涉偶像的自由，如有不满更诉诸暴力。而此时，大众也普遍选择与艺人站在同一战线，毕竟这些艺人才是粉丝过界行为的受害者。

美国演员莱昂纳德·尼莫伊（Leonard Nimoy）在《星际迷航》中扮演了史波克（Spock）中尉一角，他出色的演技和极具特色的造型深受电视粉丝的认可和喜爱。当时电视粉丝对他所塑造的史波克中尉的关注度甚至远超过对他本人的在意。在尼莫伊的自传《我是史波克》（I Am Spock）中，传主曾对粉丝的过度热情作出了回应。该自传中记录了 1967 年他在俄勒冈州参加游行时的场景：预计只有数百人参加的活动却吸引了成千上万的粉丝前来，而尼莫伊身着史波克中尉的服装被粉丝们围堵其中，最终不得不请求当地警察将其从人群中救出（见图 2）。这次遭遇使尼莫伊决定再也不出现在公众面前。

图2　被围困的"史波克中尉"

　　个别极端反社会的粉丝甚至会将一般的暴力行为上升至谋杀。披头士乐队（The Beatles）的创始成员约翰·列侬（John Lennon）之死，应当是历史上最令人痛心的与粉丝相关的暴力事件之一。约翰·列侬生于1940年，是英国著名歌手和词曲作者，他组建的披头士乐队是全世界最具影响力的摇滚乐队之一，代表作有"Hey Jude""Yesterday""In My Life"等。该乐队在1999年被《时代》（TIME）评为20世纪最重要的100位人物。[1] 2002年，约翰·列侬本人在英国广播公司（BBC）评选的"最伟大的100名英国人"榜单中，被民众票选为第八位。[2] 可惜的是，这些荣誉是在他死后才获得的。1980年12月8日，约翰·列侬在录完了生前最后一首歌后离开录音室，准备回他纽约的达科他公寓，却被埋伏在公寓拱廊中的马克·大卫·查普曼枪杀。约翰·列侬的左背和左肩部共被命中四枪，在中弹后数分钟内因

1　*TIME 100 Persons of The Century*. http://content.time.com/time/magazine/article/0,9171,26473,00.html.

2　*BBC TWO reveals the ten greatest Britons of all time*. http://www.bbc.co.uk/pressoffice/pressreleases/stories/2002/10_october/19/great_britons.shtml.

失血过多死亡，没能撑到送达医院。据当时在现场的保安称，凶手在行凶后并未离开，而是将枪扔到地上，非常镇静地坐在公寓门口的台阶上，从怀中掏出《麦田里的守望者》并开始阅读。关于查普曼的杀人动机一直众说纷纭，但大部分人认为他曾是披头士的狂热粉丝，且有精神方面的疾病，在种种因素的影响下因爱生恨，枪杀了曾经的偶像。

无独有偶，好莱坞超级女星丽贝卡·希弗（Rebecca Schaeffer）也是极端粉丝的牺牲品。1989年，年仅21岁的希弗在自家公寓楼前被19岁的患有精神分裂的极端影迷罗伯特·巴窦枪杀。巴窦声称自己非常喜欢希弗，曾跟踪尾随希弗三年多，甚至偷跑到华纳兄弟娱乐公司的摄影棚看她。但希弗在电影《贝弗利山的陈词滥调》（*Scenes from the Class Struggle in Beverly Hills*）中出现了半裸镜头，与早期的清纯形象不符，这令巴窦十分愤怒，于是从私家侦探处购买了希弗的家庭住址，于1989年7月埋伏在希弗位于好莱坞的公寓外枪杀了自己的偶像（见图3）。此事发生后美国举国震惊，加利福尼亚州于1990年率先制定了美国第一部反跟踪法，将严重的跟踪骚扰他人的行为认定为犯罪，其他各州也相继拟定法案。

图3　1989年7月刊《人物》杂志刊登了丽贝卡·希弗的故事

　　这些由极端个人引发的暴力事件将公众对狂热粉丝的批判推至巅峰。对整个粉丝群体的偏见在后续的小说、影视作品中展露无遗：作品中的粉丝通常被塑造为暴力的、易被激怒的、伴有精神方面疾病的男性，他们会因为对偶像的情有独钟而不择手段地接近偶像，跟踪、尾随、偷窥都是常用的桥段，部分粉丝甚至被塑造为以杀死偶像为最终目的的"疯子"。1986 年出品的著名音乐剧《歌剧魅影》中的魅影就是一个躲在暗处的"幽灵"，他在培养、教导女演员克里斯汀的同时疯狂爱上了她，监视、尾随且试图完全掌控她的人生，又因嫉妒而追杀克里斯汀。1990 年上映的美国电影《夺命影迷》（The Fan）把粉丝塑造成一个有精神病倾向且极具报复心的男性：他疯狂迷恋着某个女演员，出于报复先后杀死了女演员的秘书和搭档，最终得以接近自己的偶像。

　　或许是因为网络拉近了粉丝与被崇拜对象的距离，满足了他们虚妄的期待，极端暴力和反社会的过界行为已不多见，崛起的是以私生饭为主的私人侵犯。即使是饱受争议的粉丝群体内部，私生饭们也是不受欢迎、被开除"粉籍"的存在。"私生饭"（韩语：사생팬）属于舶来词，最初来自韩国娱乐圈，意指极端关注公众人物私生活的粉丝。他们的行为包括但不限于跟踪、偷窥、偷拍公众人物的私人生活，用不正当的手段购买公众人物的私人信息，在机场接机、在酒店外蹲守或包车尾随公众人物未公开宣传的行程，骚扰、影响及强行干涉偶像本人或/和偶像家人，在网上肆意发布公众人物的私人信息等。私生饭们看似在表达溢出的爱意，实则只是为了满足自己的私欲，假"粉丝"之名、以崇拜为掩护，发泄个人的欲望、宣泄自己的情绪，所作所为不仅侵害艺人隐私权，还危及他人的人身安全，严重破坏了社会的公序良俗。

　　私生饭在韩国行事猖獗，不少交通事故、非法闯入等案件都有私生饭的影子。2011 年，韩国组合 Super Junior（SJ）的两个成员利特和希澈由日本飞至新加坡举办演唱会，但他们刚抵达新加坡不足　小时就遭遇了私生饭的追车围堵，引起六车连环相撞。2014 年，韩国音乐人徐太志怀孕七个月的妻子报警称有私生饭闯入家中车库，警察即刻赶到并逮捕了狂热粉丝李某。被逮捕时，李某正坐在徐太志车的副驾驶座上，而这并非她第一次闯进徐太志的家中。韩国人气男团东方神起也遭遇过噩梦般的经历。成员们的私人手机号不断被泄露，即使频繁更换号码仍无法避免私生饭的短信侵扰；成员金在中在参加某档日本综艺节目中透露常有私生饭潜入他家中逗留至半夜，偷窥他睡觉，其他成员也有类似困扰，时常发现有私生饭潜入他们的住地偷拍照片并发布到网上；最为恐怖的是，成员郑允浩在一次活动中收到了私生黑粉送来的有毒饮料，他在饮下后胃部剧痛吐血，所幸被及时送进医院才没有造成生命危险。

仿佛是为了印证粉丝的转变，相关影视作品中的粉丝设定渐渐脱离了狂暴的杀人魔形象，但建立在虚妄幻想和自我意愿之上的偏执成为定义粉丝形象的重点，狂热粉丝和偶像之间的关系也多被描述为由爱生恨和由爱生毁上。2016 年上映的印度电影《脑残粉》（*Fan*）即讲述了男性粉丝由爱生恨，最终与偶像反目成仇，两败俱伤的故事。2019 年上映的美国电影《头号粉丝》（*The Fanatic*）中，患有自闭症的中年男性粉丝跟踪并潜入偶像的家中，直至绑架偶像，差点毁了偶像却只为得到他的签名。

私生饭事件在我国也时有发生。如演员吴磊的私生饭被发现长期、多次非法盗用吴磊的航空里程积分供自己及朋友乘坐飞机；艺人王一博前往珠海参加摩托车赛时，车队被私生饭围堵，导致车队被赛会警告；火箭少女 101 成员吴宣仪在机场转机时遭到私生饭恶意骚扰，甚至被偷走三个装有私人物品的行李箱，经公安部门的协调处理私生饭才同意将行李箱归还。私生饭们这些见不得光的私欲还催生了一条盗卖信息的灰色产业链，少则几元，多则上万元，公众人物私人信息及非公开的工作行程就被明码标价售卖。针对网络时代私生饭的行为，2020 年 5月，国家网信办启动了 2020 "清朗"专项行动，加大网络生态治理力度，集中处理侵犯公民个人隐私等负面信息。

第二节　走向和解

　　主流文化对亚文化的收编一直都摆在社会日程之上。在由各类迷群构建的亚文化中，足球文化是融合较成功的一类，即使曾有"足球流氓"的混称，如今也已顺应主流文化的发展需求，成为大众生活文化的一部分。以文娱明星为重要载体的流行文化虽然近年来与主流文化磨合不断，以青少年为主体的一些粉丝群体的行为举止也让人们忧心忡忡，但不必急着全盘否定粉丝文化，也不必强行要求个人粉丝与群体割席决裂。大众对粉丝亚文化一味地抵制恐怕更易激起青少年的叛逆心理，堵不如疏，倒不如尝试理解粉丝群体深层的心理和行为机制，取之优势、去之糟粕，并以此为基础引导个人粉丝把控追星尺度、远离无谓的纷争、关注自身发展，以陶冶性情、提升能力素养为目的，理智选择更适合自身的兴趣爱好，倡导更符合当下社会文化风气的粉丝亚文化。[1]

　　社会经济的高速发展让人们越发重视精神文化层面的追求，多元化的审美和爱好正成为趋势，原本小众的喜好在不断吸纳新受众的同时也吸引了大众的关注和审视。虽然大众对多元化世界的包容度逐年提高，但在追星这件事上仍心存芥蒂。一些粉丝与公众间的冲突或许是从词源学的"原罪"开始的，他们尚未来得及洗去罪名便又为部分非理性同好的非理性行为拖累，被迫以群体之名与公众"开战"。鉴于非理性粉丝的累累"罪行"，公众的愤怒并不是师出无名，但如果把所有罪行视为群体共有，或把所有非理性行为只归咎于粉丝错误地选择了以追星为爱好，则又失之偏颇。人们对特定爱好的评价和感知会随社会整体环境变化，昨日的通俗可能成为今日的经典，而今日的佳作又或许在明日变成不雅，当初不被社会认可、被认为俗不可耐的偶像明星也会随着时间流逝而逐渐得到大多数人的认可，他们的作品也成为新一代的"经典"。20世纪60年代，邓丽君以《甜蜜蜜》

1　崔凯.破圈：粉丝群体爱国主义网络行动的扩散历程——基于对新浪微博"饭圈女孩出征"的探讨[J].国际新闻界，2020,42(12):26-49；刘梦霞，浅议青年参与式文化——以近年来的网络爱国主义事件为研究对象[J].中华文化论坛，2020(5):130-134,159.

《何日君再来》等歌曲火爆海峡两岸，可彼时对她的评价也是毁誉参半，一部分人爱她爱得疯魔，认为她唱出了自己的心声，另一部分人则认为她的歌曲"实是色情引诱之声，精神麻痹之剂"。可如今世人对邓丽君多是惋惜和追忆，她的歌曲也被认为是极具艺术价值的经典之作。"周杰伦"这个名字于众多80后90后而言，正如邓丽君之于他们的父辈，是国民级的偶像。2000年，歌手周杰伦横空出世，仅凭一张专辑就征服了海峡两岸的华语乐坛，他独特的气质和音乐风格深受当时年轻人的推崇，一时间效仿者无数，他的粉丝以20岁左右，或是年龄更小的小学生、初中生为主。而这些周杰伦的粉丝，连同他本人及其所代表的流行文化一起，在当时的大众眼中是不入流的，人们甚至认为他不羁的音乐风格在下一代年轻人中树立了不好的榜样，会成为社会不稳定因素。然而随着时间的推移，那些原先持批判态度的人逐渐放弃了批判，更有甚者，将他视为"伟光正"的前辈楷模，以此内涵后来的偶像们，"至少周杰伦不是靠脸吃饭，他是真的有作品"。

当被粉丝喜爱的艺人得到了大众的认可，粉丝和公众剑拔弩张的关系也将逐渐缓和。虽然尚未能握手言和，但贴在粉丝身上的负面标签总可逐一揭下，针对粉丝群体的偏见评价也逐渐被理性的批判和全面的解读替代。公众逐渐意识到在满足以个人生存为目标的物质消费之外，精神需求的消费也具合理性，享乐也可以被当作正当要求提出。更何况，粉丝群体并非只是一味地消费，他们也是产出者，甚至是具有未来意义的产消者。粉丝群体或许更应被视为新兴亚文化的产物，而非抱团取暖的"乌合之众"，其对主流文化、社会经济等方面的积极作用日益凸显，粉丝经济更逐渐成为娱乐产业的核心商业模式之一。当然，针对粉丝群体的"污名化"并未终结，他们的"洗白"之旅任重而道远。如何消除非理性的粉丝行为，真正做到理性热爱，恐怕是未来相当长一段时间内粉丝群体所面临的重要"功课"。

相比国外那些起步较早、发展较成熟的亚文化粉丝圈层，我国的粉丝文化尚属起步阶段，无论是污名化还是试图洗白、矛盾冲突还是合作共赢，普罗大众与"乌合之众"之间的发展轨迹应当能从前人的故事中有迹可循。

Trekkies 或 Trekkers，是《星际迷航》的粉丝对自己的称呼，他们或许可以称得上是历史上第一批真正意义上的粉圈，历经 50 余年，在公众无尽的诋毁和嘲讽中成长、蜕变为强大且优秀的粉丝组织，对社会影响极为深远。正如英国电影协会（British Film Institute，BFI）的编辑凯文·里昂（Kevin Lyon）所说，"在所有由电视剧产生的粉都（fandom）中，没有一个能像围绕《星际迷航》系列剧集形成的粉都那样经久不衰、声势浩大和影响巨大……这是第一个由媒体主导的粉都，是后续所有类似的粉丝形式的'粉都之母'"[1]。

《星际迷航》系列影视作品自 1966 年首次在美国全国广播公司（NBC）播出至今，共有 7 部电视剧集（共 700 余集）、1 部动画剧集和 13 部电影，还衍生出不少电脑游戏、官方同人小说、主题展示馆等。《星际迷航》讲述了一个发生在 23 世纪的太空冒险故事。星际宇宙虚构了一个浪漫自由且包容多元的未来文明形态，主角们并没有沉迷于安逸享乐的日子，而是将目光投向了更遥远的银河系，他们驾驶着名为"进取号"（Enterprise，又译"企业号"）的飞船探险宇宙，寻找新的世界、发现新的文明。乌托邦式的理想社会、无畏探索的梦想、科技与人类的终极和谐，这些蕴含于剧集中的价值理念对刚经历了经济大萧条且尚处于经济衰退期的美国民众来说无疑有巨大吸引力，时至今日这些价值观仍是人类共有的美好向往。所以，《星际迷航》一经播出就吸引了大量狂热的电视粉丝的拥护，上至对星际联邦政治形态的构想，下至飞船舰队成员的生活八卦，粉丝们津津乐道地探讨、研究剧集中的每一处细节。可是，当时的主流社会推崇作者文本，不认可读者对文本的自由解读，迷航粉丝们超脱于作者意图之外的探寻只能"证明"他们是脱离现实的"怪胎"。更不用说他们在日常生活中的过度代入行为，如模仿剧集中的人物装扮穿着不合时宜的服装出现在公共场合、见面时使用剧中的手势（"瓦肯举手礼"）打招呼、学习剧集中人造的外星人语言克林贡语并用之来交流，或将剧情代入现实生活并认为演员就是角色本身——迷航粉们仿佛真的相信太空中存在一艘

1　*Where no fan had gone before: 50 years of Trekkies.* https://www2.bfi.org.uk/news-opinion/sight-sound-magazine/features/where-no-fan-had-gone-50-years-trekkies.

正驶向美好未来的"进取号"，以至于剧集的主创人员都不堪其扰地表示不愿再出现在粉丝面前，呼吁他们"回到现实中去"（Get a life）。

然而，真实的迷航粉们并非如公众认为的那样都是生活的失败者，他们有各自正常的事业和生活，其中不乏各个领域优秀的人才，另有一些年轻粉丝因观看《星际迷航》而对科学产生浓厚兴趣，将之视为自己的事业。火山学家凯拉·亚科维诺博士（Dr. Kayla Iacovino）自小就是迷航粉，她被剧集中主角团为给人类留下更多知识财富而不停探索的理念深深打动，成年后选择了将火山视为自己的探索领域。如今，她不仅是知名的火山学家，还是TrekMovie（一个专属《星际迷航》粉丝、为之提供相关信息的网站）的编辑，在为人类科学贡献的同时也未曾放弃心中的热爱。[1] 亚马逊的创始人兼CEO杰夫·贝佐斯（Jeff Bezos）也是资深的迷航粉，他还在相关电影《星际迷航：超越星辰》中饰演了一个空间站员工，有幸在自己喜欢的作品中留下了印记。特斯拉公司、太空探索技术公司（SpaceX）的首席执行官埃隆·马斯克（Elon Musk）也是《星际迷航》的超级粉丝，受剧中世界影响，他很早便有移民太空的想法，而在此想法的激励下，他在本科期间攻读了经济学和物理学双学位。在创办SpaceX后，他先后投资了数项航天航空项目，更在2018年发射了运载火箭，一步步实现自己的太空梦。1976年，NASA研制成功并预备测试发送第一架测试用航天飞机，起初这架航天飞机被命名为"宪法"，寓意庆祝美国建国200周年，但大量迷航粉丝写信给NASA，希望将航天飞机更名为"进取号"，这一建议最终被采纳[2]（见图4）。现实世界中的这架"进取号"虽无法像剧集中的那样奔向银河系深处，却也满载着粉丝的梦想起航，开启了一个又一个的航天梦，同时也引出了NASA与《星际迷航》长达数十年的情缘。

1　*Meet the Trekkie who became a real-life vulcanologist.* https://money.cnn.com/2016/08/22/technology/ trekkie-volcanologist-kayla-iacovino/.

2　*50 Years of NASA and Star Trek Connections.* https://www.nasa.gov/feature/50-years-of-nasa-and-star- trek-connections.

图4 《星际迷航》的主创人员和演员与NASA局长一起参加"进取号"航天飞机的启动仪式

迷航粉们不仅是各个行业中富有浪漫情怀且兼具创造力的人才，还带来了丰富的经济效益和极大的社会影响。《星际迷航》的周边产品热卖至今，以"进取号"宇宙飞船为原型设计的手办、舰员们的同款外套、官方授权的游戏，还有剧集收藏品等都是热销50余年的产品。在2016年《星际迷航》开播50周年庆期间，许多品牌都以各自的方式表达了对《星际迷航》和迷航粉丝的支持，如美国邮局推出了50周年限定款邮票、苹果iOS系统添加了"瓦肯举手礼"的emoji表情、Facebook设计了纪念版头像框。

《星际迷航》的粉丝在过去的50余年间从公众眼中的"怪胎"蜕变成了行业翘楚，星际迷航文化也得以推广至世界各地。虽然是文本粉丝群体的故事，但如此成功的"洗白"之旅也给我们本土的粉丝文化提供了借鉴。兴趣爱好之于个人可以是锦上添花的调味剂，让人们在工作之余丰富生活情调和人生品位；也可以是雪中送炭的温柔，让人们在逆境中暂时歇脚，待汲取足够能量后重新出发。只要能陶冶情操、磨炼意志、激发自身进取的潜能便有其积极意义，不必单纯以高雅或低俗来评判。多数情况下，粉丝在公众面前苍白的辩解和无力的争论只会加深误解，与其如此，倒不如努力提升自己，好好生活、好好工作，在自我实现的过程中，用事实向人们展示粉丝群体真实生动的一面。

第二章　乌托邦中的追光者：粉丝话语权的提升

　　虽然粉丝所粉的对象不只名人群体，不过为了避免出现概念上的混淆，我们先将重心放在以名人为喜爱对象的粉丝群体上展开讨论。在此语境下，粉丝是指那些迷恋、崇拜某个名人的个体，当这样的个体聚集成群时就构成了一个以特定名人为核心的粉丝群体；粉丝群体在完善自身的过程中又经历了分隔、重组等步骤，最终衍生出一个又一个具有不同功能性的附属组织，而这些组织的合集连同它们的追随者一起构成了粉圈的初始定义。不过，人们如今更习惯把所有与粉丝相关的个体和群体都纳入粉圈的涵盖范围，并将由狭义粉圈引发的负面情绪扩散至整个群体。

　　"粉圈"二字在今天的大众眼中是个特别的存在，一些人一提到粉圈就如同触及了逆鳞一般勃然大怒，恨不能要求有关机构取缔所有粉圈；另一些人虽不至于如此愤恨，但一听到粉圈也是连连摇头，立马与之划清界限；还有一部分人则显得小心翼翼，轻易不敢提及，在社交平台上发言前都要先加上防暴水印"粉丝勿扰""没有针对任何人的意思"，生怕稍不留神就得罪了不定时"出警"的粉丝，被他们"追杀"上门。人们对粉圈的负面态度并不全是心血来潮、师出无名的。"粉圈"虽然是近几年才出现的一种新形态粉丝组织，但在短短几年的时间内，经历了从默默无闻到"一鸣惊人"的突变式进化，各类大小不同、形态各异的粉圈借助网络迅速壮大且频频出圈，逐渐对普通人的正常生活构成"威胁"；而大众也经历了从不知粉圈为何物，到时常因被粉圈"霸凌"而人人自危的变化。

不过，需澄清的是，粉圈虽然是新起之物，但对名人的迷恋和崇拜的情绪，以及同好之间的相互连通、共同维护所爱之人的行为其实古已有之，并非这届粉丝独创。或许有人会好奇，既然是古已有之，为何之前的粉丝们都能安分守己可现在的一些粉丝却如此嚣张跋扈，以至于和公众决裂？是现在的年轻人素质不行，还是作业太少空闲太多？如果深究这些现象背后的成因，会发现近几年粉丝与公众之间矛盾的凸显，其实与粉丝和偶像间关系的变化息息相关。在此前的数十年里，粉丝群体在偶像崇拜关系中大都是沉默和被动的一方，粉丝习惯了默默关注偶像、默默付出，等待着被偶像需要的一天，除却一些极端个案，他们几乎都是隐匿于人群中的透明人；但过去短短几年内，粉丝突然群体性地进化成为积极主动的一方，他们不再隐于幕后，而是主动"加盟"，成为偶像事业的助力者。与关系变化相对应的是粉丝话语权的突跃，在短短几年时间里，粉丝群体从最初的只能被动地接受并沉溺于偶像制造的幻象中，进化为可以引导甚至直接操控偶像满足自己的幻想需求。

这种不自然的、突变式的关系转变和话语提升，与社会经济的高速发展、文化产业的快速转型、新型媒介的出现，以及商业资本的介入等外力因素脱不开干系。这些外力循循善诱地引导着粉丝的进化，帮助他们在与偶像相处的过程中变得更有话语权，而一旦粉丝掌握了话语权，他们的认知、态度、行为以及群体生存形态都会悄然改变，随之而来的便是新型粉丝—偶像生态模式的诞生。如果新模式只是在圈层内部营生，即使"张牙舞爪"，也可用圈层内部的方式自行调整，很难被大众发现。但信息时代传播媒介的不断升级，联通了不同圈层，左右了以小众粉丝群体为代表的亚文化圈层与大众群体的接触方式和接触程度，让仅适用于粉丝—偶像语境下的新生态悄然显形于更广阔的社会场景中。原有小众圈层的封闭性被彻底击碎，粉丝们半推半就地走出舒适圈，尚未来得及收拾好自己的形象就"原汁原味"地暴露于公众视野中。连带着一同暴露的，还有那些在舒适圈内畅通无阻、却无法被大众理解和接纳的行为逻辑，如此一来，冲突也就在所难免。

从听闻到亲闻，从远观到近睹，从仰望到养成，从相伴到相生，千余年间，粉丝完成了一系列的角色蜕变，如今已进阶成为粉丝—偶像关系中的主导者。为了更深入地了解这一群体的发展历程，现在，让我们将万年历往回翻，以我国的粉丝群体为主视角，看看不同时期的粉丝组织形态及其话语权是如何变化的，而媒介在其中又扮演了什么角色。

第一节　古典朦胧期

普通人会对公众人物生出迷恋或崇拜的情感，虽然是个体心理、生理，以及社会文化环境等多重因素叠加的结果，但最常被提及的解释就是"爱美之心，人皆有之"。我们看到美好的人和事物会心生欢喜，这大抵出于人类的本能，与生俱来，无可厚非，这样的本能古今一辙，处处有迹可循。

人类历史从不乏对美人的痴恋，更有不少故事、佳作流传至今。"转眄流精，光润玉颜。含辞未吐，气若幽兰。华容婀娜，令我忘餐"，千余年前曹植以一篇《洛神赋》倾诉自己对"洛神"深深的爱慕；"回眸一笑百媚生，六宫粉黛无颜色"，白居易的一首《长恨歌》展现了杨贵妃的羞花美色，以及唐玄宗的帝王情；而敢于烽火戏诸侯的周幽王更是以切身经历表明了何为为博美人一笑，不惜拱手河山。除却才子佳人、帝王君侯的缠绵悱恻，在传说里我们还能发现一些普通人向往美色的线索。"安仁至美，每行，老妪以果掷之满车"，说的是潘安因为貌美，每每驾车外出都能吸引无数目光，不少女子手牵手地围着他的车子，甚至连路过的老妇人都为他倾倒，向他的车内投掷蔬果表达爱意。同为美男的卫玠也有相似待遇，但他的结局却不是满载蔬果而归这么幸运。传闻他每次出行都被大量人群围观，但他生得过于羸弱，时常被围住无法脱身，时间长了竟因此得了病，不幸早逝。如果以今天的视角再次解读"掷果盈车"和"看杀卫玠"的故事，主角们可算得上是那个时代的"明星"了，驻足围观的群众自然也当得起"粉丝"的称号。于是，关于他们的传闻可以概述为，一些原本普通的人因为相貌出众而成了名人，吸引众多目光，这些目光中有出于好奇的，有单纯欣赏的，有炙热澎湃的，也有不怀好意，甚至空生出非分之想的……不同的目光伴随着不同的心意，对一些美色追随者而言，还需把心意化为行动才算真诚，可面对这些并不真正相识的"名人"，普通人未必有机会与之接触，更无法与其建立联系，唯一能表达自己情意的方法恐怕也只有跟随其后，再送上些许礼物，哪怕只是自家种的蔬果——至于自己的行为是否会困扰对方则暂不纳入考量。这样看来，传闻中的主角和围观百姓间发生的故事与如今一些粉丝和名人的关系颇为相似：粉丝被名人的外表吸引继而产生迷恋的情绪，认为他们配得上世上最美好的事物，于是尽己所能地为他们奉献——为后期的消费埋下了种子。

因名人出众的外貌而生出迷恋心情只是粉丝心态中较常见的一种，除了人皆有之的爱美之心，历代典籍中更不乏因仰慕名人才情而成为"粉丝"的故事。不少人喜欢将唐代诗人间的互动视为一种"追星"行为，譬如杜甫被认为是李白的第一大粉丝，甚至被戏称为"李白全球粉丝后援会会长"。虽是戏称，但今人对杜甫和李白互动的猜想却不是空穴来风。纵观杜甫一生，为李白写过的诗作着实不少，如《赠李白》《梦李白》《春日忆李白》《冬日有怀李白》《天末怀李白》等，李白也偶有回赠，曾写过《戏赠杜甫》《沙丘城下寄杜甫》等名作。单从"粉丝"的定义上来看，说杜甫是李白的粉丝似乎并不为过，他还应被归为追星成功、得到偶像回应的那一类幸运粉丝；可如果把杜甫与李白的情谊单纯类比为粉丝对偶像的崇拜，则又是泛娱乐时代的戏说产物了。杜甫十分欣赏李白的才能，创作风格也略受李白影响，但他成名相对较晚，与李白结识时虽已小有名气，但由于对方早已是声名显赫的大诗人，便让人心生错觉，误以为杜甫只是受李白影响的小迷弟。其实，李白豪迈奔放又浪漫不羁的创作风格满是盛唐的烙印，受其影响的文人墨客无数，绝不仅是杜甫一个，而杜甫独特的文风韵味对后世也影响深远。客观来说，李白之于杜甫应当是良师益友般的存在，而杜甫对李白的情谊中既有对其才情的欣赏，也饱含了对盛唐岁月的追忆。所谓英雄，惺惺相惜，李杜的友情称得上是我国历史的一段佳话。

同是英雄的相敬相惜算不得粉丝崇拜，但古时的文人们也确实坐拥不少"路人粉"。无论是李白、杜甫，还是其他名满天下的才子，他们追随者众多，上至王亲贵族，下至坊间百姓都对他们的诗画作品青睐有加。前文提及了盛唐佳话，现在让我们再看看宋代的故事，在宋代诸多的传闻主角里，柳永恐怕是最独树一帜的一位。"今宵酒醒何处？杨柳岸晓风残月。"一首《雨霖铃》让柳永名留青史，如今纵使有人不知道这句词出自谁的笔下，也都听过它。柳永在他生活的那个年代，所写词作流传甚广，可谓是"凡有井水饮处，皆能歌柳词"。受父亲影响，柳永本想入朝当官，无奈三次科举皆落榜，于是开始了"奉旨填词"的放浪生活，常年流连于市井烟柳、勾栏瓦舍之地。他不在意门第之见，甚至愿意为社会底层的女子写词，歌姬们也争相与他结识，以能得他写上几句词为荣，私下更是常聚在一起倾诉对柳永的爱慕之心。当时在民间甚至流传着这样的歌谣："不愿君王召，愿得柳七叫；不愿千黄金，愿得柳七心；不愿神仙见，愿识柳七面。"[1]可谓有扎实的粉丝基础。

如果我们继续在古代典籍中搜寻暗合粉丝崇拜的蛛丝马迹，必然还能挖掘出更多因名人颜值或是才情魅力而拥有粉丝的故事。总结这些故事的逻辑会发现，名人们的个人条件并不是激发粉丝崇拜的全部诱因，媒介的发展也起到了推波助澜的功效。印刷术就是这样一种媒介，它从根本上改变了人类社会文化传播的模式，不仅大大提高了出版印书的速度，也提升了知识的传播效率，还在一定程度上影响了文化崇拜的走向。

印刷术的起源虽然可追溯至战国时期的印章术、拓印术等，但受当时生产工具和生产水平的制约，这些先进技术并未取代传统的抄本成为文本作品的传播主流，而是首先被用于满足统治阶级及特殊群体（如宗教）的需求，如印章多成为贵族身份地位的证明，拓印则被用来传播宗教经文，普通百姓既无身份地位，也不识文认字，自然被排除在外。大约在公元 7 世纪前后，唐朝的匠人在先人的基础

1　柳永在家中排行第七，故又称柳七。歌谣摘自林汉达. 上下五千年[M].上海：少年儿童出版社，1991:834.

上发明了雕版印刷术，即在版料上雕刻预设图文，再刷墨影印成书册。这一技术的出现大大提升了书籍等文化产品的生产效率，到唐朝中后期时已经发展得颇为成熟，惠及的人群也不再限于王孙贵族、富商大户等有钱有权的阶层，部分百姓也被纳入其中。印刷文本逐渐取代了抄本，优秀文本作品的刊印数量显著提升。也是自那时起，书坊逐渐成为一种新型的文化传播平台，不仅负责出售书籍供人阅读，还能吸引地区内的文人墨客相聚于此，更能教化普通百姓，成为他们接触文化知识的重要地点。[1] 读书人可在各地书坊较为便利地购买科举用书，也可在书坊以文会友、交流结识；普通民众也借着书坊的存在，从最简单的画本、通俗小说等形式开始尝试接触文本作品，无形间影响了各地的文化氛围，促进了人才的培养。宋仁宗年间，毕昇发明了胶泥活字印刷术，这一新技术降低了文本作品影印成刊的时间成本和材料成本，又进一步放大了书坊作为通俗文化平台的影响力。[2] 文学创作的掌控权从特定的文人群体手中扩散开，不只小有名气的文人墨客，普通读书人在书坊互相交谈后被激发的灵感也能被快速记录下来，并再次进入书坊传播至更广泛的群体间。包括诗集、通俗小说、人物传记、画本等在内的各类文本出版物不断增多，在大大丰富民众文娱生活的同时也逐渐降低"粉丝入圈"的门槛，在提升文人在坊间的传播力和影响力的同时，也为他们的青史留名增加了可靠的群众基础。

　　在那个朦胧的时代，粉丝文化虽尚未成形，但已有了模糊的影子。茫茫人海中涌现出一些佼佼者，或是有出众的容貌，或有经天纬地之才，都有一些成名的基础，又在天时地利之下，成为被人讨论、欣赏、崇拜乃至迷恋的对象，这些被吸引的路人们也就成了最早的一批以名人为崇拜对象的"粉丝"。在这一"圈粉"过程中，合适的媒介渠道又尤显重要。试想一下，如果潘安并不搭车出门，恐怕也无法引来这么多的关注，毕竟车，作为一种人行动力延伸的媒介，在当时的社会环境下并不是所有人都能搭乘的工具，"坐车出门"的行为本身就是一种身份的

1　陈依雯. 唐代小说的传播与接受 [D]. 南京：南京大学，2016.

2　黄银鸽. 宋代书坊业发展研究 [D]. 广州：广州大学，2018.

象征，天然能吸引不少目光，更何况车上还端坐着面容姣好的少年公子。没有车做引荐媒介的潘安少了基础关注，而我们也就少了"掷果盈车"的典故。再想一下，如果唐宋时期没有印刷技术的发展，书坊设立的时间点恐怕还要往后推一推，文人们也就暂时无法借此"圣地"沟通交流、维系关系；如果李白、杜甫、柳永等文人一直身居庙堂之上，又或是只与同好们沟通，却从不与百姓亲近，也不借由书坊刊印诗集作品，他们的名声恐怕也无法传播得太广，自然也就无法拥有这么广泛的"路人粉"基础。

第二节　岁月留声

在印刷术等媒介载体的助力下，有了以名人为崇拜对象的粉丝文化的雏形，只不过，在车马慢的朦胧时期，大部分的名人终究只能活在传闻中，即使崇拜者众多，但能有幸说出"百闻不如一见"的永远只是少数。不过，即便不能相见，世人对名人崇拜的心念却从未消失过，而随着社会生产力水平的变迁，新的媒介不断出现又缓缓拉近了崇拜者与被崇拜者间的距离。自19世纪起，科技的发展为文化传播带来了前所未有的契机，除了印刷技术，录音、电台广播、电影、电视等技术的普及不仅改变了大众的娱乐方式，对粉丝文化的走向也有着潜移默化的影响。现在，让我们先回到民国时期，从那时候的名旦之争来寻找更多关于粉丝文化发展的轨迹。

传统戏曲是我国的文化瑰宝，先秦时期便有雏形，在经历了汉唐的成形期以及宋元的成长期后，到明清时已发展得空前繁荣，被誉为"国粹"的京剧也在这一时期成形，并在20世纪初期进入鼎盛时期。听曲看剧成为当时最流行的娱乐活动之一，上至王公大臣，下至平民百姓都能哼上一段小曲，而戏迷和票友们对京剧名角的追捧程度甚至不亚于今日偶像粉丝的疯狂。说起京剧，就不得不说梅兰芳这位世界闻名的中国戏曲艺术大师。梅兰芳的祖父是京城著名的青衣花旦演员梅巧玲，将他带大的伯父梅雨田是京剧琴师，教他学艺的是京剧青衣演员吴菱仙——用今日的话说，他不仅生于梨园世家，自己也是科班出身，业务能力过硬。他在 50 余年的舞台生涯中，开创了独特的表演艺术流派"梅派"，并开班教学，门下有学生百余人，新中国成立后还受邀担任中国戏曲学院院长。梅兰芳之于戏曲艺术的贡献尚不止于"为人师"，他还是出色的宣传大使。为了帮助京剧走出国门，梅兰芳数次自费出访美国、日本、苏联及欧洲等地，在世界范围内大力推广了我国的戏曲文化。纵观梅兰芳一生，可细细述说的故事实在不少，但此处着重关注的还是他与他的追随者之间的故事。

梅兰芳 8 岁开始学戏，10 岁就登台表演，19 岁（1913 年）时凭借一出《穆柯寨（穆桂英）》轰动上海，自此一举成名，凡是有他登场的舞台必场场爆满，千金难求一票。梅兰芳的舞台魅力收获了无数戏迷和票友的支持和崇拜，他们中的"重度痴迷者"自称"梅党"，时常聚在一起互通有无；梅兰芳本人也与这些京剧票友、戏迷之间保持友好的互动，时常与他们交流沟通、分享指导戏曲技巧。在梅兰芳众多粉丝中，当时的中国银行总裁冯耿光就是最忠实的支持者之一，甚至有传言那时中国银行的新员工在入职前需要告知自己是否也是梅兰芳的支持者。冯耿光这位忠实粉丝对梅兰芳的支持并不限于在台下欣赏演出，在事业上也给予了梅兰芳极大的帮助，并多次资助梅兰芳出国演出，助力京剧走出国门。[1]除了冯耿光，曾任《申报》主笔的赵尊岳也公开表示自己"梅党"的身份，还自封为"捧梅宣传部长"。除却在报刊上多次撰文大力宣传梅兰芳之外，赵尊岳也参与筹划梅兰芳的出国演出，为其出钱出力。而当梅兰芳因在美国获得文学博士的头衔而引发大量负面争议时，赵尊岳立刻撰文反击，维护梅兰芳的形象，颇有一股"粉丝控评"的意味。

既然说到了"控评"，就不得不提当时的主流媒体——报刊，在"梅党"追星上起到的作用。20 世纪初期的民国时期，市面上已经有了稳定的纸质报刊发行渠道，这为宣传京剧提供了有力工具，更确切地说，是为提升梅兰芳的社会影响力

1　话说"梅党"，https://web.archive.org/web/20090102033241/http://epaper.dfdaily.com/dfzb/html/2008-12/28/content_104145.htm.

提供了可靠的媒介平台，也给"梅党"提供了丰富的情报。自爆红后，梅兰芳接到了大量的商业代言，包括香烟、日用品、药品、营养品、食品、杂货、商店（如照相馆）等；除了形象代言，当时也出现了不少以他的名字冠名的商品，如"三羊牌的梅兰霜""梅兰芳牌香烟"等[1]。《申报》，作为当时最具影响力的报纸，成为宣传梅兰芳代言产品的主力媒体，这一方面是源于品牌方宣传自身产品的经济需求，另一方面也是由于《申报》有梅党自己人，宣传梅兰芳代言的产品自然就成了分内之事。在自己人赵尊岳的力推下，《申报》的宣传并不只有梅兰芳代言商品的广告，自梅兰芳成名后《申报》就着手对其展开了长期的宣传报道，直至1949年停刊为止，前后共37年从不间断，甚至还于1920年推出了《梅讯》专栏，[2]以"起居注"的形式先后发布了逾万条信息，追踪报道了梅兰芳在上海期间的一切事件。[3]上至演出情况，下至生活细节，《梅讯》从各种角度、不遗余力地向公众展示了梅兰芳其人：

1922年7月4日：畹华[4]定于本夕出演瑶台，瑶台《南柯梦》中一折词藻，音节之美已脍炙人口，畹华得名师指授，更有绝妙身段，梁州第七之载舞载歌，真如一朵红云……

1922年7月5日：昨在畹寓，见其整理丹青，或将绘染箑面矣。

甚至连他习武玩枪、摄影看戏、逛街购物等细节，《梅讯》也要公告一番：

1924年1月16日：畹昨日下午特往先施公司购跳舞衣料两件，价值颇昂。并配有最新式花边数种，又购发叉及化妆品等，总计数百元云。

1929年1月13日：畹素日爱观影戏，每于真光开明换片时往观。

---

1 仲立斌.二十世纪二三十年代的梅兰芳与广告——以《申报》为例[J].戏曲艺术，2017,38(1):19-25.
2 梅兰芳与都市文化浅析——从《申报·梅讯》建构的梅兰芳形象谈起，http://www.meilanfang.com.cn/index/show/catid/48/id/383.html.
3 周茜，"大梅党"赵尊岳与梅兰芳——以1920、1922年《申报·梅讯》为例[J].文艺研究，2017(6):103-110.
4 梅兰芳，字畹华。

　　虽然"梅党"们欣喜《申报》能帮助他们全方位地了解梅兰芳的一切，但如此大张旗鼓、兴师动众地动用公共资源为梅兰芳造势宣传，且报道的内容又多是梅兰芳的私人生活，自然引起了不少民众的抵制。更何况，民国时期的京剧名角并不止梅兰芳一位，其他戏迷在羡慕梅兰芳有如此资源的同时也难免会替自己喜爱的名角"鸣不平"，希望自己心中的名角也能得到更广泛的宣传。

　　似乎是顺应了一众票友心里的呼唤，新的技术诞生了，并在一定程度上为京剧名角的宣传提供了新手段，也悄然改变了京剧粉丝的构成。19 世纪末 20 世纪初，留声机和电台广播技术传入中国，并很快用于戏曲传播。在这之前，戏曲只能通过两种形式传播，一是舞台戏曲，二是文本戏曲。舞台戏曲，即是由角色登台现场表演，这种形式对时间、空间的要求极为苛刻，倘若某场演出不在自身所处的城市，或是时间不合，则必然无缘观赏。又鉴于京剧名角们的登台通常意味着一票难求，普罗大众即便有缘亲眼一观，恐怕也难以反复品味。文本戏曲，指由出版书局刊印的话本，这种形式虽不再局限于时空，但话本的阅读难度本身就局限了其受众——只有识过字、受过教育的人才能读懂话本内容，底层民众被无情地排除在外。此时登场的电台广播和唱片留声机无疑成为戏曲传播之路的改写者，拉近了普罗大众和戏曲的距离。虽然当时留声机、广播、唱片等设备价格昂贵，底层民众无法负担，但听曲心切的戏迷们总能找到"突围"的办法。很快地，坊间就出现了商贩背着留声机上街播放唱片的销售行为。透过无线电波和黑胶唱片，更多的人有机会聆听他们喜爱的名角的剧目，京剧名角们不再只活在他人的传闻中，而是自己可闻的名人，京剧爱好者也逐渐由权贵精英向更广泛的人群扩散。

　　在此背景下，一场名旦之争缓缓拉开序幕。1921 年，天津的《大风报》首次提出了京剧"四大名旦"之说，在民间引起热议。到了 1927 年 6 月，北京的《顺天时报》举办了"征集五大名伶新剧夺魁投票"的活动，邀请群众以投票的形式，从限定的五位名伶及他们各自的五出戏剧作品中投出自己心中的最佳名伶，以及该名伶最精彩的剧目。投票活动自时年 6 月 20 日起至 7 月 20 日止，共计一个月的时间，想要投票就需要先购买一份《顺天时报》，勾选出心仪的名角和剧目后再将报纸上的投票区裁下交给主办方。活动虽然看似是为京剧戏迷举办，但却在全城范围掀起了不小的舆论风波。各大名角的戏迷们明里暗里地相互较劲，遇上同好就号召大家多多益善地购买报纸以获得投票权，遇上喜欢别的名角的戏迷时"口水战"自然也少不了。最终，梅兰芳的《太真外传》（得票1774张）、尚小云的《摩登咖女》（得票6628张）、程砚秋的《红拂传》（得票4785张）、荀慧生的《丹青引》（得票1254张）和徐碧云的《绿珠》（得票1709张）被评选为五出最精彩剧目，五位名角在票友间的受欢迎程度也有了大致排名。不过，徐碧云因常年身体不适，演出场次较少，所以他的戏迷并不算多，尽管作品在投票中成绩并不落后，但本人却稍显后劲不足。相较之下，其他四位京剧名角原本就有强大的"后援团"，又因《顺天时报》这场声势浩大的投票活动而为更多人所知悉，在徐碧云无意相争之后，"四大名旦"的称号便算是有了初定的人选。[1] 上海大东书局紧随其后，在1930年借由《戏剧月刊》发起了"四大名旦"的征文活动：

> "谁都知道梅、尚、程、荀是现代四大名旦，究竟他们的声色技艺谁弱谁强？我们惭愧没有判断的能力，为此悬赏征求'现代四大名旦的比较'。请诸君用最精确的法眼，做最忠实的批评。就题发挥，适可而止。每篇限定三千到一万字，在一个月内寄来，我们当请海上的评剧名流，共同评定名次。"[2]

《戏剧月刊》又于次年刊登了三篇品评文章，从扮相、嗓音、表情、身段、唱功、新剧、个人品格等13个方面打分，并公布了四位候选人的分数。梅兰芳以575分荣登榜首，程砚秋与荀慧生均获530分，位居其次，尚小云以505分居第四。自此，梅兰芳凭借自身精湛的演绎水平和庞大的社会影响力被各界推崇为"四大名旦"之首，其他三位名角的排名虽然偶有浮动，支持者之间也时常有纷

1　吴修申，《顺天时报》评选"京剧名伶" [J].民国春秋，2000(03):63-64。
2　陈志勇，荀慧生与1930年代京剧"四大名旦"的评选——以《戏剧月刊》《申报》等民国报刊为中心 [J]，文化遗产，2017(03):51-63。

争，但经过几轮活动之后这四位名旦在大众心中的地位已然确立。

"四大名旦"之争勉强尘埃落定，但京剧迷的故事却仍未结束。1931年，上海杜氏祠堂落成并邀请梅兰芳、程砚秋、荀慧生和尚小云四位名角同台演出了《四五花洞》。这场戏是"四大名旦"唯一一次在公众前同台演出，可谓十分珍贵，能够前往现场一观的票友们自然是心满意足，不能到场的那些却要抱憾终生。长城唱片公司为填补这一遗憾，也为了复刻这一经典时光，遂于1932年邀请四大名旦共同录制《四五花洞》的唱片，该唱片时长仅七分钟，只有四句唱词，四位名旦一人一句。但正如今日我们邀请多位人气艺人同台时会面临"C位之争"的问题，当时的唱片公司也遭遇同样的困境：四位人气名旦虽然在"四大名旦"之争时有了初步的排名，但这样的排名却并不是人人认可，谁先唱谁后唱？唱片封面上的名字谁在前谁在后？这些问题若是处理不慎，恐怕唱片非但不能大卖，还会引发广大京剧迷与唱片公司间的大战。在与四位名旦多番商量之后，长城唱片谨慎地决定由梅兰芳打头阵，再以尚、荀、程的顺序依次唱词；而唱片的封面也设计成四人环绕的模式，意指无先后之分（见图5）。

图5　《四五花洞》唱片

总结下来，民国时期的戏曲圈子围绕着以梅兰芳为首的"四大名旦"发生了不少故事，无论是商业代言、发布《梅讯》，还是报纸投票、"四大名旦"之争，以及后续的唱片制作，京剧戏迷的这些故事与我们今日所见的粉圈现状已经有了不少相似之处。这些民国故事的发生和传播与报纸、留声机以及电台广播等媒介的普及息息相关。纸质报刊是当时颇为重要的公众平台，承担着向民众传递信息的社会责任，但它同时也在戏曲名角和戏迷之间扮演着沟通桥梁的角色，一面向戏迷通告名角的动态信息，一面又向名角反馈戏迷的感想，仿佛是在众目睽睽之下开出了一片小天地，诉说着纸短情长。留声机和电台广播技术的引入虽然起不到沟通彼此的作用，却原汁原味地保留了来自名角们的"绕梁三日"，让普通百姓也能有幸一闻佳音，又借此顺利打开了下沉市场，进一步拓宽了京剧戏迷的群体画像范围。

第三节　音画传情

无线电台、留声机等大众媒介技术的发展和普及不仅推动了戏曲文化的变革，还带动了流行音乐文化的兴起。20 世纪 20 年代初期，音乐作家黎锦晖积极响应新文化运动，为大力推广白话文在儿童间的传播而编写了一系列儿童歌曲，我们如今所熟知的《小兔子乖乖》即是由他创作的《老虎叫门》改编而成。继儿童歌曲之后，黎锦晖还创作了不少其他颇具时代风格的歌曲，如《毛毛雨》等，它们借助于唱片、收音机等新兴媒介的力量很快在普通民众间传播开来，掀起一阵时代歌曲的潮流，而这些时代歌曲即是后来的流行歌曲的雏形，黎锦晖也因此被称为"中国流行音乐之父"。受这股流行音乐风潮的影响，20 世纪三四十年代的民国出现了不少知名歌星。借着他们的嗓音，一首首经典的时代流行歌曲，如《夜来香》《何日君再来》《天涯歌女》《夜上海》等，通过广播电台传进家家户户，又顺着时代的脉络跨越时空流传至今，影响不可谓不深远。与在夜总会以卖唱谋生的歌女不同，这些歌星是真正意义上的"明星"，他们社会地位较高，是当时的名流，一举一动不仅牵动着粉丝的心，也常引起普通群众的关注和讨论。曾红极一时的女星李香兰少年时便凭着出色的嗓音成名，并因此开始了歌唱事业。1941 年时，李香兰巡回演出至台湾，引得大量粉丝狂热追星，五场公演场场爆满，现场更有粉丝拉出写有"世纪之宠儿李香兰来台"的横幅表达激动之情。[1] 其后，李香兰前往上海发展，立刻成为全上海的"宠儿"，更被评为上海滩的"七大歌后"之一。但特殊的时代节点也把身世复杂的李香兰拉扯进了一场场纷争——她虽出生在我国辽宁省，祖籍却是日本，这样的双重身份曾在事业上为她助力不少，但也让她的行为备受争议，左右为难之下她最终选择埋葬"李香兰"的名字，回到日本发展。尽管如此，李香兰对华语乐坛的影响巨大且深远，数十年后仍有香港歌手张学友还以她的名字为题，演唱了一首粤语歌曲《李香兰》，满含对那个时代的倾诉。

除了无线电台和留声机之外，19 世纪末 20 世纪初期时的电影技术是另一项对粉丝文化影响至深的媒介技术。虽然最初的电影形式是黑白无配音的默片，但仍然成就了以查理·卓别林为代表的大批电影人。而随着电影技术的发展，有声、彩色电影也很快登场，作为一种新的艺术手段被引入我国并开始发展。与无线电台、唱片这类音频传播媒介不同，电影技术带来的全新视觉体验震撼了当时的民众，也大大拉近了影迷群体和影星的距离，让他们能有机会"亲见"自己喜爱的明星。由于电影作品有时间场次、地理环境等方面的约束，影迷们前往剧院观看喜爱影星的电影时仿佛都带上了"朝圣"的心态。透过大大的银幕，平日里见不到的当红影星便"真实"地出现在眼前，逼真的画面和近距离的"接触"一时之间或许让他们难辨真假，仿佛戏里戏外都与影星们建立了一种欲说还休的暧昧关系，而我国的粉丝文化也因为这种假想的亲密而呈现出新的生态。

随着电影作品不断渗透民国的文化市场，民国时期的第一家电影公司——明星电影公司于 1922 年 3 月在上海成立，不久后，联华影业公司、天一影片公司等也相继成立，影视行业一时间茁壮成长；其中，天一影片公司在上海初创后，其上海总部由邵仁杰主持，而香港的分支后在邵逸夫的发展下成就了一个影视帝国。当然，这些都是后话，现在先让我们继续把目光暂定于民国时期。在各大影视公司的努力下，30 年代的民国影视圈产出了不少脍炙人口的电影佳作，更有不少大

1　古珺姝，田颖."夜来香"原唱李香兰逝世"七大歌后"唯一外籍歌星 [EB/OL]. (2022-11-11)[2014-09-15]. http://media.people.com.cn/n/2014/0915/c40606-25658779.html.

胆的尝试，如天一影片公司拍摄了我国第一部武侠片《女侠李飞飞》和第一部粤语电影《白金龙》等。阮玲玉、胡蝶、陈云裳、王人美等电影女明星相继走红，金焰、高占非、郑君里等男明星也不遑多让，均借着作品跻身社会名流之列，收获不少粉丝追捧。为了锦上添花、增加收益，制片方创新了不少新鲜的宣传手段以增加卖点，譬如邀请当红歌星为影片录制唱片，或是直接由歌星担任电影主角，希望以歌、影联动的方式进一步扩大电影明星和歌星的社会影响力，牢牢吸引观众和粉丝。这些手段放到今日虽然是司空见惯，但在当时却颇为新鲜，很有奇效。1939年时，知名演员陈云裳主演的《木兰从军》上映，制片方为了吸引更多粉丝观影，宣传称只要购买电影票就赠送陈云裳的签名照片一张。除了直接针对作品宣传的方式，电影公司为了捧红旗下演员会联合当时的报纸、杂志推出风格各异的商业画报、照相集等印刷品。为了进一步迎合这些需求，《青春电影》《良友》《电影画报》等刊物先后创立，成为以刊登电影明星的商业海报为主题的杂志。这些刊物还会按需开设专栏，发布电影拍摄花絮、电影评价，也会撰文描述电影明星们的生活日常。普通观众和明星的粉丝们只要购买这些杂志、照相集，就能一窥他们所喜欢的电影明星、歌星"不为人知"的花边新闻，有时印刷品还会被贴心地设计成方便携带的大小样式，让影迷们能把银幕里的那个人"塞"进衬衣口袋、贴身珍藏、随时欣赏。

图6　《中国电影女明星照相集》之《叶秋心女士》照片集

这些宣传手段在提升影星、歌星的社会知名度的同时，也带给相关出版方极大的收益，其他商业资本也很快意识到了这一点，借着影星、歌星的走红，趁势推出更多周边产品和五花八门的商业活动。在此背景下，身为编辑兼摄影的陈嘉震开始推动《中国电影女明星照相集》的发行出版，[1] 该照相集邀请了八位知名电影女明星，为她们拍摄了精美照片并一一撰写人物小传。借着照相集的出版，上海 "八大女明星" 的说法也风行起来。1933 年，上海的《明星日报》发起了一场评选 "电影皇后" 的活动，用以鼓励女明星的进取心、促进电影的发展。胡蝶、陈玉梅、阮玲玉等当红影星皆榜上有名，最终胡蝶以两万多的票数，夺得了 "电影皇后" 的桂冠。无独有偶，由《电声日报》组织的 "中国十大电影明星" 活动也如火如荼地展开，各位明星的后援团彼此互不相让，纷纷为了自己心目中最优秀的电影明星 "打榜投票"。这些评选优秀影星的活动激发了部分影迷的好胜心，并让他们自觉与众不同——他们不是那些可有可无的普通看客，而是能够直接参与评选、为喜爱的明星而战的重要人士。如此自认亲密且重要的假想无意间造就了不少疯狂粉丝。民国时，当红的歌星和影星与社会名流、商贾之间时常有人情互动，传出绯闻也是家常便饭，但若是被粉丝发现，难免要大闹几场，引发阵阵舆论对战。有时也会有一些身处舆论中心的影星、歌星因不堪流言蜚语而选择自杀，然而出乎意料的是，部分无法接受偶像死讯的极端粉丝会选择以自杀的方式来追随自己的偶像。

总结来说，如果认为无线电台、唱片留声机推进了文化产品受众在更广大群体中的扩散，那电影技术可被认为是强化了观众与明星间的情感纽带，并把部分观众转化成了认真追逐影星的粉丝。以电影大银幕为纽带，公众能够深深地代入角色，通过沉浸式的体验与演员所饰演角色产生共情；而在部分观众群体中，这样的共情又是跳脱于角色之外，直接与演员本人相连的。电影技术的发展普及超越了时间、空间的限制，让电影明星不再是遥远的、传闻中的对象，而是可以被听见看见的、仿佛真实存在身边的 "贴心人"。部分分辨真实与虚幻能力较弱的观

1　周仲谋.陈嘉震与 20 世纪 30 年代上海影坛 [J].电影新作，2019(4):75–80,91.

众还会放任这种情绪自由发展，认为电影中的角色或是影星本人与自己有着真实的社会连接。当演员/角色们深情凝望着镜头，观众们会错以为那是在看着自己；而若演员们对着镜头表白，部分观众会认为被表白的是自己，进而进入甜蜜的幻想中。在这种假想社会关系的支配下，被"圈粉"似乎是理所当然的事情。于是，有粉丝将歌星、影星视为自己的情人，愿为他们一掷千金，更有因他们的逝去而不愿留恋人间的。聪明的商业资本又善用粉丝的心理，精心准备了一系列周边产品，如可随身携带、随时翻阅的海报、照相集等，还以投票选优的方式吸引民众们为自己喜爱的电影明星花钱，助他们上位，无形中又强化了粉丝对电影明星、歌星的情感投入。种种营销、"固粉"手段，可谓是今日粉丝经济现象的鼻祖。

第四节　港台风云

20世纪20年代，时代曲作为一种新型的歌曲形式，从上海诞生并迅速在民众间传唱开来，能哼上几句时代曲的都会看作是时尚、先进的标志，这些时代曲经由时间发酵后的进化版就是现代流行歌曲。虽是源于上海，但那时流行的时代曲却并不都是用普通话演唱，而是衍生出了不少方言派系，如闽南语时代曲后在福建、台湾地区得到大力发展，而粤语时代曲则在广东、香港地区大展手脚，成为20世纪下半阕文化娱乐的重要阵地。虽然发展地域不同，但这些时代曲及在此基础上衍生成形的流行歌曲、流行文化的兴盛却在渠道传播上多有类似，算得上是殊途同归。在这一时期，对时代曲的推广起决定性因素的媒介要数电视节目与音乐卡带。

正如我们今日喜欢在网络视频平台上观看综艺、网剧，在网络兴起之前的数十年内，电视也扮演着类似的角色，承载了普通百姓的娱乐需求。与电影作品的高雅姿态不同，电视虽然也是通过荧幕——而且是更小的荧幕——以可闻可见的形式与观众相连，但播出的节目，无论在内容上还是表现形式上，却更接地气。更为重要的是，电视节目能随时随地连接观众，只要你打开电视，总有一档节目在为你演出，劳作之后、闲暇之时，人们总会习惯性地打开电视，在一个个电视频道间徘徊，在一档档电视节目里流连。电视节目还能轻松实现稳定、持续的播出频率，一些长寿的电视剧集和综艺节目甚至可以连播数十年，在这数十年间角色/主持与观众间关系之深厚，绝不是三言两语可以说清，而这种情感也是电影作品无法承载的，基于电视传播续写的粉丝文化也注定会显现出不同的样貌特征。

1958 年，中国中央电视台成立，这标志着我国进入了电视时代。不过，那个时期的电视节目以时政要闻类为主，娱乐内容相对较少，因此广播电台和唱片在很长一段时间内仍然是民众主要的娱乐工具，而由时代曲衍生出的流行歌曲和流行文化想要枝繁叶茂，则还要再等上一等。不过，借助于电视这一新兴的大众媒介，台湾地区的流行歌曲先一步红了起来。在电视成为社会的主流媒介之前，唱片是沟通歌手与歌迷最紧密关系的桥梁，广播电台虽然也偶有特制节目助益歌手宣传，可如此隔山望海的方式多少让人觉得意犹未尽，即使有演唱会等 LIVE 活动，但能奔赴现场的也总是少数。电视节目的流行让歌手和歌迷的关系有了新进展，他们之间的互动形式一下子丰富了起来，彼此的羁绊也更深入，而综艺节目是众多形式中最出彩的一类。

20 世纪 60 年代初期，随着电视普及率的提升，台湾电视公司推出了一档全新的电视歌唱类综艺节目，名为《群星会》（又名《音乐歌舞——群星会》。虽然该档节目播出初期仍处于黑白电视时代，但这种全新的媒介和娱乐形式依然有划时代的意义，给观众带来了无与伦比的欢乐，也间接改变了歌手们的事业主轴——从录制唱片为主，转化为努力出镜综艺节目。《群星会》每周播出两集，每期邀请数位歌手登台献唱，表演形式不尽相同，或独唱，或合唱，其中男女对唱的形式最受观众欢迎。步入 70 年代后，电视技术越发先进，彩色电视也逐渐取代了黑白电视，也为《群星会》节目带来了新契机。台湾电视台迅速以现场直播的方式推出了新一期的节目，获得空前好评，纷繁闪耀的画面更能衬托歌手们的气质形象，以至于当时的歌手只要有机会登上《群星会》的舞台就意味着成功，意味着会收获大量粉丝。直至 1977 年 3 月《群星会》遗憾停播之时该档综艺已经播出了 1000 多集，缔造了不少经典歌曲，也捧红了不少人气歌星，如尤雅的《往事只能回味》、紫薇的《绿岛小夜曲》和《月光小夜曲》等。顺带一提，新型且多样的曝光方式也让歌手们的形象变得重要，带动了相关产业的发展，如服装、化妆、道具、舞台、灯光等。

在众多借着电视红起来的歌星中，邓丽君算是最值得说道的一个，她对整个亚洲地区的音乐发展也至关重要，如《月亮代表我的心》《甜蜜蜜》《小城故事》等歌曲，时至今日仍然是数代人心中的经典。1967 年时，14 岁的邓丽君推出了第一张个人专辑《邓丽君之歌——凤阳花鼓》，获得了一些好评。次年，《群星会》节目注意到了这颗新星并发出录制邀请，可爱的外形和甜美的声音让她收获了满满的好感，也获得了更多登台机会，不仅应邀为台湾地区的首部电视连续剧《晶晶》演唱主题曲，还以主持人的身份参与《每日一星》的录制。与《群星会》类似，《每日一星》也是一档歌唱类综艺，播出时间为每周一至每周六晚，每日又邀请不同的当红歌手担任主持人。节目中，身为主持人的歌手会与被邀请的嘉宾歌手同台演出，演出歌曲不仅有当时在台湾地区十分流行的闽南语歌，还有普通话流行歌曲和英文歌曲。借由《每日一星》的播出，邓丽君在台湾地区人气大涨，邀约不断，很快又俘获了香港地区歌迷的心，数次当选为"香港十大最受欢迎歌星"。在与日本渡边经纪公司签约后，邓丽君的业务逐渐以海外市场为主，其影响力逐渐扩展至整个东南亚地区，成为当时亚洲地区重量级的歌手。

借助电视综艺节目的推广，流行歌曲迅速在台湾地区立足，歌曲语种不再局限于以闽南语和普通话为主要演唱语言，而是以更多元化的形式展现在观众面前。不过，这样的发展模式却未能在同属中华文化的香港地区完全复制。20 世纪中期的香港社会割裂情况严重，即便同为华人，也会因社会关系和经济水平的不同而被划分至不同的社会圈层，各个圈层之间鲜有联系，也痴迷于不同的音乐。虽然风靡上海的一些时代歌曲已传播至香港地区，李香兰的《夜来香》《苏州夜曲》，周璇的《夜上海》《何日君再来》等歌曲常在电台播放，但多在身处上流社会的华人群体中流传，以缓解他们的相思之情。而当时的年轻人则更多受到西方流行音乐文化的影响，尤其是 60 年代时英国的披头士乐队至香港地区演出，引发了一阵摇滚狂潮，年轻人纷纷拿起吉他，组建乐队，以能唱欧美歌曲为流行。50 年代末期邵氏兄弟公司引入播出的电影版《天仙配》一度引起香港观众对黄梅戏的痴迷，只可惜粤语歌曲在民间的流传度仍然有限，至 70 年代，才又随着电视剧的普及而有了更多观众。

20 世纪 60 年代末至 70 年代初期彩色电视开始普及，香港无线电视，即 TVB，推出了一档彩色制作的电视综艺节目《欢乐今宵》，并邀请本土艺人担任主持和嘉宾。[1] 这档节目被认为是全世界最长寿的综艺节目，共 6000 多期，形式内容颇为丰富，有歌舞类的表演，也有谈话类的。70 年代中期，本土电视节目有如雨后春笋，多部香港本土粤语电视剧应运播出，赢得好评如潮。电视剧的主题曲也因剧集的火爆而传唱于民众间，为了抓住这一波热度，TVB 推出一系列乐坛颁奖礼，如"十大劲歌金曲颁奖典礼""叱咤乐坛流行榜颁奖典礼""中文十大金曲颁奖典礼"等。借着电视剧集的播出和颁奖活动的举行，香港渐渐成为亚洲最大的造星工厂。我们如今熟知的 TVB、华星唱片、英皇娱乐等影视娱乐公司自那时起便认真投入娱乐产业，并在艺人的选拔、培养，以及之后的推广、宣传过程中扮演了极其重要的角色。这些影视娱乐公司还特地招募专业星探，在人流量大的场所探寻符合公司要求的、相貌姣好、有发展潜力的素人，再用现有资源把他们培养成受人欢迎的明星。

自 20 世纪七八十年代起，TVB 拍摄制作了一系列粤语电视剧，如《小李飞刀》《狂潮》《楚留香传奇》《大地恩情》等，1980 年播出的一部以民国初期的上海为背景的电视剧《上海滩》更是获得空前好评。剧中描述的悲情故事感动了不少观众，而许文强的西装、白围巾和冯程程的麻花辫也成为当时的潮流，一时间模仿者无数，主演周润发及赵雅芝成为几代人的梦中情人。1983 年，由黄日华和翁美玲主演的电视《射雕英雄传》在香港上映并续写了《上海滩》的成功，更是创造了收视率高达 90% 以上的神话。《铁血丹心》《一生有意义》《世间始终你好》等粤语主

1　冯应谦. 歌潮·汐韵——香港粤语流行曲的发展 [M]. 香港：次文化堂有限公司，2009：5.

题曲在观众间广泛流传开来，粤语歌曲进入黄金发展期。粤语电视剧缔造的辉煌传奇当然不局限于香港地区。在成功俘获香港观众之后，粤语电视剧很快被引入内地，播出之后的场景可以用"万人空巷"来形容。在其后的很多年里，这些电视剧都是各大电视台的宠儿，不断地在不同时段反复播出，更是加入了寒暑假期的必播套餐，陪伴了数代人的童年、青年和中年。借着这股港剧风，香港文化在内地开始萌芽，香港本土明星也开始为内地的民众所熟知，这些都为之后"港风"流行文化兴盛打下了基础。[1]

借着粤语电视剧的带动，粤语歌曲成了华语地区的新宠，虽然大部分非本地的剧迷既听不懂、也不会说粤语，却也很乐意随性地哼唱几句，粤语歌曲的时代到来了。20 世纪 80 年代初期，香港无线电视和华星唱片创办了全球华人新秀歌唱大赛，比赛初期只接受香港本地的参赛者，得奖者可以直接与唱片公司签约成为歌手，这给香港音乐人才提供了发展空间；千禧年后，歌唱大赛渐渐放开规则，开始接受世界其他地区的华人歌手参加。2004 年时，英皇娱乐也开始参与举办类似的歌唱比赛，直至 2017 年比赛停办。歌唱大赛为香港流行乐坛输送了大量优秀的音乐人，梅艳芳、张卫健、杜德伟、谭耀文、陈奕迅、陈伟霆等都是当年比赛的冠军。

和现在一样，那时的港星也是影视歌三栖发展以扩大自己的社会影响力，TVB 新秀歌唱大赛的首位冠军梅艳芳即是如此。1985 年至 1989 年间，梅艳芳连续五年获得"十大劲歌金曲颁奖典礼"最受欢迎女歌星；唱而优则演的她在影视方面也有不俗的成绩，由她主演的《胭脂扣》为她赢得了台湾电影金马奖、香港电影金像奖及亚太影展最佳女主角的荣誉。成名后，梅艳芳及其歌迷会积极参与公益事业，参与过不少慈善演出，华东水灾之时也曾捐款捐物。2003 年，梅艳芳因病过世，但她的歌迷会及相关慈善基金会仍以她的名义持续支持希望工程事业，留下一段佳话。

与梅艳芳类似，张国荣也是因为在电视歌手比赛中名列前茅而出道，在歌唱

1　集体的回忆：为什么 80 年代的影视剧至今还是经典？https://www.sohu.com/a/392731335_100273363.

生涯中斩获无数奖项，如"中文十大金曲颁奖典礼"最高荣誉大奖金针奖、"十大劲歌金曲颁奖典礼"最受欢迎男歌手奖、"十大劲歌金曲颁奖典礼"的金曲金奖等奖项。20世纪80年代初，他的粤语专辑《风继续吹》、同名专辑 Leslie 等大受好评，一曲"Monica"更是改变了粤语歌坛以抒情歌曲为主的演唱风格，自此开启了快歌劲舞的浪潮。他的歌曲在日本、韩国等地也备受好评，专辑《爱慕》甚至创下华语唱片在韩国的销售纪录。其后，他举办了百余场世界巡回演唱会，数度打破香港红磡体育馆歌手连续举行个人演唱会的场数纪录。张国荣不仅是当时华语歌坛最优秀的歌手之一，作为演员，他也同样成功。《胭脂扣》《东邪西毒》《霸王别姬》《阿飞正传》《春光乍泄》《倩女幽魂》等经典佳作都是由他主演，他也凭借这些作品获得香港电影金像奖最佳男主角，更数次入围台湾电影金马奖最佳男主角提名。[1]但令人惋惜的是，张国荣因抑郁症影响，在2003年4月1日时从香港文华东方酒店坠楼身亡，因恰逢愚人节，不少媒体、歌迷和艺人群体都以为这只是一个玩笑，直至张国荣的经纪人确认消息，大部分人仍无法接受。时至今日，每到4月1日，香港娱乐圈及张国荣的歌迷、影迷会仍自发举办纪念张国荣的活动，怀念他们心中永远的"哥哥"。

20世纪七八十年代，内地也出现不少剧集佳作，如1986版《西游记》、1987版《红楼梦》、1988版的《聊斋》《渴望》《小龙人》等，相关主题曲、插曲颇有人气，其中有不少传唱至今，如《女儿情》《天竺少女》《枉凝眉》等。与当时台湾及香港地区的情况不同，内地歌手和演员之间、艺人与群众之间总有泾渭分明的界限：歌手不会参演剧集，演员不会献唱，而含蓄内敛的内地群众对荧幕里的红人也大多只停留在欣赏阶段。不过很快就出现了变化。借由电视节目和广播电台，一股港台风吹进了千家万户，给观众带来了完全不一样的体验。初次接受港台文化"洗礼"的内地观众在好奇之余，大都选择有所保留地观望，而非全情地投入。可港台地区的影视作品中所描绘的画面和蕴含的信息，对于叛逆而躁动的年轻人而言无疑有着巨大的吸引力，物质的丰富和生活条件的改善也让他们更有能力在

1　Lesliecheung cyberworld. http://www.lesliecheung.cc/profile_inside.asp?sub−page=Achevements&object=Film.

生存之外寻求精神方面的愉悦感。于是，内地的"追星族"出现了，追星之风迅速在年轻人间蔓延开来，他们开始收集喜欢艺人的信息、购买相关产品，也会聚在一起热烈讨论。这些现象很快引起了社会大众的警惕，大人们担心年轻人会因追星而误入歧途，尤其当他们发现以邓丽君的《月亮代表我的心》《甜蜜蜜》等为代表的流行音乐过于直白地表达男女情爱时，这种担忧便找到了实证，一些流行歌曲被认为是让人丧志的靡靡之音，一度被禁止传播。

不过，随着交流的不断深入，人们开始有限度地接受以港台风为基调的流行文化，而这接受或许与一位美籍华裔歌手费翔有关。费翔出生于台湾地区，成年后赴美国留学，因对戏剧的热爱而转读了戏剧专业的学校，后又回到台湾参演电视剧并发布专辑，正式出道。1986 年，费翔在大陆发行了专辑《跨越四海的歌声》，被认为是第一位跨越海峡进入大陆市场的台湾歌手，更于次年被中央电视台邀请参与录制了当年的春晚，演唱了《故乡的云》和《冬天里的一把火》。费翔的混血气质、英俊形象和热情台风深入人心，成为万千少女心中的白马王子。1989 年，他在全国 13 个城市巡回举办了《现在流行什么》演唱会，这在当时几乎是不可思议的事情。在这之后，费翔返回了纽约，专心在百老汇发展。1997 年，在庆祝香港回归的《回归颂》大型晚会上，费翔再度被邀请演唱他的经典曲目《故乡的云》，让晚会变得更加完满。

20 世纪 80 年代，日本的索尼公司推出了一款定位于全球青少年市场的新设备，名为 Walkman（随身听）。与体积较大的留声机、磁带录音机不同，随身听物如其名，小巧轻便、能够随身携带、随时可听，很快就成了年轻人的听歌神器。借助随身听和音乐卡带，各个国家和地区的流行歌曲迅速霸占了年轻人的耳朵，那些遥不可及的声音似乎打破了时间和空间的枷锁陪伴耳边，那些熟悉却陌生的梦中情人也穿过机身与自己日日相伴，奇妙又美好。光鲜亮丽的明星成为少年心中追逐的对象，他们处处模仿偶像的行为，似乎这样就能变得与偶像一样魅力十足，流行文化的萌芽又悄悄地长大了。聪明的商家嗅到了商机，海报、贴画、挂历、相册、笔记本等成了炙手可热的明星周边产品。

随着相互文化交流与合作的加深，文化融合也初现端倪。自20世纪90年代起，台湾偶像剧、香港 TVB 电视剧开始霸屏，各路"歌王""歌后"风靡亚洲，无数深入人心的经典角色和歌曲先后诞生。《流星花园》中性格迥异却都阳光帅气的F4；《还珠格格》中温婉贤淑的紫薇、活泼俏皮的小燕子，以及至今仍存在于表情包中的尔康；《神雕侠侣》中相貌"平平无奇"的杨过；还有耳朵里的周杰伦、林俊杰、蔡依林、五月天等人气歌手……他们丰富了无数少年人的精神世界。当然，少年人青睐的流行文化终究只是文化的一角，当时的主流文化更推崇务实勤奋、内敛自律的文化价值，因此也不能理解以娱乐享受为目的的追星行为。在这样的舆论背景下，蔡明、郭达、赵丽蓉等主演的小品《追星族》（1993年）诞生了。小品展现了一个追星少女与家人之间的互不理解，其中的经典台词放到今日，也仍能道出公众的心声。

父亲：妈呀，您瞧瞧！她成天就这么走火入魔地琢磨这个。哎……我简直我都弄不明白，这些人有什么值得你可迷的！

少女：我迷他们，我就迷他们，我迷他们唱歌，我迷他们唱给我听的每一支歌，我迷他们英俊潇洒有魅力，我迷他们永远青春！

奶奶：你这么说呀，他们的媳妇也一定很漂亮。

少女：您瞎说什么哪！不许说他们结婚！谁说他们结婚我跟谁急！

奶奶：你说这人家结婚你急？你管得着吗？

父亲：幼稚！在你们这些孩子的眼里面啊，好像世界上就有那么几个歌星和几首流行歌曲，我们这个有五千年文明历史的泱泱大国要发展下去，靠那几个歌星和几首流行歌曲那能行吗？

少女：你住口！你可以打我、骂我，绝不允许你侮辱我心中的偶像！你要再这么说……我就离家出走！

稍做小结，自20世纪八九十年代起，"追星"已然成为年轻群体的一种全新的生活方式，虽然不被社会大众理解，流行文化却借着追星族的壮大而生根发芽，静等着茁壮成长的机会。因受港台文化的影响，那时的"星"多指港星和台湾偶像。这些明星多由娱乐公司挖掘、培养而成，再通过电视、广播、音乐卡带、报纸等媒介，把精心准备的作品带给内地的观众，不过他们本人却多隐匿于幕后，不会与粉丝直接接触，大概是为了保持神秘感和"巨星光环"。这种明星模式注定了粉丝的崇拜是寂寞且单向的，他们只能默默地关注自己的偶像，抱着随身听一整天，在房间里贴满偶像的海报，大概就是他们唯一能做的事情了。偶像之于他们，终究如水中月、镜中花，是在现实中毫不相关的人。反观内地的"星"，虽然那时也出现了不少极具时代性的演艺人员，如摇滚歌手崔健、小品演员蔡明等，但在众人眼中，他们并不是高高在上被崇拜的明星，而只是深受广大人民群众喜爱的公众人物，从人民群众中来，到人民群众中去，很是接地气。

第五节　选秀时代

当万年历翻到 21 世纪，我们的社会比起"看杀卫玠"时已然发生了翻天覆地的变化。新的技术、新的媒介、新的社会风气、新的生活方式，世界每一天都在刷新，粉丝文化也需要注入新活力，好适应这日新月异的新千年。这时，内地的文娱市场面临着一个供需矛盾：一方面，以年轻人为代表的新一代开始把追星当作生活娱乐的方式；但另一方面，内地无"星"的局面让他们只能从境外市场寻求满足。或许是为了解决这种供需矛盾，新的造星模式出现了。2004 年对内地娱乐圈来说意义非凡，一档名为《超级女声》（简称超女）的歌手选秀节目横空出世；2005 年，其以电视、手机和网络为媒介平台，火爆全国，这一年也由此被称为内地娱乐圈的选秀元年。

其实在超女播出之前，我们也不乏具有国民度的电视综艺，这些节目各有主题，在贴近大众日常生活的同时又丰富了精神世界。央视的《综艺大观》于 1990 年开播，以小品类表演为核心节目；同年开播的《正大综艺》则以带着观众"环游"

世界为卖点，通过猜谜等游戏环节向观众展现世界各地的风土人情。湖南卫视的标志性节目《快乐大本营》于 1997 年首播，初期以明星与普通观众的互动游戏环节为主，突出全民娱乐的概念，后来则专注明星访谈与游戏秀。2003 年，也就是超女播出的前一年，央视也推出一档平民选秀节目《非常 6+1》，从素人视角出发，展现普通百姓的真实生活、挖掘他们的艺术潜质。每期节目会邀请三位素人参与，经过六天的专业培训和专属形象设计，第七天时会以全新的造型出现在舞台上，展示自己的才艺，圆一个"明星梦"。这些综艺节目大多以"平民参与"为宣传口号，旨在娱乐大众，胜出者也并不会出道成为演艺明星，而是以自我展现、圆梦为主要目标。亲民和接地气的特点让这些节目很有观众缘，收视率也都不错。就在这样的背景下，超女于 2004 年首播，在小范围内试水成功后立即在全国推广，并在第二届的时候获得空前成功，不仅收视率一骑绝尘，参与人数也极其庞大，瞬时成为当时最具有国民度的综艺节目。据统计，2005 年的超女共有 15 万人参赛，至少 54 万人参与票选，超过 2000 万观众每周持续关注，收视人数或达 4 亿，总决赛的平均收视率为 6.38%，居同时段收视率首位，最后一场冠军争夺战的收视率则更是高达 11.75%。[1]

超女节目是内地第一个由普通人参赛、普通观众评选、以出道作为最终结果的选秀节目。它的初衷是鼓励大家想唱就唱，所以对参赛选手的条件未做过多约束，只要热爱唱歌、想在舞台上唱歌的女生就能免费报名参加，不分唱法、不问出处、不论外貌、不计学历，甚至不在意年龄——16 周岁以下的小选手只需家长陪同即可参与。超女的赛程设置分为分唱区选拔赛和年度总决赛两部分。分唱区选拔又分为海选、复赛和晋级赛三部分。海选时，参赛选手只能清唱自选歌曲，其中最优秀的 50 个选手将进入复赛；复赛时，选手们将分组比赛，最后剩 20 人参加分唱区晋级赛；晋级赛则又分为四场比赛，分别是 20 进 10、10 进 7、7 进 5 和 5 进 3 比赛，最后决出的前三名与其他分赛区的前三名一起进入总决赛。进入总决赛后，各分赛区的冠军可暂时保位，在亚军们和季军们决出胜负、淘汰一半

1 文慧. 快乐电视选秀: 解码《超级女声》引发的选秀现象 [M]. 北京: 团结出版社, 2007: 29-39.

的选手之后再一决高下。

各赛区的海选和复赛部分，参赛选手的晋级是由知名歌手、制作人或当红明星组成的专家评委们评议决定，但当选手们入围晋级赛后，事情就开始变得有趣。专家评委们的意见不再是选手去留的决定性因素，由已淘汰选手和/或现场观众组成的大众评委团，以及场外观众的手机短信投票数才更具分量——根据赛事设置，所有观众都可以在两场比赛之间，通过手机短信投票的方式为下一场赛事的选手投票。在赛制方面，除了常规的比赛流程，超女还设置了PK赛，此处的PK可理解为"point kick"的首字母缩写，即两方对决，只有一方能获胜。每当赛事进行到需要淘汰一位选手时，专家评委会选出一位表现相对不佳的选手，让其与场外观众的短信投票中支持率最低的选手PK，落败者淘汰。如果观众的参与度只涉及末位淘汰，虽也别出心裁，但节目恐怕不会这样火爆。事实上，超女赋予观众的权力是前所未有的，因为各分区晋级赛甚至总决赛的前三名完全是由观众投票决定的，专家评委和大众评委并不参与这些环节。这就意味着，超女的冠军是真正由观众一票一票选出来的，与其说观众参与了超女的评选过程，倒不如说观众直接决定了比赛的结果。

与当时其他的综艺节目不同，在超女节目中，所有人都可以是积极的参与者，能全身心地投入并享受整个过程，而不是只能做被动接受的一方。每个人都能自由地选择是直接报名参赛，还是在电视机前观看每一场现场直播的比赛，而无论是以哪一种身份参与，他们都有机会影响比赛的结果：选手们想唱就唱，观众们想听就听、想投就投。除了时间和精力的参与，观众对这些素人出身的选手在情感上的强烈代入感，恐怕才是这个节目最令人着迷的地方。台上的选手从来不是孤身一人，观众对待她们就如同对待朋友、家人，甚至于"自己"。她们从普通人中走出，却做了普通人想做但未能做到的事，那些普通人不敢开始、不能继续、惨淡收场的音乐梦被尽数投射在她们身上，她们就是观众心中用来承载自身音乐喜好、理念和梦想的"自己"，无关性别与年龄。当观众看着自己选出的选手从青涩到成熟的舞台风范，再一步步登上荣耀巅峰，就好似成功的那个是自己一般。

正如超女总导演王平所说：

> "我们发现观众对超女选手的喜爱，已不是简单的欣赏和喜欢。超女选手是幸运的一群音乐爱好者，像她们在这么短的时间，如此高频率地在大众面前亮相和表演，是别的节目很难实现的。"[1]

在这种视如己出、相伴成长的过程中，以特定选手为核心的观众慢慢聚集到一起，相应的歌迷群体也应运而生。与此前以港台明星为核心的追星现象不同，超女歌迷的群体呈多元化。虽然媒体报道惯于将视角锁定在超女节目对青少年群体的影响，但事实上，不同于媒体的想象，超女歌迷中有不少大龄群体，更不乏妈妈辈，甚至奶奶辈的支持者。[2] 年龄的差异意味着超女歌迷群体社会经济地位的多样性，不少歌迷都有相当的经济实力，也愿意投入时间、金钱支持自己喜欢的选手，为她们投票，助她们晋级。在赛制的牵引下，"观众缘"成为每个选手除自身实力之外最为重要的东西，实力相当时，谁的观众缘更高，谁就能获胜。所以，当赛事到了一定阶段，选手们就需要更多的媒体曝光来吸引更多观众为她们投票；与此同时，为了不让自己喜欢的选手落败，歌迷不仅自己心甘情愿地投票，还乐于四处拉票。幸运的是，超女时期的互联网已经有了社交媒体的踪迹，以百度贴吧、QQ群为载体，歌迷聚集成群，并有组织、有计划地为选手拉票。不过，在没有LED应援大屏、没有微博控评，也没有集资平台的2005年，超女歌迷的拉票方式十分简单粗暴。通过线上发起、线下聚集的方式，粉丝们在人流密集地区张贴海报、横幅，并高喊口号，努力吸引路人注意，为了在拉票时显得更团结、更有辨识度，歌迷还给自己取了团名，如李宇春的粉丝自称"玉米"，张靓颖的粉丝自称"凉粉"。除了集体行动，歌迷也会视情况自己卖力拉票，如有车的歌迷会在出行时把选手的大幅照片挂在车上，以此表达支持。决赛期间，节目组特地联

---

1 "超级女声"导演王平：时代赋予我们更多意义，http://ent.sina.com.cn/y/m/2006-09-30/07481270032.html.

2 87岁奶奶粉追李宇春13年，https://www.sohu.com/a/230034924_125396.

系了歌迷组织拍摄祝福视频并在节目中播出。那一刻，他们仿佛站在"镜子"面前，与舞台上的另一个"自己"沟通对话、直抒胸臆，与选手之间情感羁绊也越发深厚。

经济收益是超女节目另一个值得描述的点。按投票机制，每个手机号可在两场比赛之间为选手们投 15 票，但部分中国移动的用户因能通过拨打声讯台再额外投出 15 票，共计 30 票。额外的"福利"使得移动手机号身价倍增，不少歌迷会向周围的亲朋好友"借"号投票，甚至会在歌迷会的组织下，在街边向路人"安利"，说服路人参与短信投票。节目自身的热度外加歌迷的努力，让 2005 年 5 进 3 的总决赛创造了 500 万张投票的神话，三强决赛更是突破了 800 万张。除了短信投票，超女节目组还推出了短信定制花絮的服务，购买定制服务的粉丝可以持续收到超女录制期间的花絮周边，每条花絮收费 1 元。这些短信投票和定制服务产生了巨大的经济收益，每场比赛仅短信收入湖南卫视就至少可分得上百万元。[1] 在最后一场总决赛中，节目组设置了场外的互动点播环节，观众可以通过短信发送祝福消息，还能通过短信点歌，请自己喜欢的歌手现场演唱。虽然相对比赛投入而言这样的收入并不算多，但超女带来的经济效益远不只短信收入一块，事实上，赞助商和广告收益更让人咋舌。节目播出期间插播的电视广告场场爆满，30 分钟的广告时间带来的直接收益达数百万元。蒙牛乳业作为 2005 年超女的赞助商在比赛播出期间可谓尽心尽力地宣传，旗下产品酸酸乳的代言人也邀请第一届超女的季军张含韵担任，相关产品的包装上均印有超女的宣传语，前后投入过亿。但与超女的合作也为蒙牛带来了巨大的经济收益，绝对物超所值，2005 年第一、二季度蒙牛相关产品的销售额同期增长近 3 倍，不少地区的销售终端甚至出现供不应求的情况。须知这些数据的前提是，2005 年我国城镇居民人均可支配年收入仅万元。[2]

但颇为讽刺的是，在超女节目爆红、各方商业资本赚得盆满钵满的同时，绝

1　揭开超级女声背后盈利模式，https://business.sohu.com/20050816/n240260087.shtml.

2　中华人民共和国 2005 年国民经济和社会发展统计公报，http://www.stats.gov.cn/tjsj/tjgb/ndtjgb/qgndtjgb/200602/t20060227_30019.html.

大多数选秀出身的歌手却并没有因此得到一个更好的前程。2004 年第一届超女中，只有季军张含韵至今仍偶有出现在公众前；而 2005 年第二届超女中，也只有冠军李宇春、亚军周笔畅和季军张靓颖至今仍然活跃。借超女舞台成功出道的张含韵凭借单曲《酸酸甜甜就是我》迅速火遍大江南北，但成名后却因种种原因遭受无尽的谩骂和诋毁，其后虽然也发过数张专辑，但事业很快陷入低谷，一度销声匿迹。复出后，张含韵不再只专注演唱，而是走影视歌多栖发展的路线，参演过不少影视作品，如《新萧十一郎》《知否知否应是绿肥红瘦》等；近年来还参与录制了综艺节目《声临其境》《乘风破浪的姐姐》，以积极正面的形象和扎实的舞台功底，重新获得了大众的肯定。张靓颖先后与华谊兄弟、环球唱片签约，后又成立个人工作室，至今共发行十余张个人专辑、EP 等，还演唱过多首热门影视剧的主题曲，发行的英文单曲、专辑也赢得不少好评。李宇春赛后也走起了国际路线，2005 年她以"超级女声"全国总冠军的身份登上了 *TIME* 封面，2006 年发行的首张个人专辑销售量破百万，2007 年首开全国巡回演唱会，并再登 *TIME* 内页，其后又先后获得香港十大中文金曲全国最佳女歌手、MTV 亚洲音乐大奖中国最受欢迎歌手、欧洲 MTVEMA 音乐大奖全球最佳艺人等奖项。但其他的选手大都已淹没在残酷的娱乐圈中。

自 2005 年超女火爆出世之后，内地的电视节目便充斥着大量类似的真人选秀节目，如《快乐男声》《加油好男儿》《我型我秀》《第一次心动》《美丽新约》等，观众们被裹挟在相同的审美环境和互动模式中，迅速显现疲态。国家广播电视总局（简称广电局）也很快发布数项政策限制选秀类节目，对全国性或跨省赛事分赛区活动的播出频道、播出时间、选手年龄、造型、评委点评风格等提出要求，并叫停了数档低俗、猎奇类真人秀。观众的审美疲劳加之广电局的禁令，由超女带来的娱乐选秀狂潮也因此渐渐减退，但针对超女的讨论却从未停止。

表面看来，超女只是一个由平民参与、与观众有高互动性的综艺节目，但在后续社会各界的分析中，它却被赋予了多重而复杂的意义，关于它的讨论已不再局限于一般娱乐事件的框架，而是演化为针对有重大社会影响的文化现象的深入解析。超女被认为是社会转型期，由商业资本和媒体平台联手打造的新型全民娱乐方式。其一，超女节目打破了我国传统造星模式。在传统模式下，大部分演艺人员，无论是歌手还是演员，都需经过专业院校，如北京电影学院、上海戏剧学院、中央音乐学院等的培训，这些院校均已纳入正规的高等教育体系。在这种培养体系中，艺人不仅专业素质过硬，文化知识水平也不低。港台地区虽也有由星探挖掘出的明星，如林青霞等，但也需经过娱乐公司培养方可出镜。对照超女模式，似乎只要想唱就能有舞台，这意味着内地的文娱市场开启了"素人星工场"的造星模式。其二，主办方邀请全民参与至节目的每一个环节，甚至连最终结果都交由观众共同决定，赛制营造的高浓度参与氛围，加之因选手素人背景而产生亲切感，极大地唤起了观众的参与情感，并最终完成了把节目观众转化为选手粉丝的过程，更有部分真情实感的歌迷会模糊选手与自己、理想与现实之间的界限，完全把选手的梦想视为自己的梦想，将选手的成功出道视为自己的自我实现——站在舞台上的是你，实现梦想的是我们。于是，在赛事机制和粉丝高情感投入意向的协同作用下，歌迷们期待与选手共同成长，自愿付出时间、金钱为选手争取更多收益。由此总结，超女节目在满足年轻人的音乐梦/明星梦的同时，淡化了粉丝与被崇拜者之间的距离，营造一种"你中有我，我中有你"的氛围，而超女模式也突破了原有的商业盈利格局，以粉丝群体为核心的新经济模式逐渐成形。

超女落幕，但粉丝与偶像的故事并未到此终结。相反，粉丝群体这一小众社群似乎也是借着超女的火爆得以正式进军主流文化圈，并因互联网形态演进有了突破性的变化，粉丝经济真正在内地市场有了发展基础。

第三章　东亚偶像产业：从仰望到养成

自远古时代起，人们就有对他者崇拜的倾向，崇拜者与被崇拜者的关系会随着技术、社会、经济、文化环境的变化而变化，这种变化的具体表现就是粉丝群体话语权的不断提升，以及新型造星模式的出现。如果此前我们对于粉丝与偶像关系的讨论是基于将偶像定义为歌手、演员、主持人等从事文娱工作者的公众人物，那么现在我们需要更新这一陈旧的观点，重新定义偶像的概念，并"隆重"介绍网络时代的娱乐圈新工种——"爱豆"。《超级女声》选秀节目的成功，改变了此前粉丝只能遥望、仰望偶像的状态，创生出一种全新的互动模式，让粉丝与偶像之间的相伴相生、共同成长成为可能。而网络时代的偶像与粉丝，又在共同成长的基础上，构建出一种情感代入更为强烈的互动模式，即偶像养成，所养成者即为爱豆。基于网络的新型偶像文化的诞生，摧枯拉朽般地为文娱产业注入新活力，也再次改变了粉丝圈层的生态环境，将粉丝经济推到一个新的高度。不过，偶像文化以及偶像产业并不是由超女原创，甚至不是原产我国，接下来，让我们把视线投向海外，看看偶像文化的源头都有哪些故事发生。

第一节　偶像还是爱豆？

当我们浏览今天的娱乐新闻，会看到"明星""偶像""爱豆""流量明星"等称谓，"演员""歌手""主持"等传统的职业定语已经被淡化，艺人们仿佛将各种职能合而为一、兼而有之，尤其当跨界成为风潮、流量成为财富密码，再从称谓上对明星艺人做定性划分，似乎多此一举。不过，为了更好地梳理"爱豆"这一新现象对粉丝文化的深刻影响，在展开探讨之前，有必要就相关概念做一番解释和区分。

偶像最原始的定义，是指人形的造像，或是皮影戏的人物剪影。在特定的时代背景和场合下还带有宗教、政治方面的意义，如供信徒膜拜用的雕刻神像，或政权、政党的精神领袖。不过，如今我们再提偶像时，多数已不再意指宗教、政治上的隐喻，而是单纯用于指代受人尊敬、令人崇拜的公众人物。文娱工作者因其工作的特殊属性，在圈粉这件事上比其他类型的公众人物更有先天优势，因此更容易被人视为偶像。一方面，由于这些明星艺人以娱乐大众为本职工作，所以他们的曝光率更高，且出场总伴随着令人愉悦的情绪，让人心生亲近；另一方面，他们在自己的专业领域又都游刃有余、难掩魅力，歌手声入人心、演员演活角色、主持完美控场……娱乐性与专业性间巧妙的平衡让部分观众/听众情不自禁地陷入其中，把他们视为学习的榜样，生出类似于"偶像崇拜"的情绪。因此，在很长一段时间内，明星艺人因在各自领域的成就，或多或少能给予粉丝人生目标和启示，尚被认为有一定积极正面的社会意义。比如加拿大籍歌手、演员拉明·克林鲁（Ramin Karimloo）在10岁时观看《歌剧魅影》时，被康姆·威尔金森（Colm Wilkinson）在其中所饰演的魅影一角深深吸引，立志将来也要成为像威尔金森一样优秀的演员。经过不懈努力，克林鲁最终成功实现梦想，并在舞台上重塑了自己的偶像曾经饰演的经典角色。

不过，在泛娱乐化的今天，明星艺人成为偶像的条件出现了变化，人们对偶像类艺人的认知和态度也开始变化。在传统的认知里，只有优质的明星艺人才会被冠以偶像的名号，他们的诞生是多重因素综合的结果，既需要艺人本身具有过硬的专业实力，也需要一些机遇巧合，天时、地利、人和缺一不可。可惜的是，在社会、经济、文化、技术均高速发展的今天，人们普遍浮躁且急功近利，十年磨一剑终究只是美好的愿望。人们对偶像的容忍度不断向下刷新，明星们不再需要经过科班训练，也不必有经典流传的作品，只要经过精心的包装设计，有足够的曝光度以及高颜值、好人设，即使是素人也可以成为被人崇拜的偶像。门槛的降低使得偶像们的娱乐性特质被突出，专业性被弱化，"偶像崇拜"也更常用以描绘粉丝与他们所喜爱的公众人物之间在情感上的牵绊，而非生活上的启示。有时，这种牵绊甚至不是经过深思熟虑的、在专业能力上更深刻的认同，而仅仅是基于对对方外貌、性格的喜爱。久而久之，在大众眼中，那些被粉丝视为偶像的明星艺人就被默认为是空有颜值和人设，却没有实力的"花瓶"，而那些以实力征服观众/听众的艺人则不必被冠以偶像的称号也能起到榜样的作用。喜爱导演王家卫、李安的观众甚多，但将他们视为偶像并加以崇拜的则不多；相声演员郭德纲、于谦是相声界的名角，但称他们为"偶像"的怕也是少之又少。因此，每当有新晋明星暴露在大众视野中，就会出现关于他/她是实力派还是偶像派的讨论，人们亟须通过定义他/她的属性的方式来决定对他/她的态度。在这样的舆论环境中，偶像成了带有负面色彩的词汇，而被称为"偶像"的明星艺人也就彻底成为娱乐的产物，不必再以职业类别划分。更有一些严厉的批评者认为，偶像从来不是一个正面的称呼，也没有人应当被称为"偶像"。在批评者眼中，偶像，正如其最原始的定义一般，是去人性化的产物，所以将公众人物称为"偶像"，是将人物化的过程。因此，批评者们反对一切形式的偶像，主张去偶像化，呼吁将人赋予人性。

尽管社会大众的视角中，偶像明星并不受人待见，但从商业资本的角度来看，娱乐明星的"偶像化"趋势正是他们所期待的。如今，"流量变现"是互联网行业中最常见的概念之一，指将互联网流量通过一定手段转化为现金收益。在以"粉丝—偶像"为核心的经济模式中，偶像化的明星远比专业化的歌手、演员拥有更多的粉丝——这也是他们又被称为流量明星的原因，而粉丝就是流量实质化的体现，通过合适的商业营销，粉丝有强烈的意愿为偶像付费，进而转化为巨大的经济收益。对以营利为目的的商业资本而言，谁是偶像、谁是粉丝并不重要，娱乐产业能持续出现自带流量的明星偶像和愿为偶像付费的粉丝才更为重要。在这样的逻辑下，与其苦心培养一个优质的、专业的偶像明星，不如着手打造一条生产线，量产以吸粉、变现为主旨的新型偶像——即爱豆，实现利益最大化。自此，一个重视粉丝的偶像产业诞生了。

偶像产业发源于日本，光大于韩国。从流程上看，大致是由经纪娱乐公司招募适合的人选组团出道，一些公司会强制要求候选者参加专业训练，有时这样的训练会长达数年，待有足够的职业技巧后方可出道成为偶像。而经此"流水线"制造后成功出道的偶像，就是我们现在常说的爱豆，他们是基于偶像却又不同于偶像的新职业。

虽然爱豆一词常被认为是英文单词"idol"的中文音译，但认真剖析之下会发现它更应被放到日韩语言体系中解释：

"在这里，或许我们应该借用'爱豆'这个在鹿晗的粉丝社群中更为流行的名词，来指称以鹿晗为代表的新形态的偶像明星。需要特别指出的是，所谓的'爱豆'，并不应当被视作英文单词'Idol'的中文音译，而是应当被视作'Idol'的日文变体'アイドル'（aidoru）与韩文变体'아이돌'（aidor）的中文音译。它其实是在 21 世纪以来，以日本、韩国为中心向周边国家播散的流行文化产业体系中诞生的概念。"[1]

除了词源上的区别，爱豆在词义上也早已跳出了"idol"以及对应的中文偶像的最初含义。如果说传统的明星艺人是以歌手、演员、主持等身份和影视音作品的形式与观众沟通，凭着自己的实力获取好感进而被部分粉丝奉为偶像，起到积极的引领作用，那么爱豆们被了解的途径并非通过什么经典流传的作品，也非是因为成就了经天纬地的事业，而是投粉丝所好、主动与粉丝建立情感联结，换取粉丝的崇拜——换言之，爱豆诞生的初衷就是为了让粉丝崇拜。

1　林品. 爱豆文化的崛起：粉丝社群情感劳动的公共转化及其隐忧,https://baijiahao.baidu.com/s?id=163175 5430696266141&wfr=spider&for=pc.

第二节　日本偶像产业

偶像产业起始于日本，在数十年的发展过程中经历了不同的阶段，人们对偶像产业最佳经营模式的认可是在不断摸索中得来的。

传统偶像

日本的偶像文化起始于 20 世纪 70 年代，在电视节目的助力之下，不到 10 年时间就发展得颇具规模。日本最早的偶像歌手是 1971 年出道的南沙织，她的出道之路是兼得天时、地利与人和的结果。南沙织出生于日本冲绳，在被星探发现之前是当地电视台的兼职助手，后迅速被索尼音乐娱乐录用，凭借着公司为她精心制作的单曲《17 才》（17 岁）在冲绳出道成功。颇为巧合的是，彼时恰逢美国放弃冲绳的治理权并移交日本（1972 年时完成全部交权），拥有自然长发、小麦肤色、阳光外表和甜美歌声的南沙织正应和了日本民众心中对冲绳的美好向往，于是成为日本的"偶像元祖"（元祖アイドル）。[1]

同年，日本电视台歌唱类选秀节目《明星诞生》（スター誕生！）播出，许多优秀的新人偶像歌手借此崭露头角，如被称为"花间三重奏"（花の中三トリオ）的山口百惠、森昌子和樱田淳子等。这三人中要数山口百惠的人气最高，演艺生涯最持久，优质的作品也最多。正式出道后，山口百惠并未走传统偶像歌手的路线，而是积极投身演艺事业。《伊豆的舞女》是山口百惠出演的第一部电影，也是这部电影让年仅 15 岁的她成为日本观众心中的女神。在此之后，她又连续出演了十余部叫好又叫座的电影，票房号召力极强。山口百惠不仅在日本人气很高，在我国也同样受欢迎。20 世纪 80 年代时，我国与日本的关系逐渐缓和，作为交好的实证，不少日剧在那时被引进我国市场，给本土流行文化添了新色彩。这些引入的日剧中，就有山口百惠出演的《血疑》。剧情讲述了天真善良的少女大岛幸子不幸患上白血病，并因此牵扯出自己与男友的身世之谜，故事的最后幸子虽因病辞世，

1　中森明夫.你根本不懂偶像[M].台南：柳桥出版社，2019:58.

但她顽强乐观的精神还是感染了身边的人。离奇的剧情，以及山口百惠生动地演绎，使《血疑》一经播出就在我国的观众群体中引起了不小的反响，也让山口百惠成为一代人心中的白月光。

起初，偶像大多是作为单人歌手形式出道，但很快女孩们便开始以偶像团体的形式共同出道。于1973年出道的糖果合唱团（キャンディーズ）由伊藤兰、田中好子和藤村美树等三个东京音乐学院的女孩组成，代表作有《风》《春一番》等，曾连续三年出席日本广播协会举办的红白歌会，也算红极一时。但与偶像这一身份伴生的压力，让几位少女不堪重负，组合于1977年在演唱会宣告"我们想重拾普通女孩的生活"，并于隔年解散。另一组合粉红淑女（ピンク・レディー）由根本美鹤代与增田惠子两位少女组成，于1976年经《明星诞生》选秀出道，她们前卫的服装、标新立异的舞蹈动作和轻快易上口的曲风放至今日也仍不过时，也让她们火遍日本歌坛。出道四年间，她们连续八张单曲专辑蝉联Oricon公信榜[1]冠军月余之久，更有五张单曲销售破百万，所创纪录直到2015年才被日本摇滚组合B'z打破。但与糖果合唱团相似，粉红淑女组合之后也因种种原因而解散。

或许与大家的想象不同，在日本的艺能圈中，不同类型的文娱工作者之间有着严格的区隔。大多数情况下，一位艺人以什么方式出道，就会一直从事相应的工作，鲜少有"跨界"的情况发生。歌手不会出演番剧，演员不会登台唱歌，声优专注配音，综艺咖长期驻扎于综艺节目，搞笑艺人专职负责逗笑观众……艺人们各司其职、从不僭越，在各自的领域中精益求精，一些出色的艺人甚至会被认为已达艺术家的级别。在这样泾渭分明、又各自专精的日本艺能圈内部，偶像们的身份显得极为尴尬。

在当时的日本，艺人总体社会地位并不高，专业歌手们通常只能依靠发布专辑吸引听众，鲜少有借助大众媒体公开露面的机会。但年轻的偶像歌手们犹如异军突起，凭借最新的媒介渠道——电视综艺，被推送至观众前，节目形式的新鲜感和年轻人的朝气蓬勃让他们赢得了大量观众的喜爱。但与此同时，这一时期的

1　Oricon公信榜，日语：オリコンチャート，是日本Oricon公司统计并发布的音乐出版品的销量排行榜。

偶像们多是十几岁的年轻女孩，虽也颇有一些歌唱实力，但与专业的歌手相比，无论是气质外貌，还是歌唱技艺都过于稚嫩青涩、欠缺火候。低关注对比高人气，专业对比业余，不协调的付出回报率让偶像歌手成为艺能圈内部排斥的对象，专业歌手及其他演艺人员认为他们是歌艺拙劣、却依靠运气走红的，是不够资格的艺人。不过，偶像歌手们年轻可爱、阳光活力的样子确实让人耳目一新，他们努力工作、不认输的拼搏劲又让人心生怜爱，偏偏这些特质在出道多年的专业歌手们身上已不多见。所以，偶像歌手们引发的追星风潮也并非不可理喻。从粉丝构成来看，由于偶像歌手通常是年轻的女孩，粉丝以男性大学生为主，其他年龄、性别、阶层的人群则较少。

个性化偶像

到了 20 世纪 80 年代，甜美又富有朝气的传统偶像歌手已经渐渐不能满足日本民众的精神需求了，他们开始偏爱更加“个性化的”偶像，偶像歌手们要么有强劲的实力，要么有独特的个人魅力——总之，一味地甜美是不够的。日本的偶像产业也因民众的需求而出现了些许变化，偶像们不再只以偶像歌手的形式出现在公众前，他们在影视、综艺、主持、写真等方面也多有发展，形成了专门的偶像分类，如综艺偶像会专攻综艺节目，写真偶像只拍摄写真。与此同时，偶像们也开始有了自己的形象、人设安排。

大众的需求又渐渐地激发了新的产业发展思路，日本娱乐公司开始推出多面发展的偶像团体，其中最为典型的就是经日本富士电视台《黄昏喵喵》节目招募出道的大型女子偶像团体“小猫俱乐部”（おニャン子クラブ）。《黄昏喵喵》是一档于 1985 年播出的高人气综艺节目，目的是帮助有特色的女高中生出道。节目对招募的女高中生并无严苛的要求，女孩们既不需要全能，也不需要专精，或唱歌，或跳舞，或主持，只要有一项特色即可加入。所以初期团员的表现良莠不齐，在台上唱歌跑调的情况也时有发生。但小猫俱乐部最独特之处还在于团中成员的流动性，团员们不断替换，女孩们宛如报名参加了放学后的兴趣小组一般来去轻松，只是这个兴趣小组会透过电视荧幕，让全日本的观众看到。而日本观众，尤其是年轻的男性群体，也的确很喜欢小猫俱乐部，少女们的原生态表现非但没有被批判，反而成为她们的加分项。偶像团的高人气又引得更多优秀的女高中生加入其中，团队成员的表演也越发有看头，所发专辑曾创下一年中保持38周Oricon公信榜榜首的佳绩，该纪录至今无人可破。在此良性循环下，小猫俱乐部本应一往无前、顺风顺水地发展，但莫名天降的人气总难以长久。小猫俱乐部独创的偶像经营模式在不断为自己吸粉的同时也吸引了其他资本团队的注意，类似的节目瞬间大量涌入市场，让观众渐渐心生倦意。另外，小猫俱乐部的年轻女孩们间或传出与异性交往的绯闻，这对心存幻想的男性粉丝而言无疑有致命打击，团队人气骤减。更为雪上加霜的是，80年代末期、90年代初期日本泡沫经济显现，出现经济大倒退的现象，人们开始担忧更为基础的生存问题，对娱乐的需求降低。在诸多因素的共同影响之下，小猫俱乐部只存在了不到3年时间就无奈解散了，数档偶像歌手常驻的音乐节目也陆续关停，日本的娱乐圈更是进入了长达10年的"偶像冰河期"。虽然惨遭快速解散，但小猫俱乐部还是给日本偶像产业带来了颠覆性的改变。一方面，小猫俱乐部的成功说明观众的喜好并不是一成不变，也不是一味追逐完美，只要有卖点，全素人、不专业，甚至不经过训练也同样可以爆红；另一方面，团名继承、团员流动的偶像团队经营模式开始成为主流，这种模式能提高团队的整体稳定性，降低了因个别团员的离退而导致团队解体的风险。

90年代末期，偶像的冰河时期终于过去，一个名为"早安少女组"（モーニング娘）的少女偶像团体经由日本经纪公司Up-Front-Agency（UFA）旗下的女子偶像品牌Hello!Project（H!P）打造推出，为偶像产业注入了新鲜活力。从形式上看，早安少女组也是因一档选秀类电视节目而诞生的。1997年，知名音乐制作人淳君通过东京电视台的综艺节目《ASAYAN（浅草桥ヤング洋品店）》成功招募了一位摇滚歌手平家充代，但他此行的收获却不止于此，另有五位少女也被相中，并在他的一手包办下以早安少女组的名义于次年正式出道。虽然专业实力相对较弱，但初期的几位团员凭借独特的个人魅力，以及努力在镜头前卖萌、叫卖唱片的认真模样，还是为自己吸引到了不少粉丝。在粉丝的助力下，早安少女组连续 7 年获得日本金唱片大奖，于 1999 年发行的专辑 Love Machine 更取得累计销售量 164 万张的好成绩。[1]

大概是因为早安少女组继承了小猫俱乐部时期偶像团体的成员流动制，该团体至今仍然活跃在日本娱乐圈中。为弥补团员的流失，早安少女组会不定时地、分期通过甄选会招募新团员加入，每期人数三至五人不等，故在籍团员总人数相对维持稳定。但为标记不同时期的团队活动轨迹，每年团体都会在团名后加上当年的年份以示区分，比如 2020 年时，团体就会以 "早安少女组'20" 的名义参与一切活动。至 2020 年，团体已有 15 期团员，现役在籍团员 14 人。自成立起，历代团员共有 44 人之多，其中更有 2 位中国籍团员，钱琳和李纯，她们于 2007 年以第八期生的 "留学生" 身份加入，不过在 2010 年时就都已退团，选择归国发展。

因早安少女组的团员们普遍出道年龄较低但在籍时间却很长，所以成员间的年龄差异大是该偶像团体的另一个优势。以 2019 年最新加入的第 15 期为例，3 名团员当年的平均年龄只有 14 岁，而团中最有资历的前辈已入团 8 年。对于入团的团员而言，先入团的团员是亦师、亦友、亦至亲般的存在。不少新入团的低龄成员并未接受过专业培训，此时，有丰富舞台经验的前辈们便能给后辈们传授许多经验之谈，并以此薪火相传，将团队的风格延续下去，不至于因某些团员的退出而画风突变，引起粉丝的不适。日本传统文化中 "长幼有序" 的观念在很大程度也使得团体免于 C 位之争的困扰。每每上台，团员们会根据进团的期数和年纪自动排位。

早安少女组不仅吸引了大量的日本本土粉丝，还在海外华人地区有较人粉丝基础。从粉丝性别构成来看，2010 年之前，该团在华人区的男女粉丝比大约是 6：4，可在日本地区中男性粉丝的比例高达 9 成以上。不过本土粉丝极端的性别比在 2010 年后有所缓和，个性化的发展路线使得日本女性粉丝群体大量增加。至

---

1 モーニング娘。がデビュー 20 周年、シーンにもたらした功績とその変遷，https://www.oricon.co.jp/special/50661/.

2017 年时，虽在华人区的粉丝性别比例并无大变化，但在日本本地，男女粉丝比例已接近 1∶1。

早安少女组的成功存活证明了日本偶像团体的商业可行性，她们既不是歌手，也不是演员，当然也不是主持，却既可以唱歌跳舞，又能演出舞台剧等剧种，或接演配音工作，还可以常驻综艺节目……仿佛只要是与文娱相关的工作偶像们就能参加，这在严格区分演员、歌手等职业的日本是不曾存在的。即使团员因种种原因退出了早安少女组，也并不意味着失业，公司还有完善的保障体系，退团成员们可以继续以艺人的身份留在 UFA 公司，从事相关工作，如独立歌手、舞台剧演员、主持人等。在早安少女组后，UFA 公司还陆续推出了新的偶像团体，甚至将旗下的女子偶像团体及歌手统称为"早安家族"，构建出统一稳定且便于营销的商业品牌。早安家族的营销模式在很大程度上为后续偶像团体的诞生和发展提供了借鉴，也让"偶像"渐渐成为独立于其他演艺行业的新职业。在经纪娱乐公司不断地探索尝试、摸清大众品位之后，大众偶像甚至可以"量产"，以满足市场的需求——偶像歌手成为过去式，专供粉丝喜爱的职业型爱豆的时代到来了。而有了这些后来者，此前被称为"偶像歌手"的艺人，又重新被大众接纳回归至歌手的行列，不再以偶像名号出现。

养成系偶像

如果说早安少女组对日本艺能圈最大的贡献，是让偶像成为一种新型职业，那继承早安少女组的偶像帝国 AKB48 集团，便是将偶像产业打造得更为极致，也是正式把"偶像"和"爱豆"区隔开的标志。在 AKB 之前，偶像们虽也以吸引粉丝为己任，却仍与粉丝们保持较远的距离，她们大都只存在于电视屏幕里或是演唱会舞台上；在 AKB 出现后，爱豆们以自身为卖点，以贩卖梦想为特色，以成为"可以面对面的偶像"、养成偶像为理念，彻底打破了偶像只可想象、只可远观的状态。她们走出了屏幕，走进了粉丝的现实生活，和粉丝成了面对面的朋友、共同成长的亲人。

AKB48女子偶像团体成立于2005年，由日本作词家秋元康担当制作人，隶属于日本的Vernalossom（ヴァーナロッサム）公司（原名AKS），并于次年年初发布单曲专辑《樱花的花瓣们》，正式宣告在乐坛出道。团名的"AKB"取自"东京的秋叶原"的日语拼写为"Akihabara"，为了更加应景，她们在秋叶原还有专属的表演剧场（AKB48剧场），用于公开表演。

AKB48的一大特色就是人数众多。与别的偶像团体至多只有十余人相比，AKB48的成员虽然时有增减，但近几年的总数始终维持在百人以上。团内分为五个正式组，即Team A，Team K，Team B，Team 4和Team 8，以及一个预备成员组，即研究生组。每个Team都有各自的代表色，如Team A以粉红色为代表色，Team K则是绿色。在人数方面，除Team 8人数在40人以上，其余Team的人数一般不到20人。不过，因各Team间成员时有调换流动，有时同一名成员可兼职于不同的Team，所以每组的成员不是定数。虽然成员几乎每天都会以Team为单位轮流在AKB48剧场表演，但除非有特殊情况，她们很少全体出席活动。因演出极其频繁，又都有预先安排好的时间和固定曲目，如同舞台剧一般，所以AKB48的演出并不像歌手一般称为"演唱会"，而是称为公演。每场公演的时间约不到两小时，形式以唱歌、舞蹈或小短剧为主，间或穿插成员们的串场聊天。值得一提的是，为提升演出对粉丝的吸引力，每场公演中，每个成员都会有数套可更换的服装，因此一场公演下来，粉丝们或可欣赏到上百套精心准备的服装，可谓大饱眼福。当然，成员们的工作也并不局限于公演，对舞台剧、综艺、写真、广告等方面也多有涉猎。一方面，多元化涉猎能更全面地在粉丝面前展现自己的优势，于吸粉、固粉很有好处；另一方面，不少成员并不是以出道成为爱豆为终极目标，借着成为AKB48的一员所带来的便利积攒工作经验，为未来的事业铺路才是她们真正的目标，所以多数成员们也乐于接触不同类型的工作。

人数上的优势虽然让AKB48走到哪里都显得极具气势，但作为合格的爱豆，她们最突出的特点是会主动与粉丝们"面对面"沟通。与别的歌手或偶像只会在各类舞台上与粉丝面对面不同，AKB48的面对面是不定期举办的握手会，是真真正正与粉丝们的面对面。握手会，顾名思义就是参与双方见面握手的活动，对于AKB48的粉丝而言，每每发行新专辑，也就意味着握手会的到来。为了对所有的粉丝一视同仁，握手会通常在日本各地轮番举行，粉丝们只需要购买特定的专辑唱片、写真等产品就有机会得到官方发放的"握手券"。有了入场券，粉丝只需要在限定的时间前往场馆外排队等候，就可以与自己朝思暮想的爱豆本人握手。至于每个粉丝握手时间的长短，则视参与总人数及粉丝手中"握手券"的数量决定。若是握手会的整体时间相对充沛，除了握手，粉丝或许还能与偶像交谈几句，有时甚至能得到合影的机会；但若参与人数较多，或整体时长较短，粉丝便只能和喜欢的爱豆匆匆一握，静待下次再见。不过，即使时间短暂，如此近距离的"面对面"还是留给粉丝无限的幻想。握手时爱豆甜美的笑容、专注的眼神、亲切的语气……这些与爱豆接触时的零星片段会在回忆里被反复加工回味，成为自己的专属，就好像他们与爱豆已经在现实世界产生了双向的情感关系。而经纪公司也乐于利用粉丝的幻想，特意指导旗下的偶像艺人，让她们在与粉丝亲密互动的同时，留有礼貌的距离，建立一种既亲近又疏离的感觉，便如画作中的留白，让人不自觉沦陷其中。

除了留白的幻想，陪伴成长是AKB48的另一大特点，这为团体吸引了不少女性粉丝。AKB48的成员多是10岁至20岁的年轻女孩，在出道前并未经专业的训练，而经纪公司在甄选成员时也并未提出这方面的要求。故此，即使是正式成员，登台时也颇为青涩。如同小猫俱乐部和早安少女组的粉丝一般，AKB48的粉丝群体对这些没有舞台经验的女孩们抱有极高的包容度，却并没有如之前女团的粉丝一般很快抛下她们。这一方面是因为身为专业的爱豆，AKB48的女孩们并不以磨炼业务为主要进步方向，而是凡事以粉丝为先，努力满足粉丝的喜好；另一方面，女孩们青涩的表现反而给了她们极大的进步空间，也给了粉丝陪伴她们成长的机会。女孩们努力上进、不断成长的励志故事，让她们更像是一个个为梦想拼搏的普通人，而不是遥不可及、高高在上的偶像，这种亲民的人物形象在近乎刻板的日本艺能圈中宛如"清流"。在经纪公司的精心引导下，粉丝们能看到她们的进步，见证她们的成长，分享她们的喜怒哀乐……她们贩卖着梦想，粉丝们也乐于为她们的梦想买单，她们之于粉丝绝不再是陌生人，而是如同朋友或亲人一般，这也是爱豆之所以胜过传统偶像团体的根本原因之一。

不过，为了维护既定的人设，满足粉丝的情感依托，爱豆们也会时时受到来自粉丝群体的约束，而且这种约束并不在法律层面，她们的言行举止、台前表现、商业活动，甚至是私生活都会受到干预。一旦成员们的表现与所立人设不符，或是发表不当言论，又或是行为不被粉丝接受……只要违反了粉丝心中对爱豆的既定假想，就会被定义为失格，而偶像失格在日本艺能界是极为严重的"罪名"，处理不慎等同于直接宣告了偶像事业的终结。对于年轻的爱豆来说，最为常见也是最严重的失格行为，就是恋爱，因为爱豆一旦进入恋爱状态，就意味着她们将不能再为粉丝们提供相关幻想。其背后的逻辑是，在粉丝眼中，当艺人选择成为偶像的时候，就已经放弃了正常恋爱的权利。经纪公司为了自身的利益，自然也会站在粉丝一侧，严格约束旗下艺人，有AKB48的成员就曾说，她们的合约中有明确禁止恋爱的条款，违反规定的成员会遭到严厉的惩罚，被传出绯闻又处理不当的，甚至会被直接辞退。2013年时，成员峰岸南被八卦杂志报道了与另一位男性偶像的恋爱绯闻，严重违反公司禁令。为了平息粉丝的愤怒，也为了不被解约，峰岸南主动剃成平头，并通过网络平台在镜头前向粉丝流泪道歉，希望得到大家的原谅。鉴于她及时的危机公关手段，Vernalossom公司并未与她解约，但她也从Team B的正式成员被降级为研究生，星途大大受损。而另一位成员增田有华则没这么幸运，在与男性艺人传出绯闻后，立刻被辞退以平众怒。需特别指出的是，对偶像艺人的各类干涉并非只针对AKB48女团，所有的日本偶像团体都受到来自经纪公司和粉丝的约束。比如杰尼斯事务所旗下艺人山口达便是因为行为失格被辞退，早安少女组前成员吉泽瞳也因违禁行为被辞退。虽然近些年来，随着年龄的增长，粉丝也逐渐对一些年龄稍长的，或非现役的偶像团体成员更为宽容，也有不少偶像恋爱结婚，但当他们公开恋情或宣布婚讯，无疑还是赌上了自己的演艺生涯。

从AKB48女团与粉丝的相处中不难发现，爱豆这一职业改变了艺人与粉丝的距离，使得偶像们不再遥远而神秘，不再需要被仰望，偶像之为"偶像"的、被崇拜的神性部分被削弱了。但与此同时，她们之为"偶像"的非人性的部分被加强了，爱豆们如同提线木偶一般，为经纪公司提供经济利益，为粉丝提供美好的梦想和希望。针对这种新的偶像产业体系，日本各界也有一些反对的声音。譬如社会学者太田省一便公开表示不喜欢这样的偶像产业："首先我感觉，应该回归到像山口百惠那时候，偶像还是触不可及令人憧憬的时代，或者保留明星的神秘感。"也有律师认为，经纪公司对偶像"恋爱禁止"的条款虽具有一定的合理性，但违反人身自由也是事实，是不被法律认可的。

不过，这种反对的声音在偶像产业带来的庞大经济收益面前显得微不足道，丝毫不能阻止它的茁壮成长。总结 AKB48 的运营方式，人数众多、面对面、养成等特点是新偶像产业的核心。如此多虽然风格不同却都极具亲和力的成员、一年数百场的公演和握手会活动，使得 AKB48 可以全方位地渗透进人们的生活，在潜移默化中为整个团体吸引更多类型、更大数量级的潜在受众。无论你是男是女，无论你喜欢什么类型的偶像，在 AKB48 中总能找到一款吸引你的。当人们的注意力被特定的团员吸引之后，团员们又会通过贩卖梦想、共同成长的方式，把这些潜在粉丝转化为愿意消费的忠实粉丝。公演、唱片、广告、周边、握手会门票……在精心策划的运营手段下，AKB48 便如摇钱树一般。虽然 AKB48 的吸金能力并无具体数字流出，但我们可以借着某场见面会的火爆一窥究竟。2011 年时，AKB48 在上海举办了握手会，价值 980 元人民币的入场券瞬间卖空，余票在粉丝群体间涨价到 2000 元人民币，却仍难改一票难求的状态。[1] 在如此的暴利刺激下，制作人秋元康如法炮制了 AKB48 的运营手段，设立了 SKE48（东海地方）、NMB48（关西地区）、HKT48（九州地区）等六个本地组合，以及 SNH48（中国上海）、BNK48（泰国曼谷）等数个日本境外组合。这些组合共同建构了"AKB48 集团"，也使日本的偶像文化及其衍生出的粉丝经济模式得以向世界其他国家、地区输送。

1　日人气组合 AKB48 上海现身 粉丝开价 2000 就为握手，http://www.chinanews.com/yl/2011/09-14/3326379.shtml.

男子偶像团体

日本的偶像男团与女团有着截然不同的发展轨迹。偶像女团通常成员众多，成员时常流动，因此会不定期举行甄选会引入新成员；选拔新成员时，专业技能等并不是头等大事，人设风格、进步空间才更被看重，毕竟身为合格的爱豆与粉丝一起成长才是重中之重。相较之下，偶像男团的成员一般人数较少且相当固定，出道后就很少会有成员增减的情况。既然说到日本偶像男团，就不得不提日本杰尼斯事务所，它是养成类偶像团体的鼻祖，自成立起就为日本艺能圈输送了不计其数的优秀偶像团体。杰尼斯事务所每年都会签约不少有潜力的男艺人，但签约并不意味着出道，事务所对偶像男团的打造和推出极为谨慎。艺人们既需要有姣好的外貌形象，又需要有靠谱的专业技能，不至于在舞台上手足无措；除此之外，爱豆的人设也很重要，想要征服不同类型的粉丝自然需要用不同的卖点。当然，最为重要的还是精准的市场调研，只有在合适的时机推出满足当下需求的偶像男团，才能取得最大的收益。杰尼斯事务所的这套偶像男团机制还深深影响了日本以外地区，我国首个真正意义上的偶像男团TFboys就是仿照杰尼斯模式打造的。

如前所提，20世纪80年代时日本经历了"偶像冰河时期"，这期间女子偶像团体几乎都先后解散，直到1997年才借早安少女组的诞生，重新出现在公众视野中。但由杰尼斯事务所推出的一个偶像男团却奇迹般地挺过了冰河期，持续发展了二十余年，直至2016年才正式解散，在偶像团体中算是极为长寿的。1988年时，杰尼斯事务所将旗下的几位平均年龄只有14岁的年轻艺人召集成限定组合，并取名SMAP，即"Sports Music Assemble People"的首字母。SMAP刚出道时外界大环境不算友好，没有合适的音乐节目供他们参加，无奈之下，团员们只能通过出演舞台剧、参加娱乐综艺等方式积攒人气。直至三年后，他们参加了NHK红白歌会并发行了首张单曲CD "Can't Stop!! –LOVING–"，才算正式宣告在主流乐坛出道。不过，虽然是在乐坛出道，但SMAP成员的活动却也不限于音乐领域，而是影视歌综艺多方面发展、海内外多地区吸粉。成员中最为中国观众所熟知的木村拓哉，就曾出演过多部经典影视剧，如《悠长假期》《美丽人生》等，是无数少女的梦中情人。

1999 年，杰尼斯事务所从旗下精心挑选出五位签约艺人，大野智、樱井翔、相叶雅纪、二宫和也和松本润，组成了偶像团体"岚"（嵐／あらし／Arashi）。这五人有的沉静内敛，有的活力四射，有的叛逆，有的精致，性格互补又各具特色。他们以发行首张单曲专辑"A·RA·SHI"宣布出道，一举跻身为日本的超人气天团。其后，五人以组合的名义发行过近百张单曲、专辑，总销售量超 3000 万张，举行过百余场公演，五度获得日本金唱片大奖，在 Oricon 榜中更是连续七年居于"最喜欢的歌手"榜首，还有不少以他们冠名的综艺节目，如《岚的大挑战》《VS 岚》等。除了音乐上的成绩，"岚"的社会影响力也不容小觑。2010 年起，"岚"还担任日本观光形象宣传大使；因在中国地区的超人气，2020 年"岚"更被任命为中日亲善大使。[1] 团体之外，成员们在各自爱好的领域也各有建树。队长大野智在演戏方面颇有天赋，曾多次获得日剧大赏的最佳男主角等殊荣，在艺术方面也很有见解，其后开始慢慢专注于画画与舞蹈；队员二宫和也热爱演戏，并曾多次获得日本电视、电影的最佳男主角荣誉；松本润在影视方面也颇有成就，票房号召力不小；樱井翔则走起了精英路线，常担任新闻与电视晚会的主持人；而相叶雅纪因待人和善，颇具亲和力，多活跃于热门综艺节目中，是综艺界的红人。可惜的是，"岚"于 2020 年底休止活动，[2] 此消息一出，在日本各界引起轩然大波。尽管"岚"随即发表声明，向粉丝解释休止活动不代表团体解散，但仍有不少人认为"岚"的休止活动对杰尼斯事务所有致命打击，每年的直接亏损预计达千亿日元以上，对青黄不接的日本偶像市场而言也影响巨大，似乎暗示着整个日本偶像帝国将走向没落。

---

[1] 日本人气组合"岚"被任命为中日亲善大使 日政府解释理由，https://world.huanqiu.com/article/9CaKrnKoxi0.

[2] 嵐がどうしても解散できないジャニーズ事務所の「深刻なウラ事情」，https://friday.kodansha.co.jp/article/127926.

练习生制度

日本虽然也有专门的艺能培训学校，如东京艺术大学、东京堀越高校等，但对偶像艺人的培训则多是由各大经纪公司自行主导的。这些偶像或是主动申请，或是由公司招募，或是通过选秀节目脱颖而出，但在他们正式出道成为偶像之前，也都需要通过一定时间的培训，以使自己更具实力和魅力，且能更好地掌握如何与粉丝保持亲近且疏离的距离。

正如日本社会有森严的阶层等级制度，日本的经纪公司也有严苛的等级制度，每一个签约的艺人都有明确的身份地位。不过，公司内部等级的划分并不以年龄的高低或签约的早晚为指标，而是以是否出道为衡量标准。已经成功出道的偶像们要优于尚未出道的，是当之无愧的前辈，享有最高人气。至于那些未达到正式出道成团标准的偶像艺人，则统称练习生，或研修生、研究生，他们需要在公司内部以正式出道为目标接受专业培训。其间，经纪公司会安排练习生们以助演的身份，如演唱会伴舞、伴唱等，参与已出道的偶像团体的活动。当然，设立练习生制度的目的并不只是给练习生提供实战舞台，助他们提升实力；它最大的优势是练习生可以通过参与公司的演出活动，频繁在公众前露脸，为自己积攒人气。也就是说，练习生们在毕业之前，已然有了一定的粉丝基础，在这个以吸引粉丝为第一要务的偶像产业中，不至于从零开始奋斗。

练习生制度最早或可追溯到日本杰尼斯事务所的"小杰尼斯"（也被简称为"Jr."）组织，它一般由 20 岁以下的少年组成，之前所提及的 SMAP 成员在未成功出道前也是以小杰尼斯的身份静待机会。最初的小杰尼斯都是由杰尼斯事务所的董事长亲自外出招募而来，不过很快，董事长就因事务繁忙而鲜少外出招募新人了。事务所开始采取邮寄简历的自荐方式，许多少年在父母的支持下投出简历，虽然董事长不能亲临，但还是会亲自审核简历，并安排后续的面试选拔。通过选拔的少年们即被称为"小杰尼斯"，他们可以留在事务所接受免费的舞蹈培训课程，在适当的情况下也会被安排以个人或组合的形式参与事务所旗下其他偶像男团的活动，一些幸运的小杰尼斯还能获得广告拍摄和参加综艺节目的机会。因不属于正式出道的爱豆，事务所对小杰尼斯们的限制不多，只要他们愿意，就可以一直留在事务所培训和演出。只是由于每年能出道的名额有限，有时甚至没有名额，小杰尼斯的内部竞争压力极大，常有人因承受不住压力而选择主动退出。至于如何获得出道资格，杰尼斯事务所以发行CD，以及成立粉丝俱乐部为评判标准——当小杰尼斯发行了首张CD，并且有了自己的专属粉丝俱乐部，便被视为从小杰尼斯"毕业"了，正式以爱豆的身份出道。不过，或许是为了顺应时代发展，近些年来也有一些小杰尼斯因在影视剧中的出色表现，被允许以演员的身份"毕业"。

杰尼斯事务所凭借着这一套制度培养出不少超人气的爱豆，在日本偶像产业体系中奠定了行业先锋地位，有了杰尼斯事务所的带头试水，其他经纪公司也先后采用了类似的制度培养那些有潜质的艺人。2000年，H!P为早安少女组举行第三次追加甄选会，在按计划成功招募到三名新成员后，还挖掘到了潜在第四人藤本美贵，而她也成为"早安家族"的第一位练习生。藤本美贵在H!P经过几年的培训及伴唱演出之后，终于在2003年以第六期生的身份加入早安少女组，成功出道。自此开始，H!P也确定了Hello! Pro EGG制度，即条件出色但未达到当年甄选要求入选新一期生的女孩，可作为研修生参与H!P的演出活动，这被认为是早安家族Hello! Pro研修生（ハロプロ研修生）制度的前身。

第三节　韩国偶像产业

韩国流行文化早期深受日本影响，直至20世纪80年代，才逐渐形成了自己独有的风格，即以舞曲、说唱（rap）、嘻哈音乐等为主体的K-POP音乐，可以说整个韩国偶像文化都是建立在K-POP音乐之上的。

韩国男团

1992年，徐太志、李真路和梁玄锡三人组成的组合"徐太志和孩子们"（서태

지와 아이들）在韩国横空出世。他们不依靠任何经纪公司，仅凭借一首《我知道》便征服了韩国听众的耳朵，而他们极具现代感的舞曲和 rap 摇滚曲风也取代了当时韩国乐坛以温柔情歌为主的音乐风格，引爆了年轻人的热情。正巧，日本的偶像风吹至韩国，敏锐的娱乐公司嗅到了新商机。当时，被认为是韩国三大娱乐公司之一的 Star Museum 娱乐（即 SM 娱乐）才刚刚成立，在日本偶像产业的影响下，SM 娱乐计划推出一个融合韩国 K-POP 音乐风格、面向于青少年群体的少年偶像团体。有了计划，接下来就是行动。在 SM 娱乐的刻意挖掘下，安七炫、文熙俊、张佑赫、安胜浩和李在元等先后因出色的舞蹈技巧被相中，至此，被称为"元祖偶像"的韩国第一个本土偶像团体 H.O.T.（에이치오티）终于满员成军。

　　H.O.T. 是"High-five of Teenagers"的首字母缩写，成军时，五位成员最大的不过 17 岁，最小的只有 15 岁。成军后，他们并没有立刻出道，而是经过了将近一年的严格训练才于 1996 年正式宣布出道。他们的首张专辑《反对一切暴力》中的主打歌《战士的后裔》因为以反对校园霸凌为主题，引起了韩国社会的集体关注，专辑销售突破 100 万张，在残酷的韩国娱乐圈里新人团体能取得这样的成绩实在不俗。或许是第一张专辑奠定的基础，H.O.T. 之后发行的歌曲内容也多是直率且具社会批判性的，尽显少年人身上的朝气和霸气。他们不满社会现状，也不愿保持沉默，于是用不同的曲风唱出了青少年对家庭暴力、校园霸凌、僵化制度等社会问题的理解与对抗。除了歌曲风格，他们的造型也非常前卫且叛逆，染发、墨镜、头巾……这在当时相对保守的韩国娱乐圈中是绝无仅有的。不过有时，他们也会做回符合真实年龄的可爱少年，穿着五颜六色的毛绒衣服，在镜头前演绎甜美。这些企划或许就是 SM 娱乐的独到之处，既能让旗下团体在众多偶像艺人中脱颖而出，又不会一意孤行引来反感；既允许每位团员尽力展现独特个性，又能保证不与团队的整体风格脱节。在 SM 娱乐的精心打造之下，H.O.T. 成了韩国青少年群体的集体偶像，无数少女为他们疯狂，人气基础让他们被称为是韩国"青少年的代言人"。在之后的几张专辑中，H.O.T. 维持了他们独特的风格，犀利的批判和真挚的情感让他们逐渐被更广大的韩国大众所接纳，粉丝群体虽仍以青少年为主，但其他年龄阶层的粉丝也开始壮大。H.O.T.的第三张专辑《复苏》即使在韩国面临经济危机时，仍取得了单周销售额 70 万张的夸张成绩。其后举办的演唱会更是一票难求，不到半小时的时间，近四万张演唱会门票即售罄，创下了韩国演艺圈的纪录。除了主业方面的成绩，他们的周边产品也有惊人的市场潜力，不管是写真、画册，还是项链、同款衣帽，仿佛只要与 H.O.T. 沾亲带故，就能被迅速卖完。当时的韩国甚至流传着这样一句话："H.O.T.连石头都能卖光。"

不一样的练习生制度

H.O.T.的成功给了韩国娱乐行业以极大的信心在本土推进偶像产业。为了达到这一目的，韩国的娱乐公司开始模仿日本的练习生制度，并将该制度发扬光大。与日本重等级、轻技艺的练习生制度不同，韩国的练习生制度对技能训练的要求极其严格，所有练习生均需由娱乐公司训练数年，直至符合要求才有出道机会。韩国娱乐公司对练习生的要求是极为苛刻，甚至是残酷的。练习生们需要参加每周六天、一天超过 12 小时的培训，课程内容不仅涵盖了舞蹈、声乐、rap 等专业技能项目，还有形体礼仪、表情管理、沟通方式等课程，目的是全方位地帮助练习生与粉丝互动，一些练习生还需参加英语等文化课程，方便打开国际市场。练习生的时间被这些课程从早到晚占据得满满当当，除了短暂的中饭、晚饭时间，并无额外的休息时间，仿佛他们只为训练而生。高强度的训练下，时常有练习生因体力不支被送往医院治疗，而这在韩国娱乐圈似乎是家常便饭。除了体力上的考验，练习生还需承受精神上的压力。为了达到最佳教学效果，教课老师常对练习生采取去人格化的训练，当练习生达不到他们要求时，他们就会辱骂、体罚练习生，直至练习生的表现令他们满意为止。严格的训练是为了应对更严格的考核。练习生有月考制度，如果不能在考核中达标就会被直接淘汰，不能再以练习生的身份继续留在公司。但更残酷的真相是，即使通过了考核，也不意味着能出道成团，已趋于饱和的偶像市场并不愿无止境地接纳新团体入场，娱乐公司会根据自身的需求，只在最合适的时间点推出最有潜力的偶像团体，因此练习生的成团率并不算高。而那些因种种原因未被选中出道的练习生们，只能日复一日地继续残酷的训练，等待渺茫的机会。韩国YG娱乐公司旗下的练习生七八年才等到出道机会的也并不少见，如"少女时代"的郑秀妍自 2000 年起就被 SM 娱乐相中成为练习生，但直到 2007 年下半年方才出道成功。虽然等待良久，但能出道成功的都是百里挑一的"幸运儿"，更多的练习生未等到出道就凋落在半路，被时代遗忘。

在如此严苛的培训及筛选条件下，韩国出了不少优质的偶像团体，如水晶男孩（1997 年出道）、神话（1998 年出道）、g.o.d（1999 年出道）、东方神起（2003 年出道）、Super Junior（2005 年出道）、BIGBANG（2006 年出道）等。经韩国制度培育出的练习生的舞台表现也普遍优于日本练习生。2016 年，一档由韩国 Mnet 音乐电视频道制作的竞争类真人秀节目 *PRODUCE 101* 开播。节目邀请了韩国多家娱乐公司旗下的练习生共同参与比赛，最后通过观众投票的方式，择优组成一个限定女子偶像团体，以组合的身份活动一年。与以往的选秀类节目不同，*PRODUCE 101* 在"真"方面做得更加极致，节目期间所有成员同吃同住、一起完成任务、一起登台公演。每个选手的生活习惯、彼此间亦对手亦朋友的互动细节、练习生训练时的艰辛……都毫无保留地展露在观众面前，观众仿佛零距离地"体验"了一把练习生生活，也与其中的练习生们缔结了更加紧密又"真实"的关系。有了这样的"真实性"，节目的火爆也就不难理解了。这把火不只席卷了韩国，也燃到了邻近的日本和中国。在第三季时，Mnet 邀请了日本 AKB48 集团旗下的组合加入竞赛，节目也更名为 *PRODUCE 48*。比赛的结果并无太多意外，新成团的 12 位艺人中，只有三位是来自 AKB48 集团，其余九位皆是在韩国出道的偶像艺人。

与日本偶像相类似，韩国的偶像们也受到来自经纪公司和粉丝群体的约束。虽然韩国整体对艺人们的私生活相对宽容，换言之，恋爱并不是绝对禁止的事情，但若处理不当，仍会影响事业。2020 年初时，EXO 的现役成员金钟大被曝出隐瞒恋情，SM 娱乐官方随即发表声明，回应称金钟大确实已有恋情且育有一女，而他本人其后也发手写信公开恋情，表示"我遇见了想要度过一生的女朋友，希望得到祝福"。虽有不少粉丝认为大龄爱豆结婚生子是人之常情，可以理解，但仍有不少粉丝对金钟大的隐瞒和欺骗表示出极大的愤怒。他们认为既然选择了爱豆作为事业，就需遵守规则，要对粉丝的幻想负责。有恋情已然是标准的失格行为，竟然还未婚先孕，简直是"大逆不道"。粉丝的愤怒在层层递进中激化成了游行示威活动，大量粉丝聚集在SM娱乐公司门口，强烈要求金钟大立刻退团，以维护EXO整体的形象。虽然经纪公司未明确表态，但金钟大其后宣布入伍服兵役，以此缓解这次危机带来的负面影响。

开拓海外

韩国娱乐公司推出的优质偶像团体不仅在韩国本土引发狂潮，在整个亚洲也是所向披靡。2000年初，H.O.T.在北京工人体育馆举行演唱会，成为第一个在中国单独开唱的韩国艺人/团队。当是时，工人体育馆内座无虚席，中国的歌迷用最大的热情迎接了来自异国的偶像。2004年12月31日，H.O.T.成员之一的安七炫被央视邀请，参与了中央电视台元旦晚会，演唱了张学友的《吻别》，为更多内地观众热捧。这之后，安七炫与我国艺人也多有合作，出演过数部由中国团队主导的影视剧作，如古装剧《帝锦》、电影《秘密花园》等。由H.O.T.和安七炫引起的热度被媒体宣传，"韩流"一时成了最新潮的词汇，开始频繁出现在我国大众的视野中。既然被称为"韩流"，自然不会只由H.O.T.引起，在他们之后，更多韩国艺人先后来中国演出，更有大量韩国电视剧被引入内地播出，无论是以悲剧收场的经典偶像剧《蓝色生死恋》《冬季恋歌》，还是治愈奇幻的新型偶像剧《来自星星的你》《鬼怪》，韩式浪漫征服了不少中国观众的心，韩国艺人也被更多中国大众所了解。

在韩国的众多偶像团体中，与我们关系最为紧密、给内地娱乐圈带来最大影响的，当数SM娱乐推出的偶像男团Super Junior（슈퍼주니어）。2005年时，Super Junior以单曲"TWINS"正式在韩国乐坛出道，而这个偶像团体最特别的一点就是在初始的12名成员中，有一名成员来自中国——韩庚，他是Super Junior中唯一的中国成员，也是第一个在韩国出道的中国艺人。因签证续约、政策限制等因素，韩庚在韩国的电视节目中出现时间较短，人气自然也不如其他成员，不过，两年

多的练习生生涯成就了他过硬的专业技术，当"韩流"吹至内地时，他的国籍身份外加业务能力迅速推开华人市场，拥有大量内地的粉丝。或许是看到了中国市场的潜在商机，SM娱乐于2008年推出了Super Junior的官方子团体Super Junior-M（即SJ-M），其中的M是Mandarin（普通话）的缩写，团员中既有韩国人也有华人，而唯一的中国籍成员韩庚则被任命为这个子团体的队长。不过，SJ-M并未像SM娱乐预期的那样一举拿下中国市场，随着队长韩庚的解约，SJ-M的人气一落千丈，无奈淡出中国市场。

但尝到些许甜头的SM娱乐并未就此放弃，又于2012年推出了含有中国成员的偶像男团EXO。该团共有12名成员，分成两个分队EXO-K和EXO-M共同出道，其中K代表Korean（韩语），M代表Mandarin。EXO-M分队主要负责在华语圈活动，成员包括张艺兴、黄子韬、鹿晗等在内的六人。EXO自出道以来一路气势如虹，在亚洲乐坛创下了卓越的成绩，专辑销量破千万，所获奖项数不胜数。几位华人成员在中国地区更是人气爆棚，团员鹿晗曾数度创下吉尼斯纪录，如2012年时，他的一条转发自"曼彻斯特联队球迷俱乐部"的微博，瞬间被粉丝们评论超1000万条，并以此创造了"微博上最多评论的博文"纪录；3年后，经过粉丝们不断地轮博、刷评论，该条微博的评论突破1亿大关，再次刷新了由他本人所创的世界纪录。[1]有了EXO作为桥梁，"韩流"越发融入我国的流行文化，其他的韩国偶像男团、女团也越发重视中国粉丝，国内的文娱市场一时之间仿佛被韩国艺人"霸屏"了。不过，这种霸屏并未持续太久，因韩国萨德系统的部署，中韩关系进入冰冻期，自2016年起，韩国艺人被限制来中国发展。这反倒给了内地娱乐圈一段稳定发展的时间，也使得韩国的偶像模式在内地市场以另　种形式重生。

1　鹿晗已经第三次创造吉尼斯世界纪录了！https://www.sohu.com/a/66341695_127517.

第四章　中国偶像产业：模仿还是超越

日本作为偶像文化的鼻祖，率先把"偶像"从传统艺能界分流出，成为一个新型职业，又用了数十年的时间精心孵化，造就了如今以养成为主要特色的日本偶像产业化。受到日本影响，韩国也将"偶像"纳入自己的流行文化范畴，独创了K-POP音乐风格，又强化了练习生制度，大幅度提升韩国偶像团体的专业技能。至于中国的偶像产业之路，在起步阶段时受到日本偶像养成化概念的影响，后又吸纳了韩国的练习生及相关甄选制度，在杂糅了日韩的特色之后，依托于互联网的发展及社交平台的便利，中国偶像产业又生出与日韩截然不同的气息，一个中国本地化的偶像产业逐渐成形。不过，这一过程并不顺畅，伴随着茫然、混乱和失序。

第一节　轨　迹

笼统而言，我国的偶像文化可粗略地分为三个阶段：第一阶段自2005年至2011年，第二阶段自2012年至2016年，第三阶段自2017年至2021年。在深入探讨之前，先让我们顺着时间线，对照我国与日韩的偶像团体的发展轨迹，找出其中的关键节点。

在混沌中启蒙

中国偶像文化的启蒙应当以 2004 年为起始点，因为在这一年一档名为《超级女声》的选秀节目开播，正式开启了中国的选秀时代，第二届"超女"冠军李宇春成为第一个享有超高国民度、却以素人身份出道成功的偶像艺人。此后的几年中，类似的平民选秀节目频起，如《快乐男声》《我型我秀》等，为中国的娱乐市场输送了一大批素人出身、未经过专业训练的艺人。不过很快，在政策限制和大众审美疲劳的双重影响之下，每年虽然仍有几档选秀类综艺节目播出，但它们对大众的吸引力越来越小，而凭借此类节目被观众看到的选秀明星们在出道后大都雁过不留痕，精彩一把之后又回归平静的生活，平民造星模式一时间陷入困境。

若我们将目光投向海外，会发现 2005 年至 2010 年的这段时间也是日韩文娱产业的关键节点。日本大型女子偶像组合 AKB48 于这一年成立，随后发布单曲《樱花的花瓣们》正式宣布在乐坛出道。自此，"偶像"这个概念被重新定义，或许称之为"爱豆"更为合适，新一代的偶像团体以"可以与粉丝面对面"为理念，邀请粉丝们一起见证、陪伴并参与偶像的成长。在其后的几年内，AKB48 女团在日本内外的超高人气证明了新型偶像理念的商业价值，日本偶像产业由此进化出了新的营业模式。抢占先机的 AKB48 不断壮大成了 AKB 集团，并在亚洲其他国家陆续推出姐妹组合，将新型"偶像"模式推送至日本以外的地区。那时的中国市场虽然还未接纳日本模式，但"超女"等选秀综艺的走红侧面说明了造星模式正在悄然改变。2010 年底时，另一偶像团体早安少女组的两位中国成员钱琳和李纯退出组合并选择回国发展。由此，日本偶像团体的经验也开始被引入内地。

而在韩国，SM 娱乐旗下的练习生组成了 Super Junior 男子偶像团体在乐坛出道，这也是韩国第一个成员中包括中国人的偶像组合，该组合后于 2008 年分出专门面向中国粉丝的 SJ-M 子组合，并任命中国成员韩庚为队长，不过这一组合并没有存活太久。2009 年时，韩庚向韩国法院提出申请，要求判决与 SM 娱乐公司的合约无效，并于次年选择回国发展。这也让他成为第一个从韩国回国发展的中国艺人，或者说是将韩国的偶像经营理念带回中国的第一人。

同一时期，中国的平民选秀模式虽好似行至末路，但发生在日本和韩国的这些事件便如暗流一般汇聚，在悄无声息中推动着我国的偶像产业迈入了下一阶段。随着几位日韩偶像团体成员的回国，偶像文化的观念慢慢渗透行业，不少娱乐公司意识到了偶像团体是一个极具经济收益的商业模式，也发现了尚处于混沌期的国内偶像市场日风和韩风吹得正劲，改变迫在眉睫。很快，国内就出现了以"招募练习生"为名号，提供培训—出道一条龙服务的娱乐公司。如北京太合麦田公司希望打破"中国内地音乐市场长期被日韩等国及中国港台地区偶像团体所占领"的现状，从全国的高校中选出了20位练习生，并在经过近三年的全封闭、淘汰制培训后，于2010年推出了"M.I.C.男团"。愿景虽好，但现实却并不尽如人意，M.I.C.男团虽然引起了一些关注，但在被大众接纳前就消失得无影无踪。同样是2010年，一个效仿AKB48的内地偶像团体宣布成团，定团名为"AK98"。该团体不仅在服装、造型和歌曲风格上带有强烈的AKB48风格，其团队规模也颇为相似，预计招募98人，分为A队和K队2队，成员均是在校大学生。虽然经纪公司希望打造一个适应中国本土需求的偶像女团，但可惜的是，AK98组合并未掀起太大浪潮就又被日韩风吹散。尽管两次试水均以失败告终，但这样的尝试却透露出一个讯号，中国内地也在期待一个自己的偶像团体。

在模仿中摸索

如果将以2004年为开端的第一阶段视为中国偶像产业的启蒙，那第二阶段或可认为是中国偶像产业的摸索阶段。当然，摸索并非空地起高楼，毗邻的日、韩的偶像产业已经颇为成熟，为我国偶像产业的发展提供了很好的模板。不过，相较于韩国以练习生培训—竞争出道为核心的偶像团体，日本的养成系爱豆对我国的影响更大，这或许要归咎于日系偶像团体对中国市场的重视。

当制作人秋元康发现AKB48理念在日本本土切实可行后，便开始计划将这种新型偶像经营模式推广至海外，而中国自然也是计划的一部分。2011年时，AKB48女团在上海举行了握手会，粉丝们热情似火，见面会门票千金难求，如此盛景给了秋元康极大的信心继续推行他的计划。于是在 2012 年时，AKB 集团将新发展地锁定中国，在上海成立了姐妹组合 SNH48，团名中的 SNH 是 "Shanghai（上海）"的缩写。该组合沿袭了 AKB48 的经营方式，以"可面对面"为理念，以人数众多为特色，成员总数一度逼近 150 人。如同 AKB48 一般，SNH48 在上海虹口区也有自己的专属表演场地"星梦剧院"，以 Term 为单位的成员们会在此参与固定场次的公演。虽然 SNH48 之于中国大众而言，不如 AKB48 之于日本大众般的享有超高国民度，但也着实让中国粉丝以及围观群众真切地感受到了养成系爱豆的魅力。

虽然前有试水的 M.I.C. 男团和 AK98 女团，后有本土化的 SNH48 女团，但我国真正意义上第一个享有国民度的本土养成系偶像团体，当数时代峰峻推出的 TFBOYS。其实早在 2009 年时，时代峰峻便有心仿照日本吉尼斯的模式，打造一个中国本土的养成系爱豆，于是在重庆建立了练习生培训中心以选拔潜在对象，并把成员命名为"TF 家族"。不过，TF 家族的培训方式与韩国截然不同，参与培训的练习生们并没有严苛的课表，也没有严酷的淘汰机制。TF 家族的成长过程便如同日本早期的偶像组合"小猫俱乐部"般，所有成员均未成年，加入 TF 家族对他们来说更像是参加了课后兴趣小组一样，来去自如，全凭兴趣。但不同的是，时代峰峻并未打算立即将练习生们甄选成团，而是希望让他们先以训练为主，间或通过出单曲、参加综艺的方式积攒人气。由于当时的主流市场并没有合适且稳定的电视节目给 TF 家族的练习生们公开展示自我，他们只能通过传统的录制专辑的方式来推广自己，但传统宣传方式的效果并不理想，练习生们也因种种原因相继退团，最后仅剩王俊凯一人，TF 家族陷入无人可用的困境。如果不是后来的转机，那我们今天听到的就是另一个故事了。2011 年底，随着新一批练习生的加入，TF 家族竟然有了起色，而王俊凯也遇到他人生中最重要的伙伴之一，王源。王源加入时代峰峻后，与王俊凯联合发布过几首单曲，也共同参与录制过一些节目，但只勉强算得上是小有人气，并未真正地火起来。2012 年下半年时，二人在网络视频平台优酷上传了翻唱作品《一个像夏天一个像秋天》，没想到的是，充满少年气的歌声得到原唱范玮琪的肯定，视频也被她本人转发至新浪微博，借着网络平台的传播优势，二人终于开始被网民们熟知。

次年，擅长舞蹈的易烊千玺加入时代峰峻，公司也改变了练习生不成团的计划，顺势推出了养成系的三人组合，团名定为TFBOYS，是The Fighting Boys（加油男孩）的缩写，其初衷是填补市场的空白，打造一支真正本土化的养成系偶像团体，宣传阳光积极的少年力量。成团之时三名成员都还不满14岁，如同日韩偶像团体成员一样，他们各有自己的人设，以吸引不同的粉丝群体。时年14岁的王俊凯身上有传统偶像帅气俊朗的气质，对喜欢传统偶像的粉丝有很大吸引力；13岁的王源阳光可爱，惹人怜爱，对年长一些的女性粉丝"杀伤力"极强；同为13岁的易烊千玺擅长舞蹈，主打学霸人设，主要吸引与其年龄相当或更小些的学生粉丝。出道后，三人先后发布Heart《幸运符号》《信仰之名》等歌曲的MV，取得不俗成绩；但说到代表作，自然非《青春修炼手册》不可，朗朗上口的曲调不仅打破了五项音悦V榜的纪录，还帮TFBOYS推开了国民市场，吸引了第一批团体粉丝。2014年时，TF家族的自制网剧《男生学院自习室》（共两季）在优酷播出，再次提升了三人的人气。该剧讲述了几个男生在学校自习室发生的青春故事，王源和王俊凯在两季中均担任主演，两个男孩在剧中的羁绊为他们吸引了大量的粉丝，易烊千玺则因学业繁忙缺席了第一季的拍摄，至第二季才加入，这也为TFBOYS后续的粉丝群体分层埋下伏笔。

此时的TFBOYS虽然已经有了一定的粉丝基础，但粉丝分布以社交网络社群内的年轻人为主，仍未跳出小众圈层。或许是因为少年人的阳光积极，这样一个组合很快被中央电视台发现并邀请成为励志少年才智节目《少年中国强》的代言人，其后又受邀参与一系列央视的活动和节目，如公益节目《开学第一课》、2014年的中秋晚会等。自此，TFBOYS成了首个，也是至今唯一一个，由官方背书、引领中国青少年的正能量偶像团体。朝气奋发的少年形象，以及央视的助力，让TFBOYS很快突破原有的小众圈层，以积极正面的模样出现在大众视野中，国民度一时无二，"三小只"这个称呼也成为他们的专属代名词。在其后的几年中，三名成员以青年歌手、演员的身份各自在音乐和影视领域有一些代表作，斩获大小奖项无数，也各自吸引了数量庞大且忠实的粉丝群体。但若TFBOYS只有音乐、影视方面的成绩，即使有央视的支持，他们仍不足以被称为中国偶像史上的传奇组合。事实上，TFBOYS可堪一提的还有超脱于歌手、演员身份之外的成就。随着年龄的增长，成员们也面临高考的压力，令人惊喜的是，即便成名后就通告不断，他们还是以不错的分数考上了心仪的学校：王俊凯因年龄长于其他团员，早一年考入北京电影学院；易烊千玺于次年考入中央戏曲学院；王源选择出国深造，顺利被伯克利音乐学院录取。除了学科上的好成绩，TFBOYS还有不少在国际舞台露脸的机会，三名成员先后多次被联合国邀请参与活动，并代表中国青年发言。王源多次被邀请参与联合国青年论坛并全程用英文发言，更在18岁时被任命为联合国儿童基金会大使；王俊凯于2018年被任命为联合国环境署中国亲善大使并发言；易烊千玺于2019年被邀请出席联合国经社理事会青年论坛亚洲及太平洋地区分会并做报告。

种种成绩，让一路陪伴TFBOYS的粉丝欣慰不已，颇有一种"吾家少年初长成"的感觉，也让他们成为真正意义上的养成系爱豆，让不同年龄段的粉丝都能从他们身上感受到青年的力量。不少人认为TFBOYS是时代的宠儿，把他们的成功归因于天时地利人和的结果，但也正因如此，这种成功是不可复制的。虽然时代峰峻也希望将TF家族打造成如AKB集团般的"常青藤"产业，但事实证明，即便运用相同的运营方式，在TFBOYS之后，时代峰峻再也没能推出真正成功的偶像团体。TFBOYS的二代团台风少年团、三代团时代少年团均未能复刻辉煌。当然，不仅时代峰峻，其他经纪娱乐公司也未能如愿，如模仿TF家族的山东柒星家族、重庆巴蜀中学推出的ELEC组合等都未能激起多少水花。我国的偶像产业在刹那辉煌后，似乎又陷入僵局。

虽然在这一阶段，我国的偶像产业把日本的养成系偶像模式定为探索的主流，但韩国的娱乐公司并未放弃中国市场。如AKB集团一样，2012年时EXO也成立了针对华人市场的EXO-M子组合，组合中的黄子韬、鹿晗和张艺兴均为中国籍艺人，华人组合为EXO-M增色不少，也更顺利地打开了中国市场的大门。另一女子偶像组合f(x)中也招募了一名中国籍偶像艺人宋茜，以期吸引更多中国粉丝。但这样的"噱头"并没有持续太久，韩国偶像团体在中国的发展很快受到阻力。过于苛刻的训练要求，以及对华人艺人的区别对待，使得在韩国出道的华人艺人们生出了叛逆心；2016年时，因韩国执意部署萨德反导弹系统，中韩关系跌至冰点，一时间，无论是韩国的影视作品，还是韩国籍的偶像艺人，都成了不受欢迎的对象。诸多内因外因掀起了艺人的井喷式回国浪潮，2014年至2016年期间许多在韩华人艺人先后选择脱团并回到内地发展。虽然彼时除TFBOYS之外，国内的偶像团体并无波澜，但随着归国艺人的增多，国内娱乐圈迎来了新一波的变革。

先让我们重新了解一下，艺人们自韩国归来后都做了什么。韩庚是韩国归来的第一人，虽然强行申请与SM娱乐公司解约一事多少给他带来了一些负面影响，但回国后，他频繁出席各种商业活动，积极投身公益事业，并于2013年开始参与录制各大卫视的真人秀、综艺秀等节目，如《奔跑吧兄弟》《王牌对王牌》等，后又参与优酷出品的综艺节目《这就是街舞》并在其中担任队长大秀舞技，这些节目让人们从更多层面了解多面化的韩庚，为他积攒了一些人气。鹿晗因五官俊美，一直有很强的粉丝基础，如前所提，他随手转发的一条微博就两次打破吉尼斯纪录。2014年，鹿晗向公司提出解约并回国。回国后，他出演过数部票房成绩尚可的影视作品，发布的数字专辑也取得不俗的成绩，专辑在日本也有不错的评价。2015年时，他开始参与浙江卫视推出的明星真人秀节目《奔跑吧兄弟》，并成为常驻嘉宾，正式开启综艺之旅；2020年时，担任腾讯视频出品的《创造营2020》的教练。黄子韬于2015年向法院提出强制解约，回国后发行过数张音乐专辑，并参与出演中央电视台励志挑战节目《挑战不可能》，后又担任湖南卫视真人秀《真正男子汉》的常驻嘉宾，以耿直、话痨、搞笑等人设赢得了不少观众的好感；2018年时，成为腾讯视频选秀节目《创造101》的节目发起人之一。当时，张艺兴虽尚未与SM娱乐公司解约，但在公司的许可下，于2015年在中国成立了自己的工作室，因在上海东方卫视制作的大型明星励志型综艺节目《极限挑战》中担任常驻嘉宾而吸引了大批综艺粉丝，以呆萌、腼腆的性格被观众戏称为"小绵羊"，成功在中国市场打开了国民度，其后也将事业重心放在国内。无独有偶，原韩国女团成员宋茜也于 2015 年选择回国发展并成立个人工作室。回国后，她参与了东方卫视的明星旅行节目《花样姐姐》自此开启综艺之旅，其后拍摄数部影视作品，逐渐被大众知悉。

总结下来，以真人秀、选秀为主的综艺节目是韩国归来的艺人们的首要选择，这种选择并不是漫无目的的，而是经过深思熟虑的。原因有下：其一，综艺节目老少皆宜、受众极广，可以迅速打破固有的粉丝圈层，让更多的普通观众通过节目认识他们；其二，部分真人秀节目，如《极限挑战》等，以宣扬正能量为主旨，这对他们扎根内地娱乐圈、扩大社会影响力有积极作用；其三，一些选秀类节目以专项技能选拔为主旨，如街舞技巧、嘻哈水平等，能为他们提供绝好的舞台展示自己的专业技能，消除外界对他们"花瓶"人设的误解。应知，我国的偶像产业是借着日系爱豆风启航的，而在 AKB 集团的不懈推广之下，大众心中的偶像艺人，或称为爱豆，不过是徒有其表的花架子罢了，与粉丝面对面、以自身为吸引力贩卖梦想，才是他们的本职工作。所以，每当有竞技类选秀综艺邀请这些归国艺人们担任导师时，普通观众并不认可，认为他们没有指导别人的资格，认为这只是主办方贩卖的节目噱头。于是，当张艺兴成为《偶像练习生》的全民制作人，一改往日"小绵羊"形象对选手们严格要求，并因反复提醒选手注意"balance"而上热搜时，大部分观众会认为他牺牲人设只为博得更多关注……可随着后续节目的播出，当这些"不够格"的爱豆们在节目中收起往日或软萌或装酷的人设，展示自己的专业能力时，多年的练习生生涯并没有辜负他们，观众逐渐认识到这些花架子爱豆的确有不可小觑的专业实力，也的确有资格成为新人选手的专业导师。节目观众针对韩系爱豆的争论除了创造了不少热搜话题之外，另一个积极意义就是让大众意识到，日本出产的养成系爱豆和经过多年练习生生涯磨炼方可出道的韩国偶像是不同的，而这些"冷知识"在节目播出之前，恐怕只有他们的粉丝才真正了解。至于这些归国的韩系偶像艺人究竟对我国的偶像产业带来了何种影响，则要到几年后才会揭晓。

在争议中成长

自从日本的偶像团体打开海外市场后，养成系爱豆的概念就在我国小范围内传播开来，这一小部分人群好奇而又谨慎地观望着日系养成系爱豆的征途。而随着韩庚等在韩国出道的中国艺人的回国，以及开始发展他们的综艺化发展路线，越来越多的普通人开始把注意力转移至韩系爱豆身上。他们有的被舞台上业务能力一流的韩系爱豆吸引，成为"哈韩族"[1]；有的被韩国的练习生机制吸引，选择前往韩国成为练习生，希望有一天自己也能成为出道成功的爱豆。当其时，以日本养成系偶像模式为蓝本的中国本土化偶像团体大都不温不火，这种懈怠的状态反衬了韩国练习生机制对中国偶像市场的潜在吸引力，但受相关政策的影响，韩国本土的偶像团体暂时无法大面积"干扰"中国市场，中国偶像产业一时进入了一个外无忧而内有需的发展阶段。以腾讯为代表的经纪公司和娱乐公司立刻嗅到了新商机，在未放弃养成偶像模式的前提下，它们开始寻求与韩国娱乐公司的合作。2015 年底，SM 娱乐公司联手浙江卫视、腾讯视频和天娱传媒出品了一档青少年才艺养成励志类节目《燃烧吧少年》。节目组从千余名 24 岁以下的青年中选出了16 位优秀者，在为期三个月的封闭式训练后，16 位选手被分为两组比拼音乐及舞蹈，最终胜利者以"X 玖少年团"为名出道成团，成员包括夏之光、焉栩嘉等。虽出道成功，但该团却并未复刻真正的韩系爱豆的超人气，即便一些成员在其后的发展中意外走红，却也不是因为其舞台表现或是身为爱豆的本职工作。无独有偶，2017 年时，与 SM 娱乐并称为韩国三大娱乐公司的 JYP 娱乐中国子公司与腾讯音乐合作在内地推出了嘻哈男团"BOY STORY"。该团由六名成员组成，平均年龄12 岁，也成了 JYP 娱乐旗下出道年龄最小的偶像男团。有意思的是，BOY STORY的官方粉丝名为"BOSS"，意指领航者，且与英文单词"both"谐音，预示着 BOY STORY 将与粉丝共同成长，成为彼此的榜样与领航者，养成意味十足，却依旧未能与 TFBOYS 一较高下。

---

1 哈韩族，韩国偶像团体流行国内后，大众对喜欢韩国偶像的粉丝的统称。

　　与韩国的娱乐公司共同推出的偶像团体依然未见波澜，但这并没有击垮市场的野心，相关娱乐公司和视频平台很快调整战略计划。在直接合作的基础上，借鉴韩国现有的综艺节目模式，推出本地化的竞演养成真人秀节目是当时以爱奇艺和腾讯视频为代表的网站视频平台的另一种选择。依托网络平台的传播优势，这些结合了养成和竞技比赛的真人选秀节目出乎意料地收获了空前成功。尤其是当效仿TFBOYS的养成系偶像组合都未能再复刻他们的辉煌，而韩国本土偶像又缺席中国市场之时，这种成功似乎在表明我国偶像产业化之路终于迎来了等待已久的天时地利人和，一个现实可行的偶像打造模式开始显现。

　　2018年1月时，网络视频平台爱奇艺首先推出了一档偶像男团竞演养成类真人秀节目《偶像练习生》，以下简称《偶练》。该节目受2016年韩国Mnet音乐电视频道推出的生存实境类女团选拔真人秀节目"PRODUCE 101"的启发，经本地化后播出。节目组在由国内外87家经纪公司、练习生公司派出的近2000位练习生中挑选出100位最有潜力的练习生，邀请他们参与接近四个月的封闭式训练和录制。其间，节目组会根据练习生的舞台表现能力将他们分至不同级别的小组（A至F组），再由不同专业方向的明星导师辅导训练。封闭训练结束后，练习生们会以公演的方式在舞台上向观众展示自己。节目每周播出一期，内容既包含了练习生们日常生活的点滴细节，也包含了他们魅力四射的公演舞台。前半部分内容以日常化的可爱故事感化粉丝，构建实力之外的情感联结，体现养成核心；后半部分内容以业务实力吸引舞台粉丝，着重竞技表现。每次公演结束后，由粉丝/观众投票决定练习生的排名，末位淘汰表现不佳的练习生。此处的"表现不佳"可不单指舞台表现欠缺魅力，在向粉丝展示自己的生活、与粉丝"面对面"的过程中未能被成功"认养"的那些练习生也将遗憾离场。《偶练》最后经由粉丝/全民投票，排名最前的陈立农、范丞丞、黄明昊、林彦俊、朱正廷、王子异、王琳凯和尤长靖等九人组成限定组合[1]出道成功，团名定为"NINE PERCENT"，取意100人中最优秀

1　限定组合，选秀偶像团体出道的常见方式之一。通常，因被票选出的团员隶属不同的经纪、娱乐公司，无法以固定团的形式长期参加活动，因此会以限定时间的方式出道，限定时间一般为一到两年。

的百分之九。

值得一提的是，在《偶练》节目组邀请的明星导师和制作人中，有三位是已在韩国出道的中国籍偶像艺人，即全民制作人张艺兴（EXO-M男团），舞蹈导师程潇（宇宙少女）和rap导师王嘉尔（GOT7男团）。这些在韩国出道的偶像们靠着自身的硬实力在节目中大显身手，一反平时温和亲切的人气偶像画风，严格地训练着初出茅庐的练习生们，人设画风的前后反差也为节目吸睛不少。更有意思的是，《偶练》中的一些练习生也有曾在韩国的娱乐公司做练习生的经历，他们的舞台表现甚至还被观众拿来与身为全民制作人代表的张艺兴相提并论，一些观点认为这些练习生的舞台张力要远优于张艺兴，这也使得节目组一度陷入"导师无法指导练习生"的尴尬舆论中，当然，这样的冲突本身也是一个不小的看点，反而为节目吸引了一批看热闹的观众。从播放情况看，自开播到结束的三个月内，该节目的网络总播放量达30亿次，单期播放量最高超3.3亿，网络总投票数将近2亿。除了自身平台的好成绩，《偶练》在其他网络平台上也创造了数据奇迹，比如节目相关的话题上微博热搜榜高达600余次，微博话题的总阅读量超过了125亿。[1]

《偶练》取得的好成绩鼓舞了市场，在2018年4月下旬，即《偶练》刚刚播出收官，腾讯视频紧随其后立刻上线了真人秀节目《创造101》，该节目得到韩国"PRODUCE 101"的正版授权，也是我国首档偶像女团竞演养成类真人秀。与《偶练》赛制相类似，在长达三个月的封闭式训练及录制后，11位练习生经由全民投票的方式出道成功，组成了限定偶像女团"火箭少女101"。节目还新增了battle、踢馆、补位等环节以适应内地观众的喜好。与《偶练》相似，《创造101》的明星导师和练习生中也不乏在韩国出道的中国艺人。如发起人是EXO-M前成员黄子韬，及在韩国出道的UNIQ男团担任队内主领舞和主rapper的王一博；而最终出道成功的11位练习生中的吴宣仪是已在韩国出道的女团"宇宙少女"的中国籍成员。这些有着相似经历的导师、练习生之间的互动，成为节目的亮点之一，而节目中两位画风

1　揭秘《偶像练习生》：30亿播放量背后，爱奇艺、农夫山泉、鱼子酱文化首次深度复盘，https://www.sohu.com/a/229609215_305277.

与众不同的"神级选手"——王菊和杨超越，更为节目贡献了不少国民讨论热度。

凭借节目组前期优异的宣传效果，辅之以《偶练》打下的市场基础，以及神级选手的助力，《创造101》开播就获得了超高的人气。自播出至收官，《创造101》的总播放量达近50亿，为腾讯视频综艺频道贡献了44%的网站独立访客（UV）；[1] 节目后期时赛制进入白热化阶段，播放量的高点不再只覆盖周末，即使是工作日也有极高的收视率，前44天的日均UV高达552万。[2] 播出平台之外的数据也不错，据不完全统计，《创造101》相关内容在微博累计发帖量近900万，话题阅读量超200亿，热搜词条多达700余条。

虽是借鉴韩国综艺的选秀模式，但《偶练》和《创造101》之于中国偶像产业的意义不可谓不大。如此高的曝光率、讨论度和参与度，让这两款真人秀节目成为现象级的综艺，也让不少人回忆起了当年《超级女声》播出时的盛景，认为两者在我国文娱产业发展过程中都具有里程碑式的意义。如果说2004年超女的播出开启了中国选秀元年，2018年播出的这两款真人秀则被认为是开启了中国偶像元年，或许是为了印证这一点，当2005年的超女冠军李宇春出现在火箭少女101的成团夜时，这颇有仪式性的舞台便如同一场薪火传承的接力。当然，需要再次声明的是，此处的"偶像"已经是当前语境下的新定义了，是指那些用情感联结粉丝的职业型偶像，或称"爱豆"，而非那些用作品吸引粉丝关注，并被大众称为"偶像"的明星艺人。随着《偶练》和《创造101》的热播和热议，职业偶像也突破原有的小众语境圈层，被更广泛的普罗大众所了解，越来越多的人意识到了原来偶像之外还有"爱豆"的存在。

从《偶练》及《创造101》的开播联想至"偶像元年"的开启，并非只是因为它们的热播和引发的全民热议，更主要的是它们为市场带来的直接及间接经济收益。虽然相关节目制作团队从未透露过具体收益金额，但有消息指出，NINE PERCENT 刚成团时，C位的某艺人的商业代言报价就已经高达1200万元，另一位成员范丞

---

1 网站独立访客，即UV，unique visitor。通过互联网访问、流量网站的自然人。1天内相同访客多次访问网站，只计算为1个独立访客。

2 2018年火箭少女101成长数据纪录报告，http://report.iresearch.cn/report/201807/3239.shtml.

丞的代言费达千万，火箭少女 101 中位居第三的杨超越的代言费也有七位数。从这样的报价中，我们也可窥得一些端倪。除了商业代言，几位爱豆成功出道后的综艺、影视等商业资源也邀约不断，所创收益不可估量。[1] 在此基础上，更有研究机构预测，2020 年时中国的偶像市场总规模可达千亿元。

　　无论是《偶练》还是《创造 101》，这些辉煌的成绩都与节目的网络传播密不可分。如果这两档节目如此前的选秀节目一般只通过卫视频道播出，而不在网络视频平台上播放，如果只依靠传统媒体宣传，而没有微博等社交平台的参与讨论，它们恐怕无法有这样高的国民度和经济回报。一方面，网络的可回溯性给了观众极大的便利，他们可以选择在任何时间点加入观看大军，成为某人的粉丝，而不必担心错过任何精彩的细节。另一方面，对节目出品方和赞助商而言，网络数据也为他们的投入提供了及时可靠的可视化验收标准，他们可以根据用户反馈迅速对节目作出相应调整，以获取更大的利益。

　　《偶练》和《创造 101》的口碑、人气、收益三爆棚为当时并不景气的偶像市场注入了一剂强心针，而尝到甜头的爱奇艺也迅速于 2019 年推出续作《青春有你》第一季，并成功推出九人限定偶像男团"UNINE"；同年，腾讯视频也推出《创造 101》的续作《创造营 2019》，成功推出 11 人限定偶像男团"R1SE"。2020 年，爱奇艺的《青春有你》第二季播出，推出九人限定偶像女团"THE9"，而腾讯视频的《创造营 2020》旋即播出，七人限定偶像女团"硬糖少女 303"出道成功。自此以后，如同约好一般，爱奇艺和腾讯视频每年都会各自推出一个限定偶像团体。新生代的偶像团体持续不断地进入娱乐市场，争夺着本就不算丰富的娱乐资源，又引导一些粉丝不正确应援，导致了不少社会问题，激起了社会大众对娱乐资本的反感。很快，随着爱奇艺宣布取消未来几年偶像选秀节目，我国的偶像产业也进入了中断期。[2]

---

1 《偶像练习生》打响粉丝经济战 粉丝基础决定商业价值,http://media.people.com.cn/n1/2018/0323/c40606-29883931.html.

2 爱奇艺取消未来几年偶像选秀节目，http://news.xhby.net/index/202108t20210826_7207984.shtml.

第二节 困 局

与日韩成熟的偶像产业相比，我国的偶像产业勉强算是刚刚起步，至多是有了一些阶段性的进展。在过去的探索中，我们先后借鉴了日本的偶像概念和韩国的出道模式，但借鉴并不意味着完全复制。日系偶像文化中强调"可面对面"和"养成"，这两个概念背后均暗示了偶像有"假想关系满足"这一职责，但日系偶像模式被引入国内时，这种偶像—粉丝之间的虚拟情感关系因无法被大众理解和接纳而不得不遮遮掩掩，国产爱豆们只能欲迎还拒地与粉丝传递暗号。至于韩国的练习生制度，由于心急的商业资本们无法承受数年磨一剑的煎熬，在引入的过程中严重缩水，最终只留下一个"练习生"名号，倒是艺人参与竞选类真人秀出道的方式被很好地吸收利用了，各位练习生培训三个月便草草上场扮演"业务扎实"的爱豆。可依托于人口红利和互联网技术的普及，想成为偶像的素人和想要养成偶像的粉丝络绎不绝，加之商业资本的"积极"周旋，我国的偶像产业一时间倒也呈现出欣欣向荣之势。然而，这种欣欣向荣是建立在不可持续的快销意识上，爱豆想要一夜爆红，粉丝想要掌控爱豆，商业资本想要狠狠收割当红流量和他们的粉丝，至于流量由谁带来则毫不在意……这些不协调的发展模式和各阵营间的利益冲突搅乱了内地娱乐圈的生态环境，掀起一场又一场的血雨腥风，也为后续的崩塌埋下隐患。

谁的游戏

我国现阶段新兴的偶像，大多是经纪公司和娱乐公司的签约艺人以练习生的身份参加真人选秀节目后，再由观众投票择优出道的。在经历过超女的全民参与式选秀狂欢后，中国大众对全民投票选秀这一形式已不再陌生。但与超女时期不同的是，在经历过日系养成系偶像的"洗礼"之后，观众们对偶像的定义和感知已与前不同。超女以前的偶像，常是用以崇拜、向往和模仿的对象；超女时期，粉丝对偶像多了一层亲切和期待；可《偶练》《创造101》时期的偶像，凸显的却是情感满足的意义。在"可面对面"与养成两大概念的加持下，粉丝的话语权被无限抬高，爱豆与粉丝间的距离被刻意淡化，爱豆们不再重视自己的业务能力和作品质量，而是把过多精力放在维系假想关系上，争取粉丝的喜欢、替粉丝筑梦、在欲盖弥彰中满足粉丝心中的假想亲密关系成了本职工作。正如《偶练》的主题曲"Ei Ei"中所唱：

> Hey，别在意嘈杂声音，
>
> 注视我的眼睛，
>
> 精心调配完美的表情，
>
> I'm the one you want，不需要刻意。
>
> 幸运的视角，都为我聚焦，
>
> 你的每个决定是我渴望的骄傲。
>
> 让犹豫走掉，选择我就好，
>
> 请你为我的努力而尖叫，
>
> Hey u hey u hey pick me Ei Ei。

而随着粉丝地位的改变，整个选秀节目的核心内容，以及过程中粉丝的心态和行为也随之改变了。超女时期的选秀中，选手们是当之无愧的主角，自身才华是她们最大的仰仗，粉丝是一路相伴向前的伙伴，而即使没有那么多的粉丝，她们依然可以通过实力得到公开演唱的机会。对很多超女的粉丝而言，他们在选手们身上看到的是自己追求梦想的影子，舞台上的女生们仿佛是平行世界中自己的投影。所以，当他们看到选手不断地努力、经历了一次又一次的淘汰赛后，依旧站在舞台上时，他们的心中充满喜悦和感动，这种感动中可能还夹杂着一丝期待和向往，或许有朝一日自己也能遇到合适的舞台实现梦想。在这些复杂情感的相互交织下，粉丝们心甘情愿地为自己心中的偶像投票；他们甚至疯狂地上街为偶像拉票（需注意的是，这样上街拉票的行为在超女之前极为罕见），希望有更多的人听到她们、喜欢她们、看着她们实现梦想。在整个过程中，粉丝与选手的关系是在相互陪伴中相互感动、相互成就，粉丝既是独立的个体，也是和台上的选手共同追梦的共同体。

今日的偶像选秀中，粉丝群体是台面上的主角，他们手中掌握了出道权，练习生在舞台上所展示出的一切，无论是舞台表现、外貌造型，还是性格人设，都是为吸引粉丝投票而精心设计的脚本。当然，这种操控权与这些年选秀类节目中突出粉丝主导力量的遴选机制是分不开的。如果说在超女的全民投票环节中，因节目组对每个手机号的投票总量予以限制而粉丝行为也尚属克制，自《偶练》起，在经纪公司、出品方及其他利益方的引导下，粉丝便无节制地消费，为自己的爱豆打call应援，助他们出道。

对粉丝而言，当看到自己的爱豆在台上绽放光彩时，他们当然也会觉得欣喜和感动，可仅是情绪上的欣喜和感动已经不能适应今日的偶像产业的需求了，在相关利益方的刻意策划下，粉丝对爱豆的情感终需以金钱的方式显现出来。故从结论来看，偶像选秀节目的真谛不过是一场资本游戏，表面看来抬高了粉丝、成就了爱豆，可实际结果是让居于幕后的商业资本坐收渔利。此处需要先说明一个前情提要，与日韩不同，我国的人口基数相当庞大，优秀的人才如过江之鲫。日韩的练习生们可以潜心训练数年，等待出名的时机；可对我国的练习生而言，人口基数带来的巨大压力让他们无法静心，外界人才辈出，可自己却韶华易逝，就算实力一般，只要能出道，即便未能爆红也不意味着艺人生涯的彻底失败，但机会一旦错过就很难再寻回了。在此背景下，当各大经纪公司以提供出道机会为诱饵时，想一夜走红的练习生们绝不会放过这样的机会，而如何在众多练习生中脱颖而出就是他们遇到的第一个问题。颜值、才华、勤奋、人设……但练习生中既不缺好看的皮囊，也不缺有才的灵魂，更不缺勤奋努力的人，剩下的最优解大概就是靠树立人设来吸引粉丝关注，再依靠庞大的粉丝支持来换取商业资本的青睐，以资本青睐稳定自己的出道位。可当大家都坐拥百万、千万粉丝的流量时，粉丝一人一票的助力投票怕是会让各位练习生打个旗鼓相当，由此，粉丝数量也不再有保障，质量才更关键。

那么，如何体现粉丝质量？粉丝与爱豆之间有着微妙的假想亲密关系，粉丝群体十分愿意出钱出力、帮助爱豆出道实现梦想，聪明的商家看准了这一点，制定了残酷的末位淘汰赛制，又利用实时排名榜单不断刺激粉丝疯狂为自己的爱豆投票。渐渐地，选秀节目的主舞台从爱豆们的竞技表现悄然转移到了各自粉丝群体间能力、财力的竞争，粉丝在其间起到的作用有时或许要远胜于爱豆的个人实力，爱豆在台上光鲜亮丽，粉丝在台下"大杀四方"。一场选秀结束，出道的是爱豆本人，但满足的却还应包括他们的"高质量"粉丝团。综上，当粉丝们送心仪的爱豆成功出道时，除了因爱豆的成功而感到的积极力量，恐怕还享受着自己在投票过程中主导、操控一切的满足感。甚至对一些选秀粉丝而言，爱豆本身所带来的吸引力，远不及在选秀过程中所获得的成就感来得有意思。换言之，不少粉丝迷恋的只是由选秀机制带来的操控感，一旦爱豆出道成功，这种感觉就变得难以维系，他们迫切需要从下一场选秀中汲取更强的刺激。幸又不幸的是，这些年来频出的选秀节目足以满足粉丝的欲望，让"全网 300 秀粉"[1] 的梗有了现实基础，但与此同时，选秀粉丝打投（打榜投票）的手段也在这一场场寻求刺激的比赛中不断升级，最后变得不可收拾。

于是，我们看到了粉丝为了争夺出道位而疯狂集资打投，甚至不惜浪费大量社会资源，而商业公司为了盈利而推波助澜，娱乐平台则佯装不知、坐享其成。2021 年 4 月底，正在播出的选秀节目《青春有你 3》被曝出存在恶性投票的现象。在此次选秀的投票环节中，粉丝可以通过购买赞助商的"打投专用"奶制品来获取额外的票数，但因赞助商"巧妙"地把投票码印在了瓶盖上，故只有购买并开启奶瓶方有机会获得投票码。粉丝群体急需大量票数的需求和无法饮用大量的奶制品的矛盾让一些黑心团队看到了"商机"，他们通过黄牛、职业粉丝、大粉等代理人

1　秀粉，指喜欢看选秀节目的人，或选秀节目中的爱豆的粉丝。全网 300 个秀粉，指喜欢看选秀节目的粉丝总共也就 300 个，他们不停地更换选秀节目，不停地送不同爱豆出道，营造出一种选秀节目及选秀出身的爱豆的粉丝很多的假象。当然，此处的 300 只是一个夸张的表达，但部分粉丝追逐的是选秀机制本身，也是一个事实。

与粉丝群体达成合作，提供有效的瓶盖，但那些开封后保质期极短、无法处置的奶制品只能被白白倒掉，成了这场交易的牺牲品。[1]粉丝和相关团队为了实现各自利益而上演的这一出现代版"买椟还珠"彻底激怒了大众，人们逐渐意识到此前社会对偶像产业的态度是抱有侥幸心态的纵容，预估达千亿的偶像产业虽然出色地完成了它的经济指标，却为社会留下了短期内难以愈合的伤疤。以青少年为主的一些粉丝群体正沉浸在这场资本逐利的游戏中，他们渐渐失去自我、失去对道德的判断，而他们的价值观也建立在扭曲的认知之上，其恶劣影响远不是经济利益所能弥补的。

谁定的规则

如果我们把明星艺人与粉丝群体之间的关系简化为一种情感联结，认为粉丝欣赏、爱慕着明星艺人，或是崇拜并以明星艺人为偶像，那么对一般艺人而言，这种情感联结理应建立在粉丝对艺人作品认可的基础上——艺人以作品立身，故而粉丝因作品与艺人结缘；可对偶像爱豆而言，他们与粉丝的联结却是游离于作品之外，落脚于爱豆自身的。偶像爱豆出自选秀节目，这类节目的主旨并不是为市场奉献优秀的作品，而是为受众提供情感假想的空间，这种情感假想里包含了诸如梦想贩卖、养成和假想关系满足等。简言之，偶像爱豆是因粉丝的喜爱才诞生的，或者说，他们得以存在的原因几乎只有粉丝的支持。选秀节目的赛制模式又决定了爱豆的事业成功指数等同于粉丝的金钱投入量，由此，粉丝的支持不应受理性制约的点到即止，而是要予取予求、宁滥毋缺，这样的"等价交换"让粉丝与爱豆之间原本就十分暧昧的关系又平添了几丝吊诡的气息，也为这种新型造星模式的"礼崩乐坏"埋下隐患。

粉丝群体似乎从一开始就掌握了爱豆职业生涯的"生杀大权"，因为爱豆们之所以能实现梦想，是因为有粉丝在他们背后付出一票一票的真金白银，即便出道

---

1 买盖子倒牛奶、脱衣服去贷款，中国选秀产业"贫富论"，https://news.sina.com.cn/s/2021-05-03/doc-ikmxzfmm0401068.shtml.

后的爱豆也有了一些唱跳作品，可愿意为此买单的依然只有粉丝。粉丝买下了偶像爱豆们的风光无限和前程似锦，这种购买背后的对等约束让他们认为爱豆有责任满足他们提出的要求，尤其需要满足他们对亲密关系的假想。鉴于此，虽然听着不近人情，但与日本的偶像们一样，"恋爱禁止"是我国的新型偶像们需要遵守的第一大规则。一旦这条准则被破坏，也就意味着偶像单方面撕毁了"购买契约"，那些心甘情愿为爱付费的粉丝很可能会选择毫不犹豫地离开他们；而一旦失去了粉丝的支持，偶像们的职业生涯也就宣告走到了尽头，无论是经纪公司还是广告赞助商，都不会投资一名既无作品又无粉丝，无法为他们变现的偶像艺人。

虽然偶像产业的隐性购买条款默认当个人选择成为爱豆出道时，便是主动放弃了包括恋爱权在内的许多权利，但正常的人难免会有七情六欲，也都有追求心中所爱的权利，更有拥有自主人格的权利。为了摆脱与"偶像光环"伴生的不自由，也为了斩断单纯依靠粉丝支持的"营生"方式，延续自己的职业生涯，几乎所有选秀出身的偶像艺人在出道后都会伺机转型，从一个因爱而生的爱豆，蜕变成一个有作品傍身、被大众认可（而不是只有粉丝认可）的普通艺人。其中，最常见的转型方式是参演影视剧，扩大知名度，或是拍摄综艺节目成为综艺咖。

身为偶像艺人前辈的韩庚，在转型之路上也走在了其他爱豆们的前面。当年韩庚突然退出Super Junior-M旋即回国的决定一度让粉丝备感焦虑，他们担心再也无法看见自己的偶像在舞台上绽放光芒。回国后，韩庚虽然没有消失在粉丝的视野中，但也并未如粉丝们期待的那样继续在舞台上表演，而是频繁地以嘉宾、导师的身份参加各类真人秀节目，或是出演各种影视作品。粉丝们虽然不理解韩庚的种种选择，但依旧选择继续支持他，这为初回内地娱乐市场、还未能声名大起的他贡献了不小的热度，由他参演的节目、剧集也因此颇受关注。粉丝的不离不弃一直持续到2018年上半年韩庚参加《圆桌派》之前。在该节目中韩庚透露了自己的真实想法，他认为偶像就是一群长得好看又会唱会跳的人，他们只是因为外貌才会受到粉丝的追捧，可他不想做一个"直至30岁还在组合里蹦蹦跳跳"的偶像，他想成为一名演员，得到更多人的关注。当被问到是否需要粉丝时，他表示自己也需要粉丝，但并不想被粉丝绑架人生，在他眼中"粉丝把偶像变成了心中的一个小宠物，希望偶像是他们心中的那个样子，跟着他们心中的节奏去走……（我）一直是跟着我自己的节奏去走，如果真的要像他们想的那样，那我节奏就乱了"。显然，偶像出身的他非但并不喜欢这种造星模式，还迫切地想要摆脱粉丝带来的束缚和压力，可当谈到中国的偶像产业时，曾在韩国出道的经历让他自信对韩国的偶像打造流程非常熟悉，所以非常希望由自己将这一产业复制至国内，培养出能适应中国本土环境的偶像。[1] 节目播出后，韩庚的言论在社会上激起轩然大波，大量的粉丝表示无法接受他回国前后对待粉丝判若两人的态度，认为他表里不一，不会再继续支持他。另一些普通观众也不能接受韩庚的言行，认为他身为偶像造星模式的苦主，却又因该模式有利可图而想将其引入中国发展，尽显"资本家"逐利的心态。

韩庚的言论固然有争议之处，但其中涉及的粉丝对偶像的过度掌控、偶像未来的发展路线，以及偶像产业丰厚利润等现实问题也确实值得人们思考。当我们从今日的视角回溯韩庚当年的言论，他似乎也颇有一些"带头人"的意味。首先，我国的偶像产业确实因以他为代表的在韩出道偶像的归国而得以高速发展，并成为市场估值超千亿的极有前景的产业。其次，偶像艺人的"恋爱禁止"条款在我国并不如在日韩那般有强制约束力，即便爱豆绯闻缠身，粉丝也会坚持"不传谣、不信谣"或是选择默默接受。此外，有了他的冲锋陷阵，其他偶像艺人们也纷纷效仿，回国后或出道后便开始接演影视剧集，打造敬业好演员的人设，又或是参加各类综艺节目，开启综艺大咖之旅。如《偶像练习生》出道的艺人在出过几张专辑唱片之后也开始录制《奔跑吧》等综艺；《创造101》出道的杨超越自出道次年起就陆续接拍了数部电视剧；《青春有你》（第二季）出道的女团成员谢可寅，在出道后不仅参与录制了多档综艺节目，还参演了《亲爱的小孩》等电视剧集。偶像产业扎堆的造星与偶像艺人转型的"刚需"，让"流量"成了炙手可热的财富密码，给

---

1 《圆桌派》第三季，第 17 期：鲜肉：这是好词还是坏词？ https://v.youku.com/v_show/id_XMzUwMDU5MjU1Ng==.html.

我国的影视业带来了不小的冲击。

谁能留下

选秀节目的赛制给予了粉丝无上的权力，他们可以任由自己的喜好来决定谁可以出道，而谁不可以。于是，在这些年的选秀节目里我们看到了不少"格格不入"的选手。

杨超越和王菊都是因《创造 101》而被大家熟知的选手，前者的舞台表现极其不佳，后者的业务能力堪称专业，但最终结果却是以杨超越成功出道而王菊无缘决赛而告终。究其缘由，大概是杨超越要远比王菊更符合人们对爱豆的预期。杨超越在参与《创作 101》之前也有女团出道的经历，但从未真正受过专业的训练，与其他练习生相比，她的舞台表现并不好，甚至可以用"糟糕"来形容——尽管她本人以及导师均表示她已经很努力了。可或许正是因为她有缺陷的、傻白甜的人物形象，又或是与生俱来的真实感和淳朴气质，即使舞台表现不佳却依旧被粉丝投票留下。当她最终以第三名出道成功时，微博上出现了大量恶搞、嘲讽她的文案和表情包，如"转发这个杨超越，不努力也能考第三"，锦鲤人设也被强行按在了杨超越的身上。面对这样的调侃，杨超越表示自己一直在努力，但同时也大方承认自己确实很幸运，这样的幸运现在眷顾她，今后也会一样眷顾别人。[1] 杨超越真情实感的回应迅速在社交平台上扩散，反而意外地为她增加了一些路人缘，尤其是那些与她背景相似、家境平凡的普通人，在羡慕她的好运气的同时，也幻想着自己有朝一日也能一夜爆红，虽然普通但也成为众人关注的对象。客观来说，杨超越身上的确并未有值得推崇的价值观，她的走红是不可复制的，是只属于她一个人的巧合。对大多数人来说，她的成功只可在失意时用来聊表慰藉，却不可在年少时将其视为榜样。

另一位很不女团的练习生王菊也有自己的"格格不入"的部分。深受日韩偶像

---

1 杨超越和王菊，她们的自信谁给的？ https://new.qq.com/omn/20180625/20180625A20YGP.html+&cd=3&hl=zh-CN&ct=clnk.

文化的影响，女团的舞台表现似乎不重要，只要她们积极上进、温柔可爱，会撒娇、会卖萌，是一眼看到就想要呵护的女孩就能成为合格的爱豆。由此知，杨超越非常符合人们心中对女团的期待。但王菊的外貌形象及行事风格却均与人们的期待背道而驰。当主流社会深受东亚审美影响，都在追求美白和减肥的时候，王菊的路线颇有一些欧美风格。曾经又白又瘦的她选择了美黑，而即使准备以女团的身份出道，她也没有过度刻意地管理身材，与此同时，王菊也不愿刻意示弱讨好观众，而是希望一切以自己的实力说话。观众一开始对她的小众审美并不买账，吐槽她的"土、黑、壮"。虽然也有一些人愿意为她投票，但这大抵只是为了消费她的热度，并不是出于真的支持，大部分的人更喜欢以为她拉票的方式来娱乐自己。于是，王菊始终无法得到足够的观众投票数，但"菊外人"[1]等流行语却能在社交平台上广泛传播。可随着王菊一次又一次地重新站上舞台表演，人们也逐渐关注到了除了她小众审美之外的东西，她的经典言论越来越多，如"敢做自己""我的人生在我自己手里"等，"新时代敢说敢标的女性的代表"渐渐替代了"土、黑、壮"，成为她的新标签。而她在总决赛前的发言更是引起了不小的轰动："有人说我这样子的不适合做女团，可是做女团的标准是什么？在我这里标准和包袱都已经被我吃掉了。而你们手里握着的，是重新定义中国第一女团的权利。"可惜的是，《创造101》最终没能创造出新定义下的女团，运气和粉丝的力量似乎还是战胜了靠不断累积获得的实力。

　　当同质化的偶像练习生们扎堆出现，感人肺腑却又千篇一律地说着自己的梦想和感谢粉丝的台词时，《创造营2021》中以"不成团"为梦想的利路修（Lelush）反倒显得清新脱俗。来自俄罗斯的利路修能说一口标准的普通话，语言天赋是他加入《创造营2021》的契机，但出现在节目的舞台上却是纯属误入，因为他原本是受娱乐公司委托在节目中教导其他国际练习生学习中文的工作人员，却因形貌俱佳而被节目组"诓"成了练习生。非自愿加入的背景让利路修身上没有其他练习

1　菊外人，指不知道王菊是谁，也没看过《创造101》，但是已经被"给王菊投票"相关信息包围的人，是《创造101》观众创造出用于调侃王菊的"术语"。

生的拼搏之力，在节目里显得格外无欲无求。对他而言，创造营的舞台只是一份合同随时会到期的临时工作，合同中规定必须参与的活动他尽职完成，可除此之外的项目则礼貌敷衍。于是，当别的练习生在勤奋训练时，他在一旁或是发呆，或是给队友打气；当别的练习生在舞台上大放光彩时，他只当是在完成工作；当别的练习生在台上给自己拉票时，他说如果粉丝把票投给自己就是对其他刻苦训练的练习生的不公平。在整个赛事过程中，利路修如同普通人渴望下班一样地渴望着被淘汰，如此独特的画风让他成为话题的中心，关于他的"传说"甚至突破了选秀节目固有的受众圈层，流传到了普通网民之间。许多非选秀节目爱好者也因为他而开始关注节目，更有一些普通观众甚至开始呼朋唤友地为利路修投票。至于投票的原因，除了觉得新奇有趣、想要凑凑热闹以外，路人观众似乎把"为不想出道的利路修投票"当作一种反抗娱乐资本的方式。他们看透了偶像产业光鲜亮丽外表下的暴利内核，看厌了资本方利用粉丝心理、操控粉丝疯狂打投的行为，既然自己的零星投票并不能改变练习生们的出道结果，不如索性利用节目给予的投票权，大大方方、热热闹闹、重在参与地投出自己叛逆的一票。出人意料的是，路人们图一乐式的投票竟然一直让利路修下班失败，直把他送上了总决赛的舞台。在最终舞台上，别的选手翘首以盼地等着公布出道名单，而利路修望眼欲穿地等着下班收工的情景也算得上是偶像产业发展至今中为数不多的经典场景了。

　　小结这三位非典型的练习生，一个被大众认为徒有其表、只靠运气出道；一个被认为形象不佳、"妄图"靠实力出道；剩下一个不想成团、只想下班，他们身上都有不符合大众预期的特征，也因此引发了不小的争议。从表象来看，三人的出道结果不同，引发的市场反馈也不同。杨超越契合传统养成偶像的精神却不适应本土对明星艺人的期待，在以女团成员出道成功后尝试参演了数部影视剧集，为转型铺路；王菊舞台表现优秀，符合大众对明星业务水准的期待，但形象却不符合市场对偶像的要求，在出道失败后人气骤降；利路修形象气质俱佳，若是有心，或可成为新生代爱豆中的代表者，但志不在出道成团，下班成功后接洽了不少商业活动，成为一个有一定国民好感度的网红素人。但从偶像产业的发展来看，三个格格不入的选手的最终结局却又并未有太大差异，如同许多业内的先行者一样，在短暂地接触过偶像舞台之后他们都或主动或被动地离开了，并未将"成为爱豆"纳入自己长期的职业规划中。殊途同归般的结局或许暗示了登上偶像艺人口中的唱跳舞台并不是一个真实的梦想，选手只是把它作为一个踏板：让登上选秀舞台的练习生们踏着靠粉丝打投换来的出道位，跻身更广阔的娱乐圈发展。但无奈的是，爱豆们即使挤进了他们梦寐以求的娱乐圈也多半不能博得一个好前程。未受过科班训练的他们难以应付需要专业能力才能负荷的影视工作，在短期的流量消失后，他们终将黯淡离场，成为娱乐圈的"低保户"。爱豆这个职业在我国恐怕真的只是限定花期的幻影，抑或是布满陷阱的围城，经不起现实的推敲。

在此背景下，中止进程的偶像产业正好给了诸方一个冷静思考的契机，能让心存侥幸的人放弃幻想，也让大众探讨到底什么才是我们需要的、能起到引领作用的文化偶像。也许在今后，当市场能成熟到允许不同风格的选手以实力表达自我，并给予其继续稳定发展的专属舞台，让他们能在自己专长的领域真正做到以作品立身；与此同时，观众能珍惜手中的投票权，理智慎重地投票，我们或许真的能重新定义何谓偶像。彼时，外貌和形象不会再是甄选偶像爱豆的标准，多元、包容、不设限、突破自我的未来才更值得期待，而我国的偶像产业及相关文娱产业，或许也会因此找到真正属于自己的发展道路。

第三节　成　长

我国新型的偶像产业虽然因为种种原因停滞不前，但娱乐市场早在风暴来临之前就已经尝试开辟新的场景实现"成团"理想，以《乘风破浪的姐姐》《披荆斩棘的哥哥》等为代表的破龄男/女团综艺节目就是这样的积极尝试。这些节目虽然也以成团为宣传点，又以唱或跳为成团形式，但无论是节目的立意和机制，还是成员的咖位和实力都与常见的选秀节目有着天壤之别。

以 2020 年芒果 TV 推出的《乘风破浪的姐姐》（第一季）为例，节目组邀请了包括宁静、张含韵、郁可唯等在内的 30 位年龄介于 30 岁至 50+ 岁的女性艺人同台竞演，根据现场观众的投票和全网观众的喜爱度，几轮公演后最终排名前七位的艺人组成了名为"X-sister"的限定女团。节目十分重视艺人的个人综合实力，这在赛制上也有所体现。如初舞台表现优异的艺人能优先选择后续公演舞台的表演曲目，又如制作团队在某一场公演前抽查了各位艺人的训练成果，在这次随机小考中排名第一的艺人额外获得了邀请好友助力下次公演的机会。不过，决定参赛艺人去留的关键却很大程度上依赖于团队协作，因为公演舞台的表现形式不是个人赛，而是团队竞赛。以第一场公演为例，30 位艺人根据个人意愿被分为两个三人组、五人组和七人组，人数相同的团队两两竞赛，最终获胜的团队全员晋级，失败的则根据现场观众的投票结果末位淘汰；晋级后的艺人再次自由分组并在下一场公演时与相应人数的另一团队 PK。鉴此，在整个成团过程中，艺人不仅需要关注自身的表现，更要注意团队成员之间的配合，而这也是节目的精髓之一。参赛的女艺人或是演员，或是歌手，都已经出道多年并在各自的领域有一定的知名度，更不乏具有国民度的作品流传于坊间。对于她们中的大多数来说，曾经独当一面的经历让她们无惧个人舞台的压力，相较而言，在舞台上完成高契合度的团队合作似乎要更艰难一些。谁来主导团队，如何相信队友并与队友亲密无间地合作，如何调和个人和团队整体表现间可能出现的矛盾，是否要为了团队的利益而放弃个人的高光时刻等问题都是她们成团之路上面临的重重考验，同时也是她们宝贵的收获。

没有了新生代面对未知娱乐圈的跃跃欲试和憧憬期待，混迹名利场多年的成熟女艺人们早已褪去了青涩和懵懂，却在三十而立、四十不惑、五十知天命的年纪各自陷入了新的迷思，有对未来的困惑，对自我定位的迷惑，对如何权衡事业、生活的迷茫。而寻找这些困境的最优解就是她们愿意参加节目的原因之一——她们想得到的不仅是外界对自己的（重新）关注，更是内心对自己的认可。在为期数月的成团过程中，年龄不同、心境不同的女艺人们同吃同住，在互相了解中互相开解，在认识他人中认识自我，她们是伙伴也是对手，有摩擦也有沟通。在舞台下，她们分享关于生活、事业、婚姻的体会，讨论关于成长、未来的话题；在舞台上，她们在团队协作中突破自我，在自我挑战中证明自己，最终与自己和解。不管最终成团与否，女艺人们在互鉴和自省中再次整装出发，开启下一阶段的精彩人生。

如果说常见的偶像选秀节目是以"养成"为卖点，招募一群几乎没有业务经验的练习生从零培养，又以他们俊美的外形和与众不同的个性吸引观众买单，那么破龄男/女团综艺节目的主题就是以突破自身为前提的"成长"。已然功成名就的成熟艺人借着一次又一次的公演舞台，不断蜕变、不断进化、不断刷新观众对他们的固有认知，让大家重新认识自己。这一过程当然未必令人愉快，前半段演艺生涯的成绩在此时反倒成了负担，需得先将过去的辉煌成绩置于身后，才不至于落得故步自封的境地，如此直面观众凝视的成长方式自然远比从零开始的养成更令人动容，也更能给予人积极的力量。更不用说当这些富有经验的艺人们齐聚一堂，在互通有无间迸发灵感，当能创作出更多精雕细琢的作品回馈大众，洗涤一番当前文娱市场中那些以流量当先的充满一些粗制滥造作品的市场。

第五章　粉丝的进化之路：个人到群体

　　和"邻居们"相比，我国的文化娱乐产业虽然起步较晚，但后劲十足，近些年来也呈一片欣欣向荣之势。随着生产力的发展和科技的进步，人们接触到这些娱乐产品的限制进一步减少，越来越多的人把看电影、看剧、听歌、看视频等当作休闲生活方式的一部分。电视台不再有检修日，可以全年无休地为观众提供服务，数字电视还新增了点播和回放功能，让电视用户观看节目更随心所欲；而当连入互联网，可供娱乐的内容更是繁花似锦。选择权的增多促使观众从被动接受变为主动接触他们感兴趣的内容。有的以IP品牌为关注点，每当自己喜欢的IP出了新作就必定会支持，譬如哈利·波特系列、复仇者联盟系列都是拥有众多支持者的大IP；有的以作品类型为关注点，如科幻电影爱好者会主动关注好莱坞每年主推的科幻大作，2018年的《头号玩家》、2019年的《星际救援》、2020年的《信条》等都是科幻迷的打卡必备影片；还有的，则以台前幕后的文娱工作者为核心关注点，譬如有些人会因喜欢特定的导演、编剧、演员或配音演员等而追着观看他们的每一部作品，并与同好们分享、讨论……这些因特定目标而关注内容的人，广义上都是"粉丝"，但这种定义下的群体似乎又与大众平时颇有微词的粉圈不同。这是因为，"粉丝群体"和"粉圈"（也可称"饭圈"）并非同一个概念的不同说法，而是两个定义不同且存在归属性质的概念。粉丝群体所指代的是所有粉丝的集合，而粉圈则是隶属于该粉丝群体中的一个亚群体，只包括有限的粉丝个体。

那么，在泛娱乐化的今天，到底怎样才算是粉丝呢？粉丝与大众的区隔在何处？粉丝为什么以娱乐明星为崇拜对象？流量明星为何有如此大的吸引力？部分粉丝为什么会这么疯狂？这些问题恐怕不少人都曾有过疑惑，尤其是近些年来粉丝亚文化与主流文化的撞击越来越频繁，造成的后果越来越严重时，这些问题或许亟须讨论或澄清。

第一节　名人、权力、崇拜与认同

在大多数人的潜意识里，粉丝与追星族同义，"星"自然专指娱乐圈的明星。这样的想法并不准确。不追"星"的粉丝也大有人在，如热爱小说、游戏等的文本粉丝，喜好汉服等的内容文化类粉丝等，以关注特定公众人物为核心形成的粉丝社群只是粉丝亚文化中的一个分支而已，以娱乐明星为核心的粉丝更是分支下的分支。美国传播学者戴维·马绍尔（David Marshall）在他的著作《名人与权力：当代文化中的名声》中将公众人物系统性地划分入不同的名人群组，形成一个名人系统。[1] 除了我们最常提及的影视、体育明星之外，还有政治明星、学术明星和企业明星，这些类型的明星身边也会聚集形成粉丝社群。由此知，广义的粉丝所对应的并不只有文娱名人的拥护者，但明星艺人们的粉丝因为人数众多，渐渐成为粉丝亚文化的代表者。倘若我们追随大流，只讨论围聚在明星艺人周围的群体，还是会容易混淆粉丝与读者、听众和观众之间的区别。比如有时，人们会把看过某位艺人的作品、记住艺人名字的观众算作粉丝，或是把社交平台上的关注者算作粉丝。这样的混淆不局限于普通人，不少学者——如马绍尔—在论述文化工业时也未对读者、听众、观众和粉丝作区分，"fans"和"audience"似乎指代着同一群体。或许诚如约翰·费斯克（John Fiske）所说，粉丝和其他大众媒体上的读者、

1　Marshall, P. D. *Celebrity and power: Fame in contemporary culture*[M]. Minnesota: University of Minnesota Press, 2114.

听众和观众之间的区别只是程度上的差异，而不是本质上的差异。[1] 换言之，任何人都可能一不留神就成了粉丝。在讨论 "fans" 和 "audience" 在程度上的区别之前，我们先来看看它们在本质上的相同点。

崇拜与认同

加拿大文学家诺思洛普·弗莱（Northrop Frye）归纳了文学作品中人物塑造模式大致是 "典型的神明—半神半人的英雄—领袖人物—普通人—反讽式的主角" 的循环。[2] 接受美学的主要创立者和代表之一的汉斯·罗伯特·耀斯（Hans Robert Jauss）在弗莱所提的文学情节模式基础上，从读者的角度出发，探讨了读者如何与文学作品中的人物产生共鸣和认同。[3] 耀斯提出了五种认同模式，即联想式认同、爱慕式认同、同情式认同、净化式认同和反讽式认同。这五种认同模式并不是非此即彼的，而是流动的，针对同一个作品人物，读者极有可能先以某种方式开始有了认同的情感，随之转向其他类型的认同心理。

联想式认同可简单理解为读者在阅读、观看作品时，将自己完全代入其中，想象自己是其中的某个角色，如庆典活动、戏剧、角色扮演类游戏或是cosplay等活动中产生的认同都属于这一类。在爱慕式认同中，读者被作品中的类似神明的、完美的形象吸引，在心灵的震撼中生出了爱慕的情感，随即视之为引导自己奋进向上的楷模，为后续可能出现的效仿行为做了铺垫，是比较积极的认同。也有看法认为读者只是在完美的角色中看到了些许自己的影子或认可的品质，他们所钦慕的对象只是最理想化的自己罢了。当然，也并非所有的爱慕情感都会引发后续的模仿行为，读者也极有可能止步于心绪上的撼动和满足，不再进一步督促自己在现实中作出积极改变。同情式认同是在与作品中的角色消除了距离感之后激起

1　Fiske, J. The cultural economy of fandom[M]//Fiske J. The adoring audience: Fan culture and popular media. London: Routledge, 1992:30–49.

2　诺思洛普·弗莱. 对批评的剖析 [M]. 陈慧，译. 天津：百花文艺出版社，1998:158–159.

3　汉斯·罗伯特·耀斯. 审美经验与文学解释学[M]. 顾建光，顾静宇，张乐天，译. 上海：上海译文出版社，1997:187–190.

的情感。当文学作品的循环不再执着于追求神性主角的故事时，读者很容易在作品中那些不算完美却更具普适性的角色身上看到自己的影子，也更容易与这样普通的角色共情，这种感情会伴随着作品中角色的成长而增强。在净化式认同中，读者将自己置于作品中角色的特殊处境，借助角色极具戏剧性的苦难或幸运而发泄自身的情绪，让自己得以从现实生活的困境中释放出来——这样的认同多见于传统的喜剧或悲剧故事中，不论角色本身是完美或平凡都不影响认同的产生。至于反讽式认同，大多数情况下是为了让读者拒绝与主角产生认同，或对主角的经历生出反讽的心态而被创造出的。这类文学作品的创作目的并不是让读者身处舒适区、被动地跟着主角经历酣畅淋漓的爱恨情仇，而是从一开始就异化、梳理和挑战传统的审美体系和角色建构过程，让读者主动参与故事以补全该角色的生命历程，企图通过创作式参与让读者自发地对角色及其所处情节环境进行理性批判和反思，进而投射至读者自身所处的现实世界。如果说《蝙蝠侠》中的童年凄惨却又身价上亿的布鲁斯·韦恩容易引发观众的爱慕式认同或同情式认同，那代表混乱、痴狂和无政府主张的小丑勾起的则是反讽式认同，观众在批判剧中小丑的同时也会思考现实世界中的"小丑们"会给我们的生活带来怎样的影响。

　　美国学者马绍尔在其1997年出版的著作中，将耀斯针对读者对文学作品人物的认同形式类比推广至电影、电视和流行音乐等文化工业中，认为粉丝对归属于不同名人系统的明星的主要认同、认可方式也可从这些类型中寻找痕迹。

　　电影长期被视为是一种有别于通俗文化、高于生活且更具审美价值的艺术作品，需要一定的审美和文化门槛才能"读懂"，电影明星也被认为更具创造力和艺术才华。他们为观众创造了两种现实，其一是在电影中塑造的高于现实的电影人生，其二是在真实世界中私人的、亲密的、多样的、属于电影明星自己的现实人生。前一种现实根植于剧情中，因角色的谢幕而永存于人们的回忆里，显得无可替代。后一种现实是电影明星极力避免曝光于公众前的——只有将真实世界中的现实隐藏，电影中呈现的"现实"才能成为观众认知中"真实"的一部分。换言之，对电影明星而言，他们更愿以极具艺术性和审美价值，且高于生活的电影角色的形式出现在观众面前，而对本人的生活究竟如何则不愿轻易透露。也正因如此，电影演员身上自带一种疏离的气场与光环，让观众不自觉地生出只可遥望的崇敬心情，可他们的银幕形象却深植于观众心中，尤其是那些英雄形象，在特定群体中被推崇为楷模和典范，激发观众的爱慕式认同。观众和对电影明星隔着距离的爱慕，正是让电影工业继续保持其高雅的艺术审美而避免流于通俗的根源之一。

电视工业的起步要晚于电影工业，虽与电影工业一样同属于文化工业，但它们的文化资本和盈利模式并不相同。电视演员也为观众创造了两种现实，但与电影演员不同的是，电视演员与他们所塑造的角色的现实生活拟合度极高。电视工业希望能融入现实社会，以更真实、更贴近生活的方式吸引更多的观众。在此种商业理念的应召下，电视演员常被要求主动缩短与观众，尤其是粉丝间的距离，诸如脱口秀、真人秀之类的综艺节目就成了最佳的连接通道。通过这些节目，电视演员向观众剖析自己的内心、展现自己的生活，让真实世界中"现实"的自己被更多观众所熟知。他们身上鲜少表现出类似电影演员的疏离气场和光环，也比电影演员显得更为生活化，是观众们可触及的"活人"。因此，马绍尔认为对电视演员的粉丝而言，同情式认同是最主要的认同方式。

流行音乐工业是除了电影和电视工业之外的另一大文化工业分支。尽管音乐表演者也创造了台前和幕后两种形式，但音乐创造出了一种可及时获得的现场参与感，这是电影和电视永远无法做到的。现场的音乐表演就像是群体性的狂欢，而音乐会或演唱会就是最具仪式感的庆祝方式。歌手通过音乐演唱和表演，将真实的自己直接暴露于观众面前，没有时空的阻隔，听众在这种集体狂欢的气氛中，毫无保留地接纳了音乐表演者展示出来的本真，同时也将自己融入成为整个表演过程的一部分。音乐人与他们的观众是密不可分的，缺少了观众的演唱会是不完整的，而没有歌手的演唱会也是不存在的。正因为流行音乐的这种真实性和现场性，粉丝的忠诚度极高，并激发出一种联想式认同。[1]

1　Cavicchi, D. Loving music: listeners, entertainments, and the origins of music fandom in nineteenth-century America [M]. Fandom, Second Edition. New York: New York University Press, 2017:109-126.

马绍尔将读者对文学作品角色的认同体系迁徙至粉丝对娱乐明星上的尝试开拓了我们的思路，让人们意识到对文娱类名人的情感认同并不是单一的，而是多样且流动的。但这一说法也颇有局限性，且已不再适合当今的文化娱乐产业。首先，马绍尔的理论是从文娱名人及其所代表的文娱工业的角度出发，无视了受众的自主权。在他看来，不同的文娱工业的文化资本和经济资本决定了该领域的名人们会以何种手段构建"现实"，进而决定了该领域的明星艺人如何与观众互动。即便撇开商业资本不提，仅讨论观众与艺人们的互动过程，马绍尔的理论认为文娱明星掌握了主导权，他们定义了何为真实，并决定展示多少真实的自我，粉丝则只是他们忠实的追随者，按照写好的剧本与他们产生情感认同。但近年来，文娱产业的发展大大提升了粉丝的话语权，在一些极端关系中，粉丝反而占据了主导地位，艺人显得极其被动。

其次，当我们用电影、电视和音乐来划分明星艺人时便默认了他们与观众接触的媒介，电影演员通过大银幕，电视演员通过固定的电视剧集和综艺节目，而歌手通过现场表演和音乐唱片。但网络技术的高速发展早已打破了传统媒介统治娱乐传播的方式，网络才是明星与粉丝间最依赖的"见面"方式。而"现实"的双重面向也随着网络的兴起而变得模糊，尤其是当明星艺人们纷纷入驻微博、绿洲等社交平台，并借助这些平台主动公开自己的现实生活、与粉丝互动时，艺人与观众的关系由单向传播转为双向互动，他们与观众间的距离感也被击破。

再次，现如今我们已很少把某位艺人局限在某个领域，"演而优则唱"或"唱而优则演"的情况都极其常见，不少艺人也乐意以"跨界者"自居，提升自己在文娱行业的影响力和竞争力，综艺节目《跨界歌王》的火爆便可说明一二。选秀偶像这一新型职业的诞生更从根本上改变了文娱产业的发展模式，让名人系统与认同模式的对照连接不再唯一。当然，我们还是可以用这一体系讨论粉丝对选秀出身的爱豆们的认同模式。爱豆虽然不是通过作品的形式与受众建立联系，但他们也创造了现实的双面性，其一是他们的真实自我，其二是他们贩卖的理想型人设。他们通过贩卖梦想和陪伴成长的方式消除了与粉丝间的距离，最先唤醒的应该是粉丝们的同情式认同。由于选秀爱豆在本质上并不同于演员和歌手，当他们在自身的粉丝圈层内部得到认同后，最后却又需要以演员或歌手的身份获得更广大受众的认同。

权力与崇拜

文化工业让读者、观众和听众开始认同文化名人并生出崇拜的情绪，而崇拜通常与权力挂钩。[1,2] 古早时期，群体性的崇拜多是针对政治、宗教领袖，如君主、帝王、贵族等，或是英雄人物，如军士、将领等。这些人要么生来就掌握了社会实权，要么是因特殊事件被群众赋予了权力，成为特定阶层、领域或组织的领导者，而领导者的权力要靠群众的崇拜巩固。

德国社会学家马克斯·韦伯（Max Weber）在 20 世纪初期时提出了一个想法，他认为任何组织都应当有某种意义上的权威领袖，他在著作《经济与社会》中提出了三种统治支配和权威分类，即传统型权威、法理型权威及魅力型权威（又称卡里斯马型权威）。传统型权威指的是以宗族、父权、家长制为代表的权威统治，该类型的权威并非只赋予个人，而是肯定了组织中统领者作为一个阶层的特权性。法理型权威是以法律法规来统治组织的支配方式，是一种主要依靠群体理性约束的权威。至于魅力型权威，既不靠权威也不靠法理，而是完全依靠领袖的魅力，或是存在于个体身上的一种品质，超出了普通人的品质标准，因而会被认为是超自然所赐，拥有超凡的力量，或者至少有与众不同的力量与品质。

如今，一些群体对英雄领袖或领导者的崇拜情结已不似当初，对另一些群体的崇拜情绪却与日俱增，颇有一种视他们为精神领袖的趋势。娱乐明星即是这样的群体，他们虽然并未掌握政治、宗教等体制性的权力，也不似英雄一般被社会主流赋予特殊的权力，但在高度结构化和圈层化的社会中却也有了专属的拥护者，即粉丝，并被粉丝群体认可为魅力领袖。粉丝在他们的偶像身上挖掘出了"超凡

1　Jauss, H. R., Bennett, B., Bennett, H. Levels of identification of hero and audience[J]. New literary history, 1974, 5(2): 283−317.

2　Williams, J. M. Fans: Consumers, hooligans and activists[M]. The Cambridge Companion to football. 198−212.

脱俗"、"神圣"且无懈可击的品质，又在这种信念的支撑下，死心塌地地一路追随，甚至会主动调整自身价值取向和人生目标与偶像保持一致并以此为荣。在粉丝群体内部，明星艺人被给予了独有的权力和地位，有着极强的号召力，尤其是一些当红流量明星，他们的言行举止甚至被粉丝当作教科书似的模板来效仿，说是一呼百应也是小觑了他们的影响力。

不过，艺人们的权力既然是粉丝赋予，权限范围自然也只辐射于圈层内部，不被外界承认。权力的限定性体现了粉丝群体小众化的内核，明确了与主流文化间存在的隔阂，也解释了为何频繁登上热搜、动辄千万微博粉丝的明星艺人在自己的粉丝群体内被奉若"神明"，在大众眼中却仍是籍籍无名。不过，并不是所有粉丝都能理解这种区隔和限定，反而会在规则和逻辑渗透圈层内部之后，推而广之地试图以此干涉圈层外部的发展。越权干涉致使粉丝群体与主流社会摩擦不断，也让越来越多的人开始忧虑这一群体的发展。虽然明星艺人的权力并不被外界认可，但鉴于艺人们在粉丝圈层内的强大号召力，人们普遍认为他们应当肩负起树立榜样和引导偏差行为的作用。当粉丝身处困境时，艺人及其团队应当给予积极反馈；当粉丝引发大规模群体性事件时，艺人则有义务予以疏导并应当尽可能地消除由粉丝造成的负面影响——倘若无法做到，就会被大众认为是失格并予以抵制。为了获得更高的国民好感度，也为了争取圈层外部的认可和权利，"正能量偶像"的人设渐渐在娱乐圈风靡起来，明星艺人均希望以积极正面的形象立足于主流社会中。微博等公共社交平台上#正能量偶像×××（艺人名）#、#×××（艺人名）传递正能量#等话题比比皆是。除了舆论场上的宣传，明星艺人也会从实处下手，身体力行地号召自己的粉丝多行善事、多做公益。

第二节　粉丝的心路

明星艺人被崇拜他们的粉丝赋予了权力，在圈层内部扮演了卡里斯马型领袖的角色，而粉丝的崇拜之情源于他们对艺人的情感和认同。但情感和认同心理从何而来？不论坊间的茶余饭后，还是业界学界的报告研究，都更多关注在依恋式崇拜上。普罗大众认为追星族要么是贪慕虚荣、被娱乐圈浮华的表象吸引，要么是肤浅地迷恋着艺人的外貌形象、性格人设，总之不是健康的心理需求；学者们总结各方观点后认为粉丝的情感和认同是建立在把艺人视为强者或情人的基础上。这些想法不是全然错误的，却也与粉丝群体的真实情况有较大的偏差。粉丝与他们所喜爱的明星艺人之间的纽带在大多数情况下是受更深层次的心理机制的引导。现在，让我们稍微放下心中的成见，去感受一下粉丝是如何形成的。

粉丝的认同心理

（一）晕轮效应

当我们询问这些粉丝群体追星的感觉时，他们通常会表示追星使他们感到快乐和满足。而当问起粉丝为何会喜欢某位明星艺人，为何会成为他/她的粉丝，我们会得到很多不同的答案。虽然不少粉丝都会提及偶像颜值与自己审美的契合度，但与多数人的猜想并不相同，单纯对颜值的追捧并不是主流。一句"起于颜值，陷于才华，忠于人品"便很好地描绘了粉丝的心路变迁。外在的吸引只是第一步，透过表象发现偶像身上优秀的内在品质，才是他们沦陷的根本原因。

颜值、才华和人品是粉丝情感的依托，但这仍无法解释为何粉丝会对着并无真正接触、毫无现实基础的明星艺人产生真心的感情。此处，晕轮效应或可为我们解答一二。晕轮效应，又称光环效应，是一种常见的心理现象，当人们遇到不熟悉的他者，会根据初印象来推断、补全对方的其他特质。初次接触的双方如果只关注到对方身上的优点，之后可能会以偏概全地认为对方在其他地方也是完美无缺的，极端一些的，可能会把对方笼罩在自己脑补的神性光环中；反之，若初印象停留在缺点之上，则更易认为对方毫无吸引力，甚至一无是处。举例来说，如果人们在聚会上初遇一个热情如火的陌生人，即便只有一面之缘，也会因为对方的好性格而倾向于认为他/她是个极好相处的伙伴；但若遇到的是一个对自己爱搭不理的人，多半会认为对方性格古板、极难相处。这样的推测不算空穴来风。

从社会认知视角来看，人们对新事物的判断都是基于过往的经验和认知，而这些经验认知又常受内隐人格感知的调节。内隐人格理论认为，人格特质并非独立存在而是相互关联的，当了解观察对象的一种品质后即可推断其他品质。[1] 比如我们总把热情与冷淡对立，认为热情是好的品质而冷淡是不好的。于是热情的人被认为持有更积极的生活态度，通常更容易被社会接纳，也更易取得成功；而冷淡的人则被归为不合群、失败的一类。这样的社会内隐认知在潜移默化中影响着我们每一个人，刻板印象也是由此而来。

人们受晕轮效应影响，由局部出发进而衍生至整体的印象推断便如管中窥豹，多是不准确的。尽管如此，晕轮效应却仍是我们"偷懒"的不二选择，粉丝对明星艺人的认知，以及大众对于粉丝的认知，有时也是"偷懒"的结果。如果粉丝相信"颜值即是正义"，当他们见到外表俊美的明星艺人时便会唤醒心中的这一理念，认为对方在其他地方也一定十分"正义"，于是好感迸发。

（二）准社会交往

晕轮效应虽然初步解答了为何人们会对未能深入了解的陌生人生出情感，却仍无法解释为何粉丝会隔着屏幕对没有现实基础的明星艺人们流露真情实感，也无法解释普通观众和粉丝之间的区别，毕竟文娱作品的受众包括社会大众而不是只有粉丝，且就目前的认知来看，绝大多数的人对晕轮效应并不免疫，他们也极有可能对角色生出特殊的情感。此时，准社会交往理论便可补全这块拼图。

20世纪四五十年代是全球电视工业的高速发展期，如《荒野大镖客》《我爱露西》及《星际迷航》等美剧陆续播出，《今夜秀》《大卫深夜秀》等脱口秀节目同台竞技，1952年的美国总统竞选更是首次将电视视为新的政治宣传工具。随之而来的是各类文本、名人迷群的出现，电视剧集、视明星们，脱口秀主持、虚构的人物，以及帅气的总统候选人等都成了被"粉"的对象。与"高于生活"的电影明星

1　Sedikides C. & Anderson C. A. *Causal perceptions of intertrait relations: the glue that holds person types together* [J]. Personality and Social Psychology Bulletin，1994，20(3):294-302。

不同，平易近人的电视明星似乎更加容易让迷群们一厢情愿地爱上他们，甚至不乏以极端方式，如跟踪尾随、人身伤害等来表达爱慕的疯狂者。迷群们的迷惑行为在令社会大众觉得匪夷所思的同时，也让当时的学者开始理性思考行为背后的机理。在此大背景之下，心理学家霍顿（Donald Horton）和沃尔（Richard Wohl）提出了准社会交往的概念，试图解析观众与媒介角色接触时所经历的心理社交和情感联结过程。

准社会交往认为，大众媒介，尤其是电视媒介，通过声画将某一媒介角色（包括真实的娱乐名人和虚构的娱乐角色等）的外貌、声音、对话和行为方式等一一展现在观众面前，观众在反复接触这些信息后，容易对该角色产生诸如亲密感、友情或认同的幻想。当幻想中的情感积攒到一定程度，忠诚感随之而来，人们甚至会认为自己与媒介角色直接相连、彼此了解。从社会认知的角度思考，人们通过媒介与角色建立的准社会交往，与现实中面对面的真实社会交往相差并不大，都经历了相似的心理过程，即与素昧平生的他者经过反复接触后，生出了熟悉和亲切的情感。不同的是，在面对面的真实社交过程中，沟通是双向且平等的，但在准社会交往中，沟通是单向的且由媒介角色掌控。换言之，媒介角色小心控制着自己展现于人前的部分特质——即人设，可观众却无法凭借不互等的沟通辨别特质的真伪。

准社会交往虽然是美国学者基于电视工业提出的概念，却仍是理解粉丝行为的学理基石，也是对粉丝群体去病理化解读的重要依据。在不少人的视角中，粉丝将偶像视为亲人、朋友是出于病态的假想，但从准社会交往的角度来看，粉丝与他们心心念念的偶像之间确实存在一定程度的"社会交往"，并且，依托于互联网这一重要新媒介的诞生，粉丝与偶像间的交往已逐渐从单向沟通转变为更贴近现实的交互式沟通。[1, 2] 在网络盛行的今天，明星艺人的日常工作之一就是在社交

---

1 马妍妍.社交媒体的"准社会互动"研究——以新浪微博为例 [J].新闻世界，2013(5):185-187.

2 Kim, M., & Kim, J. How does a celebrity make fans happy? Interaction between celebrities and fans in the social media context[J]. Computers in Human Behavior, 2022, 111, 106419.

平台发布动态，与粉丝分享自己的工作和生活，在特定的节假日，如新年、春节和情人节，他们也需要公开表达对粉丝的祝福、为粉丝加油打气，热情一些的艺人还会回复粉丝的评论以回应支持。社交平台上的牵绊多少有些滞后，即时性更强的直播更具杀伤力。无论是商业性的带货直播，还是日常性的聊天直播，打破时间滞后性的艺人与粉丝之间仿佛再无其他阻隔，如此亲近、有如朋友般的自我揭秘和关怀体贴让粉丝不能自拔。有时，艺人甚至还会用语音连麦的方式与被选中的幸运粉丝一对一聊天互动，小小的屏幕把他们牢牢捆绑在一起，让原本遥不可及的距离变得无比暧昧，构建出一场场只有彼此的温馨回忆。似乎是为了证实明星"朋友化"趋势的大流行，越来越多的艺人公开表示自己与粉丝之间是"互怼"的关系——毕竟在现实的社交情景中，只有关系极好的朋友之间才敢肆无忌惮地互怼而不担心感情破裂，个中深意不言而喻，而这种由艺人亲自营造出的亲密错觉也难怪粉丝深陷其中。

网络在拉近艺人与粉丝关系的同时，也增加了艺人人设崩塌的隐患。如一直经营"憨厚老实"和"努力上进"人设的仝卓即是在与粉丝的直播聊天中，自曝曾通过非法手段伪造了应届生的身份参加高考，才被心仪的解放军艺术学院录取。随着明星翻车事件的不断增多，人设营销已经不再是不能说的秘密。旁观者清的普罗大众早已免疫艺人的种种人设，即便粉丝群体内部也默认艺人在公众面前展示的人设未必与他们真实的性格全然一致。但这小小的"瑕疵"并不会撼动粉丝的热情，尤其对未成年的粉丝而言，他们依然愿意全盘接受偶像的人设，甘之如饴地沉浸在准社交关系带来的快乐中。为了利益最大化，相关团队早已摸透了粉丝心理，驾轻就熟地为他们打造专属人设以满足幻想。

对艺人人设的辨别与接纳并不单纯靠年龄和粉丝的身份做界限，"辈分"或许是更好的界碑，[1] 或者说，代际之间对基于人设而建立的准社会交往的参与度有显著区别：年长者很少参与准社会交往，可青年一代却往往沉迷其中。这或许与人

1　Stever, G. S. Fan behavior and lifespan development theory: Explaining para-social and social attachment to celebrities[j]. Journal of Adult Development, 2011, 18(1): 1–7.

们对现实感的构建方式有关。对于 20 世纪五六十年代或更早出生的祖辈和父辈而言，少年时艰苦的成长环境培养出他们极端的现实主义倾向。在这几代人心中，现实即真实，对于无法亲历或无人亲历的，便会因为无现实基础而拒绝投射真心实意的情感。对于七八十年代出生的人来说，物质生活的丰富让他们的精神世界也逐渐丰富起来，适度的幻想变成了浪漫的事情。但浪漫也仍需有现实的逻辑和基础，只有在艺人身上获得了较为真实的体验，才会愿意投入自己的情感。所以在成为粉丝之前，他们会大量搜索艺人的信息，在心中构建更加完整、多面的人物形象，并要求这些形象之间连续且稳定、不存在逻辑冲突。如果艺人表现得反复无常，行为之间无惯性也无逻辑可言，他们对艺人的滤镜就会被狠狠打碎。但对于 90 后、00 后，甚至 10 后而言，对世界保持幻想是他们的生活态度，很多时候，客观事实变得不再重要，他们眼中的真实甚至可以与现实世界完全脱钩。他们对于现实感的要求很低，情感的投入也不需要完整的逻辑体系。他们愿意接受虚幻的真实，只要这能让他们感受到生存之外的美好——所以圣诞老人精心准备了礼物，奥特曼在维护世界和平，而屏幕那一端的偶像正笑盈盈地等着他们。

（三）个人心理认同

晕轮效应和准社会交往的概念从粉丝与偶像之间的情感联系作为切入点，解答粉丝为何会被特定艺人吸引，在很长一段时间里，它们是理解粉丝文化的关键依据。近年来，也有学者在两个概念的基础上，从粉丝心理角度出发，以心理认同作为核心概念来理解粉丝行为。

细说起来，任何故事的开头总是以主角们的相识为起点，粉丝与他们的偶像之间也是如此。明星艺人们因各自工作的特征，常依赖不同的渠道以不同的方式把由自己诠释的作品以及自己展现于大众面前。此时的"粉丝"尚不可称为粉丝，他们只是普通的观众、听众或读者，我们暂且称之为受众。通过渠道展现的作品，受众与台上的明星们有了初次接触，知道了这些明星的存在。或许是因为舞台效果、音色音域，又或许是因为外貌颜值、角色的加成，在种种原因之下，部分受众会与这些作品，以及明星本人产生更深的共鸣。在兴趣的驱使下，这些特定受众会主动寻求更深入的接触，如检索艺人信息、关注其过往作品等。幸运的是，网络媒介能轻松满足受众的需求，帮助他们了解艺人公开和未公开的信息，回溯他们的过去，跟着网络承载的记忆重新陪伴对方成长一回，看着他/她一步步从青涩慢慢成长至与自己相遇的那一刻。如此的"倒叙养成"难免让受众生出相见恨晚的情绪，禁不住说一句"抱歉来晚了，但是未来会一直陪你走下去"。在这一绵长的过程中，特定受众的关注点早已从作品转移至明星自身，他们借着网络记忆中的零星碎片不断刷新对艺人的认知，试图透过已成过往的字里行间，挖掘出让人见贤思齐的闪光点。因为这些闪光点，受众对艺人生出了喜爱和赞赏的情绪，而在这些情绪之上的则是对该明星艺人性格品行的认可和认同。认知加深了情感，情感又强化了新认知，往复循环之下，特定受众最终认同自己的粉丝身份，开始自己的追星之旅。

鉴此，个人成为粉丝的过程可归纳为三个步骤，以认知艺人作为起点，以认同艺人作为核心，以认可自己粉丝的身份作为完结。此处的认知，指通过媒介渠道接触到特定的明星艺人，并在反复接触后与他/她建立情感联结。此处的认同，是社会学和心理学的概念，指个人与个人、个人与群体相互确认或认可与自身相同或共同的特征，比如情感、身份等。英国社会学家吉登斯认为，认同是在个体的反思活动中主动产生出来的身份感或认同感，所以有一定的主观情绪性。[1] 当人们对他人的观念或行为模式产生认同心理时，可减轻或解决自身的焦虑情绪，或增加积极的情绪。所以，认同行为本身就是一件引发愉悦情绪的事情。由于相互确认是在个人与他人交互的双向过程中完成，所以认同还可分为自我认同和他者认同两种。[2] 套用到粉丝与艺人的交互过程时，可认为粉丝先完成了他者认同——认同明星艺人身上有可贵的地方，并认同他们为自己的偶像，随后又完成了自我

---

1 Giddens, A. Modernity and self-identity: Self and society in the late modern age[M]. Stanford university press, 1991.

2 邓惟佳.中国"美剧网上迷群""角色扮演"中的自我认同建构——以"伊甸园美剧论坛"为例 [J].新闻界，2010(2):29-31.DOI:10.15897/j.cnki.cn51-1046/g2.2010.02.052.

认同——认同自己作为粉丝的身份，并从这样的认同中获得正向情绪。

说到这里，粉丝与普通观众的区别也就显现出来了——粉丝对作品的情感投入和认知投入在程度上远远超过了普通观众。在电视机霸占夜晚的时代，边吃饭、边聊天、边看（听）电视剧是家庭常态，至于剧情是什么、角色人设好不好，大多不是关键要素，家人朋友相聚时其乐无穷的气氛才是最重要的。到了视频网站霸占夜晚的时代，虽然人们很少有机会再围坐在一起看剧，但也时常通过手机来保持追剧的同步性，一起吐槽剧情、花痴角色、相互剧透、相互调侃。换言之，对普通观众而言，影视剧集只是茶余饭后的娱乐，是增进友情的工具，所以他们的投入既不多也不专心——试问又有多少人不是一边开着电视/视频网站一边刷着微博或是回复微信，对剧情的讨论分析多半浅尝辄止，更谈不上与角色，以及角色之外的演员建立更深的情感联结。对他们来说角色与演员是一体的，即使因晕轮效应而对角色/演员产生好感，这份心动也很难保持下去。当另一部剧集中的另一个人气角色出现时，他们会毫不犹豫地投身于新的心动，至于那些承载过曾经心动的演员，也许再见时仍会唤起情感，但绝不是现在，也绝不会长久。

也有一些电视剧迷在看剧时会十分专心，他们不仅会"看"，还会花费大量时间、精力和情感来分析剧情的逻辑、剖析角色的内心成长路线、（当剧集未结束时）预测未来的剧情走向，这种专注程度和思考深度带来的乐趣要远超过单纯地"看"。不过，这部分人群的热爱也只会停留在剧情和角色身上。他们虽然愿意把对角色的喜爱寄托于演员在剧中塑造的荧幕形象上，可出于对所爱角色在情感上的忠贞，他们又不愿把角色之外的演员和他们珍爱的角色混为一谈，所以，他们或许会对演员产生好感、保持尊重，却也无法将对角色的情感全部迁移至演员身上——角色不等于演员，角色高于演员。

但艺人的粉丝却不是这样。不同于不专心观看的普通观众，粉丝在观赏剧集时通常极为虔诚，边看边聊天，边看边玩手机？不存在的。粉丝不忍心错过任何一秒有自己偶像存在的镜头——哪怕只有衣角飘过也弥足珍贵，还会反复观看名场合，任由情感在倒带重播中不断升华。也不同于那些认真观看的剧迷，粉丝虽然也是逐帧分析画面，但通常会把这种精力放在对偶像表现的无限解读上，试图把每一帧停留都赋予价值：这一幕的眼神应该在暗示角色的未来走向，那一幕的微表情、微动作应该在体现人物内心的张力和拉扯。在完成对一部作品的深挖之后，粉丝会在意犹未尽中等待或投入偶像的下一部作品，对他们来说，演员不是角色，演员高于角色。

让我们说回粉丝的认同心理。很多粉丝的身份认同之旅，在与艺人建立深厚的情感联结，并认同自己作为粉丝的身份属性之后就结束了，但也有部分粉丝会走得更远，他们对艺人的情感更为专注且诚恳，因为他们在认同之外，还产生了自我价值的投射和情感投射。自我价值投射，是指粉丝在明星艺人身上看到了自己已经拥有或渴望拥有的品质，由此认为艺人与自己三观相合，但做得比自己更好，于是生出了崇敬的心情，以偶像为学习榜样和奋斗目标。虽然在大众看来，粉丝将没有什么过人之处的明星艺人——而非更有社会价值的公众人物——视为人生动力源和前进方向的引路人显得十分荒唐，但从结果上看，由自我投射生出的偶像崇拜是较为积极的崇拜。也有学者认为，自我投射的粉丝心中钦慕的其实是最佳状态下的自己，偶像的出现可以在一定程度上激发粉丝努力改变自身的决心。当然，如果能够提升文娱产业的准入门槛、推进从业人员的行为规范、提升明星艺人的专业素质，艺人之于粉丝及整体社会风气都应该会有更积极的意义。

情感投射可细分为两个维度，移情和补偿心理。移情心理指粉丝把对待亲人、朋友或恋人的态度和情感转移至偶像身上，认为偶像是自己的哥哥、弟弟、姐姐、妹妹、朋友或恋人等，这类不被大众理解的情感依恋和幻想可以由准社会交往来解释。与移情心理类似，补偿心理是指当粉丝在现实生活中缺失某位重要的他者，或处于情绪不稳定期时，主动选择与特定的艺人建立情感联结来对抗现实生活中的压力源，舒缓消除自己的负面情绪。在这种情况下，一些粉丝甚至会把偶像视为自己的精神支柱，认为只有偶像身上的光芒才能将自己从黑暗的沼泽中拯救出来。来自偶像的补偿或许能解救一时，但过度的依赖也会引起严重的后果。从个人层面而言，过犹不及的崇拜不仅影响了粉丝本人的身心健康，对偶像来说也是一种精神负担；从社会层面而言，粉丝的一些迷惑行为可能威胁社会公共安全，成为不稳定因素。

当然，大部分的粉丝能够分清现实与幻想，他们只会在以粉丝的身份公开活动时，才会主动沉浸在自己与偶像亲密关系的幻想中或是将偶像视为支柱，而粉丝的身份只是他们众多身份中的其中一种。他们可以是刻苦努力的学生，只在课余时间才会报复性地看剧追番，或在微博等社交平台上肆意表达自己的爱意；他们也可以是辛勤的打工人，只会在空闲时欣赏偶像，或购买周边、代言产品，试图靠着追星带来的快感恢复元气，让自己得以从披星戴月的工作中抽离片刻，享受单纯美好的情感。

（四）群体认同

除了个人层面的认同，粉丝还需要经历群体性的认同。人的社会属性决定了个人的身份认同需要得到社会的认可和回应，这种认可得以实现的核心能量就是社会成员在关注点和情感上的一致性，通常会在与他人的社会互动中形成。[1]因此，在完成了个人层面的认同之后，粉丝会自然而然地寻求他人的支持和认可。他们渴望向身边人诉说自己的情感并得到积极的回应，但如果诉求没有得到现实中亲密关系的理解和支持、身份不被认同、情感无处宣泄，就会转而向陌生的同好寻求认同。在媒体和网络技术不发达的年代，粉丝的群体认同之路异常艰辛，个人关系几乎是唯一途径，因此粉丝群体总是难以成形，而未得到群体认同的结果就是，散落四处的孤单粉丝更易陷入对自己的怀疑中。要么因为担心被归类为社会异类而动摇他们对偶像的情感；要么因为无法割舍与偶像的联结而自我刻板化，相信自己确实存在精神方面的疾病，这无疑让他们变得更为敏感且多疑，长此以往或许真的会生出病态的心理。所幸，现在的粉丝只要连接网络就能轻松地找到各式各样的粉丝组织，而他们的群体认同也将就此展开。当新粉丝认同自己的身

1　潘曙雅，张煜祺. 虚拟在场：网络粉丝社群的互动仪式链 [J].国际新闻界,2014,36(9):35–46. 曾庆香. "饭圈" 的认同逻辑：从个人到共同体[J]. 人民论坛·学术前沿, 2020(19):14–23.

份并加入粉丝群体后，他们最想做的就是向其他粉丝讲述自己成为粉丝的过程，反复强调自己的心得体会，好让炙热的情感得以发泄；而老粉通常会热情地回应新人，用独特的语言体系互相倾诉对偶像的感情，又与他们共享资源、"科普"偶像的过去。在这样的自我披露过程中，新粉丝会迅速融入群体且不必担心会被当作异类对待。无所顾忌的交流及群体内部获得的归属感让粉丝迫不及待地完成群体认同，在认可自己作为某位明星粉丝的同时，也认同自己是粉丝组织的一员。

粉丝群体的本质是在互动仪式中构建群体认同感，因热爱而聚集，以团体的形式抵抗圈层外部的认同压力，又在一次次的集体活动中固化群体认同，形成稳定的情感共同体。常见的互动仪式包括粉丝的认同话语和认同实践：前者指粉丝间通过特定沟通符号完成相互认可，这些符号筑成了粉丝亚文化的根基；后者是指以维系群体内部和谐、维持与偶像情感联结的日常活动。传统的社会互动认同往往有严格的时空限制，流传在群体间的传播符号也会随着参与者关注点和情感的迁移而逐渐消逝。但互联网的出现完美解决了这一问题。网络的开放性和可追溯性不仅完整地保存了圈层内的互动符号，防止出现"圈层文化断层"的危机，还大大丰富了互动的多样性。粉丝的认同实践活动由线下专属变为线下和线上双线并行、从精神参与转为精神与金钱共同参与，这种迁移和转变在提升粉丝参与感的同时，也增强了粉丝与艺人间、粉丝与粉丝间的情感联结和情感认同。

网络时代的一大特色就是人们先通过网络快速集结起来，又按照各自的兴趣属性投身不同圈层；为彰显群体独特的逻辑思维和文化氛围，各圈层内部又演化出个性化的话语符号。粉丝群体也是如此，其内部语言在不断实践中发展出有别于大众文化常用的语言体系，大量含有特殊意义的名词被创造出来，如"饭拍"指代粉丝拍摄的图片或视频，意在与媒体拍摄的资料做区分，同理还有"饭制"等词汇；"安静如鸡"，表示粉丝即使之前一直吵吵闹闹，但在不该出声的时候就会保持安静；"糊"，指过气的艺人，或是没有得到大众认可的艺人；"粉籍"，类比于户籍，指是否自认为粉丝并被圈层内的其他粉丝认可。此外，用首字母缩写指代相关词汇也是粉丝内部常用的表达，"xfxy"是"腥风血雨"；"zqsg"是"真情实感"；

"pb"是英文单词"photobook"，即写真相册的缩写。

以上认同话语体系是建立在将所有的名人粉丝群体视为整体的基础上，因所粉对象的不同，粉丝圈层会再次被划分为更小的亚圈层，各亚圈层内部又有各自的认同逻辑。特定的明星艺人在粉丝眼中是唯一的，这也决定了他/她的粉丝群体也需要具有唯一性，粉丝群体的花名能很好地体现这种唯一性。2005年超级女声选秀时，超女粉丝们便有了自己的花名，如李宇春的粉丝以"玉米"自居，而张靓颖的粉丝以"凉粉"自居等，这或许开创了内地粉丝文化中粉丝粉籍的先河。如今，每一个艺人的粉丝群体都会有属于自己的花名，艺人们在提及自己的粉丝时也多会用限定花名以示亲近。粉丝与艺人间的这种特定称呼既可以彰显二者之间的亲密关系，又能在一定程度上将粉丝群体隐于普罗大众之间，既体现了准社会交往的核心，又满足了粉丝亚文化的需求。除了名字符号，颜色也是粉丝常用的认同符号。早从日韩的偶像团体开始，粉丝以颜色应援就成为一种常态，比如，"早安少女组"的每一个成员都有自己专属的应援色，而日本偶像天团AKB48是以Team来分应援色的。深受日韩偶像文化的影响，我国的粉丝群体也开始刻意为自己的偶像寻找专属应援色，以便在活动现场能通过专属应援色来表明自己是特定艺人粉丝的身份，让人一看到颜色就知道是谁的粉丝前来助阵。无论是语言、颜色还是其他，粉丝群体内部的符号体系并不容易被普罗大众理解，而粉丝似乎也懒得与外人解释，因为这些语言体系本就是被创造出来仅供粉丝圈层内部使用的。粉丝亚文化的小众本质让粉丝更愿意使用这些独特的沟通方式以保持群体的隐秘性和团结性，免受主流文化的冲击和认同压力。从这种角度来看，粉丝的群体认同是一种以排他为核心的群体认同，其主要目的之一是把特定的粉丝群体与自身以外的一切群体区隔开，并保持内部的团结稳定。

当粉丝群体内部以独特的话语符号体系团结到一处后，粉丝便会开始以群体的名义实践他们对偶像的爱。参加线下活动、购买代言产品、在数据平台打榜……这些实践活动抹除了时空的隔阂，让粉丝群体自觉成为一个利益共同体，他们如同朝圣一般为自己的偶像助力，在增强与偶像的情感牵绊的同时也提高了群体归属感和认同感。尤其是当粉丝遇上"外敌"——即与自己的偶像存在利益冲突的艺人或其粉丝，实践活动便犹如一场小型的虚拟"战争"。为了保卫共同的偶像，粉丝们有的出钱、有的出力、有的出点子，集思广益、拼尽全力地"奋战"。有时，"战争"的初衷会被遗忘，而转化为一场情绪宣泄，不论结果如何粉丝们都会在整个过程中保持高度兴奋，与"并肩作战"的其他粉丝建立起"战友般的情谊"。从这个角度来说，与外部的冲突或许是提升粉丝群体内部凝聚力的最佳手段之一。但从长远的角度看，冲突并不利于粉丝个体与群体的发展，把由冲突带来的情绪视为团队凝聚的手段无疑会让整个群体被戾气包裹。而当青少年是这些粉丝群体的主力军时，这种以情绪主导的认同实践可能会对青少年和整个社会造成更深远的损害。过度沉浸在由粉丝"战争"而带来的"同仇敌忾"情绪中的青少年，容易抛弃主观理性的思考，把此后自己遇到的所有人和事都标签化，简单地认为只要与自己立场相同的就是好的，而与自己不同的则一律归为恶。在二元对立思想引导下，人与人之间的正常沟通受阻，社会风气也只会越发极端化。所以，对该部分粉丝群体，尤其是青少年粉丝的正确引导极为关键。

不过，也并非所有粉丝都会迎合这种情绪性主导的认同实践，一些粉丝会因为对粉丝群体的行为不满而改变他们身份认同，他们或许只愿意认同自己作为特定艺人粉丝的身份属性，而不再认为自己是粉丝群体的一员。更有些人会因粉丝群体的恶性行为而"脱粉"，不再喜欢曾经的偶像，甚至转为"黑粉"，将粉丝的不理智行为上升至偶像的不作为及偶像团队的失职之上。

崇拜的意义

身份认同解释了由受众变为粉丝的心理路径，现在让我们讨论一下追星的意义，以补全发生在粉丝与明星艺人之间的故事。

德裔美籍心理学家埃里克森（Erik Erikson）从社会学和发展心理学的角度出发，将人从出生的婴儿期到老年期分为八个阶段。在每一个阶段，个体都面临着重要的成长任务和成长挑战，而下一阶段的健康发展将建立在个体是否完成了前置成长任务和挑战之上。两个阶段之间的过渡期是回溯过往、思考未来发展方向的机会，如果个体能成功解决上一个阶段面临的挑战，就会在下一阶段中得到更积极的结果；相反，倘若个体未能顺利完成前一个阶段的挑战，则会对未来的心理健康埋下隐患，最终还是需要解决滞留问题才能顺利成长。不同生命阶段的自我身份认同议题又有不同的主题，也对应不同的危机，青春期时（13—19岁）个人主要的认同危机存在于自我认同和角色混淆中，成人早期（20—39岁）在于亲密关系的建构和孤独感之间，而成人中期（40—64岁）在于对他人的关怀和自我专注之间。在所有任务和危机中，自我身份认同的议题持续地徘徊在自青春期至成年期的各个阶段，个体需要在社会互动情景中识别和认可自我身份，一旦自我身份无法得到认同，认同危机随即出现，将导致巨大的负面结果。但认同主题又与粉丝的追星行为有何关联呢？

青春期连接着一个人的少年期与成年期，是人生最重要的过渡期。身处青春期的少年们将面对身体、认知、心理发展和社会适应等方面的巨大的挑战。在与他人的社会互动中，青少年们逐渐有了自我意识，也认识到自己在不同的社会场景中会有不同的身份呈现——他们可以是家长的好儿女，是成绩拔尖的好学生，但在平辈的交往中或许又会表现得张扬跋扈。由此，身份认同的矛盾感出现了。他们一方面渴望融入集体，另一方面又害怕被同化；一方面想要寻找合适的行为参照，另一方面又不甘于被迫接受权威角色为他们安排的人生；一方面想要挑战权威，另一方面却又极度渴望得到长辈的认同……这些看似矛盾却又并不矛盾的心态让青少年群体无所适从，急需找到一个合适的引导者把他们从自我矛盾中解救出来。此时，把在公众面前形象良好的明星艺人当作引导者，或许就成为一个不错的选择，尤其如今的文娱产业百花齐放，能为困惑的少男少女们提供各式各样风格迥异的偶像人选。对青少年而言，追星不仅可以缓解个人身份认同伴随的焦虑，也能缓和他们在群体认同中产生的茫然和困惑。青少年阶段的群体身份，如性别、家庭、学校班级等都是被赋予的、而非自主选择的结果，也不能擅自改变，可从心理学角度来看，对自主性的追求是青少年阶段最重要的心理诉求之一，此时，因自我选择而触发的粉丝群体认同能积极满足青少年对自主权的渴望，给他们带来了极大的满足感。

在成年早期，个体已经能在多重身份之间轻松切换，以便更好地适应不同场景下的社会生活，于是对亲密关系的渴求便成为人生的一大主题。对于自主性较强的成年人来说，如果没有适合的契机或是身边并没有合适人选，把明星艺人假想为亲密的另一半以对抗孤独感似乎也不错。虽然与偶像的准社会交往并不能取代真实的、现实世界的社会交往，但这种虚拟关系大都只是一种替代性的过渡，粉丝并不会永远沉溺其中。在过去对粉丝行为的观察中发现，一些人因在亲密关系中曾受到伤害而畏惧与现实中的人交往过密，在这种情况下，只能遥望的偶像反而能给他们莫大的鼓励和勇气，让他们克服与人交往的恐惧，为未来能更好地应对社交关系做准备。即使没有需要修补的情感经历，对于忙碌的都市人而言，偶像的存在也是一种强大的精神安慰。与现实社交不同，粉丝不需要花费太多的时间和精力即可与完美的形象维持住一段假想的亲密关系——并不真实却聊胜于无，足够填补他们的亲密诉求。当然，并不是所有的粉丝都将偶像视为亲密伴侣，如亲如友的关系也能满足这一阶段的心理需求。此外，粉丝群体内部的归属感和情感交流所带来的积极意义也能在很大程度上解决孤独与亲密之间的矛盾。抱团的粉丝可以借助社交软件随时随地互通有无，同城的粉丝更会有不定期的线下聚会活动，即使对偶像的爱意随时间减淡，也会因为与其他粉丝的友情而选择继续留在群体中。

到了成年中期，个体大多已经解决了亲密与孤独感之间的矛盾，他们或许已经学会了与孤独共处，或许已经建立了稳定的亲密关系，组建了自己的家庭或加入社会组织。回首半生，在权衡曾经作出的牺牲与收获的成果的同时，也开始思考今后的人生目标。此时，是继续为家庭或集体的整体利益而牺牲自己，还是转而专注个人需求就成了重要议题。虽然在大众眼中追星是年幼时不理智的行为，理应随着年纪的增长而消失，但放眼世界，高龄粉丝人群并不算很少。究其原因，大抵还是因为人到中年便会想要在合理范围内任性一把，提升对自身情感和精神需求的关注而不是一味地勇往直前，沉浸在周而复始的生活、工作中。变成某位明星艺人或是影视作品的粉丝，能让年长粉丝从工作生活的疲惫中抽离出来，尽情地享受当下。在追星过程中，他们也会有意愿结识志同道合的新伙伴，成为粉丝群体的一员，完成群体认同，再次感受年轻的激情与放肆。有不少年长粉丝会邀请现实的朋友一起追星，也有一些人受身边好友的影响而成为新晋粉丝，借助追星的名义与旧友们建立新的情感联结。一些针对西方人群的研究发现，许多全职母亲在孩子成年后会聚在一起追剧、追星，或是讨论娱乐圈的八卦新闻，这样的行为让她们回忆起了学生时期对一切都还充满兴趣的生活状态，在因此感到兴奋不已的同时，也对未来生活更有信心。

你是什么粉

不同的崇拜意义促成了不同的粉丝类型，这也让整个粉丝圈层显得格外丰富热闹。比如有单纯被颜值吸引的，有投射自我价值或情感的……在此，让我们小做介绍，看看最常见的粉丝类型有哪些。

如果按照专一的程度来说，粉丝群体可以分为路人粉、墙头粉和真爱粉。路人粉代表了那些对某位艺人心存好感，却对其没有更深入了解、也未完成粉丝心理认同的过客，此时如果有足够的外部或内部刺激，他们极有可能完成心理认同转为真正的粉丝。墙头粉即是墙头草，墙头粉也就是左右摇摆不定的粉丝。他们对艺人有真情实感的热爱，也有可能完成了心理认同，认可自己粉丝的身份，但忠诚度不高，有很大概率同时认同多个偶像，即有多个墙头。只要这些艺人们仍能满足他们的情感、价值、审美等需求，他们仍会自认粉丝，不会彻底离开。可如果发生偶像失格事件，或是偶像未有足够的曝光度留住他们，他们就会毫不犹豫地奔向其他墙头，在别的艺人那里实现自我满足。真爱粉与墙头粉相反，他们对特定艺人的忠诚度极高，只认同心中的唯一。

如果按照情感类型分，粉丝群体大致可划分为颜粉、亲友粉、事业粉、CP粉等。颜粉，即是那些单纯因为明星艺人的外貌、形象符合自己审美而成为粉丝的群体，他们未必与艺人有深刻的情感联结，更谈不上在艺人身上实现自我价值投射。或者说，外貌形象才是他们的唯一认可，在多个符合自己审美的艺人之间反复"爬墙"才是他们追星的真谛。亲友粉，顾名思义即是把偶像视为自己的亲人朋友。这些粉丝不仅认为自己与偶像之间存在深厚的情感联结，更在偶像身上完成了移情和补偿的情感投射，称呼偶像为哥哥、弟弟、姐姐、妹妹，或者男朋友和女朋友，也有部分粉丝认为偶像是自己的亲儿子、亲女儿，把自己当作偶像的家长。需要指出的是，粉丝的这种自我身份塑造与自身的年龄和性别无关，再年幼的粉丝也可能自比为偶像的妈妈（包括男妈妈）或爸爸（包括女爸爸）。事业粉，指专注于偶像事业的粉丝。他们与偶像之间除了情感上的联结，还存在很深的自我价值投射，所以希望偶像能在事业上继续精进，以满足他们的需求。

　　CP粉是粉丝类型中非常独特的一类。CP是英文单词"coupling"的缩写，而CP粉的意思便是幻想自己的偶像和另一位明星艺人是情侣关系。被认为是couple的艺人之间的互动被称为"搞CP"，而粉丝的行为被称为"嗑CP"。CP粉的幻想很多时候是基于偶像的影视作品，比如偶像与其他艺人合作拍摄的影视剧中有亲密互动，粉丝便会把对剧中角色间情感互动的喜爱延伸至现实中，幻想他们在现实中也是恩爱的一对。除了影视作品的延伸，偶像团体也是CP粉的孵化地。如果粉丝喜欢的明星艺人是某个偶像团队的一员，他/她又可能化身为某两个成员的CP粉，认为他们之间的感情超出了团队成员间的普通情谊。偶像团队的粉丝群体也由此可分出团粉、偏爱某成员的粉、唯粉、毒唯，以及不同组合的CP粉等。[1]举例来说，由王源、王俊凯和易烊千玺三人组成的偶像团体TFBOYS的粉丝就可分为七家之多，即团粉（同时喜欢三个人）、凯唯（只喜欢王俊凯）、源唯（只喜欢王源）、千唯（只喜欢易烊千玺）、凯源唯（喜欢王俊凯和王源的CP粉）、千凯千（喜欢易烊千玺和王俊凯的CP粉）和千源粉（喜欢易烊千玺和王源的CP粉）。而凯源CP粉，

1　团粉：即喜欢所有成员的粉丝；偏爱粉：喜欢偶像团体中的每一位成员，但也有更偏爱的一个；唯粉：只喜欢团队中某一成员的粉丝，但对其他成员并无不满；毒唯：与唯粉相似，只喜欢团队中的一个成员，但不同的是，毒唯为了维护自己喜欢的成员，会对其他成员抱有极大恶意。

也称KYO，又可继续细分出不同的"派系"，如"鹰派KYO"是只喜欢王俊凯和王源的CP粉，但如果二人分开则不会喜欢其中的任何一个。虽然CP粉所幻想的"couple"是不分性别的，但最常见的其实是同性组成的couple。大多数情况下，CP粉"嗑"的只是艺人间活力四射、妙趣横生的互动方式，明白当事艺人在真实场景中只是好友或合作伙伴的关系。不过，也有部分不能分清现实与虚构的CP粉，坚信自己"嗑"的CP在现实中是真心相爱，只是迫于世俗压力而不敢公开，这类粉丝属于真人CP粉，即Real Person Slash（RPS）。由于他们总是一厢情愿地脑补，所做行为时常给当事艺人带来不小的负面影响，即使在粉丝群体内部，RPS也是极不受待见的一个分支。

如果按照粉丝的职能来分，粉丝群体又大致可划分为数据粉、氪金粉、产粮粉、战斗粉、反黑粉等，这些职能型粉丝的共同目的就是为了偶像应援。这一部分会在后续章节详述。

第二部分

消费馅饼中的粉丝经济

首先，让我们了解一下粉丝消费的现状。2018 年时，《维度》联名腾讯理财针对我国的粉丝群体做了一次问卷调查 [1]，结果显示粉丝群体整体呈年轻化趋势：90 后的受访者中自认为是粉丝的不足三成，95 后受访者中有超过半数人认同自己是艺人粉丝的身份，而在 00 后中这一比例高达七成。调查同时发现，不同年龄段人群追捧的明星艺人的类型并不相同：在 70 后、80 后和 85 后的人群中，影视演员的粉丝高达六成，但 90 后人群中这一比例不足半数，而 00 后中只有一成；与之不同的是，70 后、80 后受访者中自认是偶像团体粉丝的人低于两成，85 后、90 后中不足三成，95 后中这一比例超过半数，而在 00 后的受访者中有超过六成自认是偶像团体的粉丝。性别对关注对象的类型也有影响。虽然在受访者中，自认为是影视演员、乐队歌手以及偶像团体粉丝的群体中没有体现出明显的性别差异，但是男性受访者中喜欢网红、主播和体育明星的粉丝明显多于女性群体。该调查中关于粉丝消费的结果显示，有近七成的粉丝有曾为偶像消费的经历。令人震惊的是，00 后粉丝群体中每月追星花费超过 5000 元的高达近两成，远高于其他年龄段的人群。粉丝的消费方式呈多元化发展趋势：在各项消费类型中，占比最多是演唱会或见面会门票、周边或代言产品、打榜、投票等方面，且有近三成的粉丝表示自己曾付费为偶像打榜和投票。当被问及为何购买偶像代言的产品时，绝大多数的粉丝表示是出于对偶像的喜爱，也有近三成的粉丝表示是因为恰好有相关需求，只是在众多品牌中优先选择偶像代言的产品。

总的来说，我国现阶段的粉丝群体呈整体低龄化趋势，且消费以年轻群体为主。与此同时，粉丝消费的类型已不再局限于传统的、实体的、以代言或周边产品为代表的物品消

1　[维度]追星族消费调查：近 7 成粉丝曾为偶像花钱，60 后最"壕"、80 后最"抠"，https://m.sohu.com/a/284653199_599520.

费，非物品类消费或称为精神类消费已演化为粉丝消费的一大方向，面向网络化的粉丝经济已然成形。《2021年中国粉丝经济市场发展规模现状及未来前景分析报告》称，此时的粉丝经济，泛指架构在粉丝和被关注者关系之上的经营性创收行为，是一种以提升用户黏性为核心，以口碑营销为辅助的商业运作模式。在传统的以明星艺人为主体的经济体系中，注意力的稀缺性导致其成为商家争夺的重点，而社会影响力更强的艺人因能吸引更多的注意力也成为商业资本的核心助力。换言之，人们的注意力和艺人的社会影响力是决定市场消费能力的两大因素。通常来说，艺人吸引注意力的方式是通过作品内容，而注意力的来源则是普罗大众。依托于互联网消费生态的改变，以及文化资本和商业资本的刻意推动，粉丝经济中的偶像经济分支逐渐壮大，发展成了从偶像制造、艺人经营到周边衍生产品开发的完整产业链。在这个产业链中，明星偶像是核心产品，艺人团队和各类资本是神秘幕后，粉丝情绪是核心动因。商业资本重流量、轻质量，将流量视为变现的最大依仗，利用粉丝对艺人的情感联结，将他们裹挟到这场资本争夺战中。

第六章 文化消费的粉丝：流量变现的推动者

近年来，随着人民生活水平的大幅度提高，消费观念、消费方式和消费水平都在悄然变化，人们的爱好也越来越广泛和猎奇，一些特殊的小众文化圈层，如流行文化圈层，逐渐有了融入主流文化的苗头。从消费者的角度来看，单纯的物质消费已无法满足富足的大多数，追求精神上的满足感逐渐成为消费的主流；从商业资本的角度来看，现代社会对个性化的极大需求已是不争的事实，只有从同质化的漩涡中脱颖而出，才能破局而出、牢牢抓住用户。在此基础上，一些原本小众的文化圈层的商业价值越发显现，包括粉丝经济在内的新兴行业得以发展，并迅速占据了大量市场资源。不过，要真正理解粉丝经济兴起的原因及发展动态，因为消费多元化的趋势只是表象，用户需求、媒介发展等因素或许扮演着更为重要的角色。

第一节 文化的消费

从社会发展趋势来看，我们正身处一个文化消费的时代，而粉丝消费的本质也可视为一种文化消费。现在，让我们先看一看文化消费的整体特征。

多元化的消费时代

虽然由于特殊历史原因，我国的市场化经济起步较晚，但 20 世纪 80 年代以来社会经济突飞猛进，国民财富和资本积累也步入加速期，人们的生活水平显著提升，与之相匹配的表现就是人们消费意愿和消费水平的大幅度上涨——大众消费的时代到来了。每逢节假日，购物成了大家避不开的话题，七夕要买花、过年要置办年货。除了传统节日，西方节日也在我国的年轻群体中流行起来，商家为了迎合年轻人爱凑热闹的心态，把消费主义完美融入了节日的氛围中。随着电商时代的到来，"节日"甚至可以被凭空打造，而其全部意义就是刺激消费。每年的 11 月 11 日，从大众戏谑的"单身节"变成了我国极具标志性的网络购物节，国民参与度堪比美国感恩节后打折狂潮"黑色星期五"（Black Friday）。但"双 11"只是人造"购物节"的开端，错过了"双 11"还有"双 12"，没赶上"双 12"还有元旦打折季，"6·18 购物节"和淘宝造物节等也紧随其后……所有的节日都变成了消费的理由，如果没有节日那就创造出节日来刺激消费，而所有的消费又都被披上了文化的外衣，可只有"买买买"才是真正永恒的主题。

虽然消费主义如今大行其道，但从社会发展角度来看，消费行为并非一直是社会主题，而是经历了从被抵制到被鼓励的过程。消费行为在过去是不被鼓励的。这是因为相对生产类型的行为而言，如工作、创作等，消费显得极不重要。尤其在物资匮乏的年代，温饱尚且不足，谈何消费？所以消费一度是浪费和堕落的象征。但人类社会的全面发展使得消费行为被广泛接纳并呈逐渐升级的趋势，消费的品类也从物质消费到精神产品消费和社会关系的消费，从生存性消费到发展性消费和享受性消费。

从供求关系的变化来看，我国的消费社会大致可分为几个阶段。第一阶段是物资短缺的消费时代，此时的消费市场是卖方的市场，人们凭票购买物资，消费趋于同质化和均质化。第二阶段是物资充沛的竞争时代，社会生产能力的大幅度提升让消费市场成为买方的市场，消费者在满足基本生存需求的同时也开始注重其他方面的消费，商家需要通过竞争才能获取优势，占据更大的市场份额。第三阶段是个性化的消费时代，此时大部分的消费者已不再单纯地满足于物质层面的富足，转而追求精神层面的满足，整体市场出现消费升级的趋势，娱乐性和猎奇性的消费比例大幅度上升，传统的营销方式已无法刺激消费，只有风格化、定制化的消费服务才能为商家争取一席之地。由于我国不同地区和不同年龄阶层的消费者在经济实力及生活习惯方面存在较大差异，整体消费市场又呈现出多种消费模式共存的多元化消费状态。一部分人群更在意自身的物质需求，在消费时追求绝对的性价比；另一部分人群更在意个性化的精神追求，希望通过消费来宣告自己在精神层面的与众不同；还有部分人群很关心社会整体发展，希望积极推动理性消费和环保消费。总的来说，我们的社会正处在一个整体消费升级、各社会群体又有不同消费表达的多元化消费时代。[1]

在青年一代中，个性化消费和认同式消费占据主流。一方面，越来越多的年轻人开始追求风格化、定制化的消费服务，以彰显自己的个性；但另一方面，他们又渴望通过消费的方式来表达自己与某一社会群体之间的同一性或差异性，促进群体认同感的形成。

消费的差异需求和认同需求

英国社会学家齐格蒙特·鲍曼（Zygmunt Bauman）认为现代社会可分为"生产社会"和"消费社会"两个阶段，[2] 生产和消费在这两个阶段中均有出现，阶段间的转换不是极端地去消费化或去生产化，而是社会重点的倾斜。生产社会更注重生产，不鼓励消费但允许必需的消费；消费社会鼓励消费，社会发展伴生消费水平升级，但也需要大力发展生产以满足人们日益增长的消费需求。如果说在生产社会中，

1　李佳楠，刘春林.新生代社会责任观：消费行为的代际差异研究 [J].科研管理，2018,39(7):106－113.夏丹.代际差异下的消费价值观多元化刍议 [J].商业经济研究，2017(16):34－36.梁冬梅，黄也平.商品符号传播：从"任意"走向"贴近"——消费符号指代与消费者关系的历史转型现象分析 [J].华夏文化论坛，2020(1):260－269.

2　齐格蒙特·鲍曼.全球化——人类的后果 [M].郭国良，徐建华，译.上海：商务印书馆，2001.

人们的消费需求停留在对物品性能和实用性的重视上，那么消费社会中物品的功能价值只是最基础的议题，极端时甚至可以完全忽略，人们更在意的是附加在物品之上的心理情绪，以及社会文化意义。这意味着，当社会从生产社会过渡到消费社会，人们的消费状态便从对物品功能性的消费进入对物品符号意义的消费，而我们也需要重新审视物品与自身的关系。

法国哲学家让·鲍德里亚（Jean Baudrillard）认为消费社会的一大特点就是物品与社会的认知体系的相关性。[1] 在消费社会，仅为物品的使用价值而付费是少数的，依附于物品之上的社会符号价值，如地位、品位、纪念价值等，才是大多数人的追求。以此推测，当物品作为商品出现在消费市场时，必须先转化为符号才有被消费的价值。而物品被转化为符号后，便超脱它作为"物"的本质，更多被用于暗示其拥有者的经济水平和社会关系。

举例来说，如果仅从使用价值考虑，人们在选择手包时更应在意的是它的容量大小和质量好坏，稍微讲究一些的人也可从美观的角度对手提包的外形、颜色等做一番考量。但在消费主义逻辑的操控下，手包的真正意义不在它的功能性上，而在它所揭示的拥有者的经济地位上。耐磨实用、价廉物美的无牌包包从消费主义的角度评价是永远无法与路易威登或爱马仕等相提并论的，因为前者只体现了包的功能价值，可后者能炫耀购买者不同于常人的身份和地位。这种炫耀式的消费必然伴随着金钱的浪费，但远超功能价值的价格不会被解读为堕落和浪费，而是体现了购买者超过一般人的消费能力，以及与之相对应的经济实力和社会地位。所以，人们看似在买包，实则也是通过买包的行为来获取优越感，展示自己与别人的差异性。在此种逻辑下，消费的意义不仅仅在于它能满足人的需求，更在于它能体现不同社会群体间在经济资本上的差异性，是一种社会区隔的标记。

大多数情况下，由消费带来的社会区隔又常与知识、技能、品位等文化资本相连。身处不同社会群体的人常表现出不同的文化特征，而商品如果想在特定的

1　让·鲍德里亚. 消费社会 [M]. 刘成富，全志钢，译. 南京：南京大学出版社，2001.李娟.鲍德里亚消费社会媒介批判理论的反思.[J].江淮论坛，2013(2):142−145.

社会分层中被消费，就需被赋予不同的符号意义来顺应这些文化特征。让我们再以手提包为例，作为商品的手包的符号意义可以是它的功能性，也可以是它的差异性，还可以是它的文化性。随着社会文化的快速进步，单纯建立在金钱歧视链上的炫耀消费显得单调无趣，"壕"与"豪"是差之毫厘谬以千里的两个群体。此时，赋予商品以内涵底蕴，将炫耀式消费上升为品位的追求就是消费主义的新手段。商家开始重视品牌的文化性，以设计思路、设计理念、品牌故事和品牌文化等元素吸引消费者。审美品位的极致化结果就是让物品彻底脱离常规讨论的范畴，转而成了观赏品、收藏品和艺术品，被用来体现拥有者与众不同的文化和经济地位，所带来的满足感、优越感及与他人的差异感也更强烈。以酒为例，对普通人来说，它是饮品，是调味，口感最为重要；对小资来说，它是身份，是品位，品牌和仪式感最为重要；但对一些特定人群来说，酒是收藏，是身价，是文化，越久越醇。值得一提的是，如果人们想要通过消费的方式，在特定场域内暗示自身的差异性和文化性，就需要确保物品被附加的符号意义已经得到该场域中大多数人的认同。举例来说，手持"神兵利器"的游戏玩家只能在玩家群体中炫耀自己的收获，却不能期待非玩家的大众群体对此持有积极评价。

总结起来，正如法国社会学家皮埃尔·布尔迪厄（Pierre Bourdieu）所说，人的消费行为与文化场域息息相关，而文化资本的消费既能被视为是一种社会区隔的实践，也能实现社会阶层间的流动。换句话说，有的时候，消费是一种差异性的体现；而有的时候，消费是为了寻求认同感。

消费的自我实现需求

文化消费的示同和示异引申出消费行为的另一个特征，即自我实现的达成。由于大部分因文化消费导致的社会区隔是受相应的社会群体认可的，因此消费社会中出现了一个极有意思的现象，即人们会刻意模仿他者的消费行为以突破自身的社会区隔，暗示自己已从原有的社会阶层"迁徙"至自己向往的阶层，并通过这样的方式获得精神上的满足感，达成自我实现的需求。

马斯洛的需求层次理论认为人的欲望如同金字塔，包括生理需求、安全需求、爱和归属的需求、尊严的需求及自我实现的需求五层。在实现较低层次需求之后，人们会自发追寻更高层次的满足。当温饱都不能满足时，食物和水就是唯一的渴望。当果腹不再艰难，安全的居住地和稳定的生活状态就成了最大的追求。当生存不再是难题时，需求就从生理导向转为了心理导向，想要与他人沟通交往以排解孤独与空虚。当不再孤独后，人们就渴望得到认同和尊重，但成就、名望和社会地位等在满足尊严需求的同时，也让囿于其中的人变得贪慕虚荣、急功近利。自我实现作为最高层次的需求，只在前四种需求都已被满足时才会出现。此时，人们更在意的是自我潜力和人生境界的提升，是自己作为个体能为这个世界带来的价值。

当我们用需求层次理论的核心理解消费主义时，消费符号的现实意义及为何文化消费可以实现阶层"迁徙"就不难理解了。消费者愿意支付的价格代表了消费者获得的满意度。同样是购买手包，处于较低需求层次的人实现的是生理、安全方面的需求，而处在较高需求层次的人实际上是试图通过购买奢侈品品牌的手包的行为来体现自己消费水平的升级，并暗示自己在经济实力、社会地位和审美水平方面的提升。此时，手包的实用性、差异性和文化性都暂可抛在一旁，它带来的阶层"迁徙"和由之带来的阶层归属感和精神满足感才是真正重要的符号意义。[1]

第二节　粉丝的消费

现在，让我们在理解符号意义和消费需求的基础上讨论文化消费在粉丝经济这个特殊语境中是如何表现的。

注意力和影响力的消费

稀缺性是残酷社会的冰山一角，人们大部分的生产和经济行为都是建立在对

1　杨玲.西方消费理论视野中的粉丝文化研究[J].长江学术,2011(1):29-38.

稀缺资源的追逐之上。传统经济中稀缺物品的代表是土地、矿产、设备等实物资源，如今身处信息社会，注意力变成了稀缺资源。如何吸引潜在用户的注意力、如何精准推送商业信息、如何培养消费习惯成为新型经济模式的核心，而这种以经营注意力来谋利的经济手段就是注意力经济。[1]

个人的注意力具有有限性、不可复制性和转移性等特点。受时间和精力限制，人们通常会忽视可有可无的人和事物，只关注自己感兴趣的、有情感基础的对象。这种注意力的倾注只能反映个体当下的关注状态，个体注意力会随着兴趣和情感的改变而改变，或是从一个内容转移至与之相关的另一个内容上，如联想搜索，又或从表层内容转移至内容背后传达的意义上，如深入探索。从群体层面来看，注意力还具有可传递性的特点，专属于个人的情感和兴趣可以通过人际交往而传播扩散。当人们认为身边的大多数都在关注某件事物时，便会不由自主地跟着关注。各大平台的热搜榜单就是很好的范例，部分用户感兴趣的信息被平台定义为热门话题后，就会迅速席卷全网，传播至每个用户。从商业角度来看，只要善加利用注意力的特性，就能带来巨大的经济效益。当个人传达的注意力内容中包含了商业信息，这些信息就可以由点传播至面、从个人传播至群体，在互联网的助力下，每个人都能成为传播的点，由注意力传播激发的经济效益自然能达到惊人的量级。

主动吸引用户注意力的方式有很多，借题发挥、借事造势、炒作、蹭热点等都是经典的商业手段。汶川地震时，加多宝集团紧急就近调集数千箱凉茶和矿泉水送往灾区，为当地群众提供补给，随后又捐款1亿人民币帮助灾后复建。"封杀加多宝"，即买到断货，一度成为流行口号。[2]相比恶意炒作，公益宣传无疑是注意力经济思维下的最佳方案。除了正能量带来的注意力，自黑也能为品牌方吸引到潜在用户的关注——毕竟黑红也是红。在自黑领域做得非常成功的就是崂山白

1　陆军.中国传媒的注意力经济与影响力经济 [J].求索,2006(10):184-186. 魏鹏举.从"饭圈"文化看创造力经济的未来 [J].人民论坛·学术前沿，2020(19):24-32.

2　再捐1亿元，加多宝成为雅安地震首个捐款过亿的企业，https://news.qq.com/a/20130426/000589.htm.

花蛇草水和鲱鱼罐头，前者靠难喝出圈，后者靠难闻出名，消费者前赴后继地为猎奇心买单，品牌方自然不愁销售量。

如果说注意力经济的核心是抓取用户短时间内的注意力并用于商业变现，那么建立在注意力经济之上的影响力经济就是以培养用户的消费习惯为奋斗目标了。吸引受众注意只是起点，通过自身影响力调节受众对特定产品/品牌的认知、态度和情感，最终改变受众的消费习惯才是影响力经济的核心。品牌营销、IP战略都是影响力经济的具体应用，近年来流行的盲盒文化也是很好的例子。盲盒以"盲选"为卖点吸引潜在消费者购买产品，以此来测试自己是"欧皇"还是"非酋"。但满足消费者的"赌徒"心态只是第一步，推出自己的IP产品，或与其他IP联动出新，把消费者对其他IP的注意力迁徙至自身，让消费者不断上头、不断购买试手气、形成消费习惯才是最终目的。

当其他商业品牌还在挖空心思地吸引注意力、培养消费习惯，以艺人为核心的粉丝经济早已一骑绝尘地把消费者心理操控得炉火纯青。各大商业资本依靠艺人自带的影响力吸引粉丝的注意力，再把粉丝的注意力引导至自身商品上，轻而易举地培养了粉丝的消费习惯，把他们规训成完美的消费者。

完美的消费者

人类的消费行为通常伴随着需求的满足。在进入消费社会后，这种需求便不只体现在单纯的物质需求上，更体现在精神层面的满足上。在消费满足需求的假想之上，一些西方学者又提出了消费理性的概念，认为现代消费社会的一大进步就是人们从懵懂的消费状态进入理性的消费状态，能明确自己的需求并清楚如何通过合理的消费行为追求和实现自己的需求。当社会风气将消费行为视为社会区隔的手段时，消费者就会通过炫耀式的购买来彰显自己的社会地位与经济实力，甚至不惜超前消费、过度消费，强行攀比以满足虚荣心，人前光鲜，人后却成了还卡债的奴隶；而随着社会文明的进步，狂热的消费情绪逐渐冷静下来，简约化和去品牌化的理性消费逐渐取代了炫耀式的消费。在理性的消费市场环境下，为了吸引更多潜在消费者的注意力、培养他们符合自身利益的消费习惯，商家需要花费大量的时间和精力提升品牌竞争力，如加强产品质量、完善售后服务、促进市场推广、树立品牌形象。即使作为炫耀性消费引领者的奢侈品牌，也大都经历近百年或数百年的耐心经营，才让自己成为被大众认可的特权商品。

　　然而，在以粉丝群体为潜在消费对象的商业活动中，经年累月的努力却不是制胜法宝。粉丝是极特殊的消费者，他们虽然消费，但动机却不与产品或品牌挂钩，而是建立在自身与艺人的情感联结上；在理解商品的价值和使用价值时，也要融入对偶像的爱慕才完整。种种特质让他们的消费行为既可预测又可引导，是商家眼中完美的消费者。[1]当品牌邀请特定艺人成为代言人或合作伙伴时，便已将他/她的粉丝群体定位成最有利可图的潜在消费者。只要品牌能投粉丝所好地策划营销活动，让粉丝有机会亲近自己的偶像，满足粉丝对偶像的情感依赖与期待，粉丝自然会回馈以"忠诚"。而粉丝完美的"忠诚"会转化为非理性消费和过度消费。只要品牌善用粉丝对偶像的诉求，便能以谋福利之名，行"割韭菜"之实，最常见的粉丝福利包括播放艺人的最新视频、赠送艺人签名照或是举办线下见面会等。要解锁福利，粉丝就需要先跨过品牌设置的门槛，或是达成指定消费额，或是完成预期的传播效果，而为了快速解锁，粉丝就需要花费大量时间和精力投身其中。有时，品牌还会伙同艺人团队，营造一种艺人正身处商业竞争危机中的错觉，以此唤起粉丝的保护欲，而缓解危机的方式自然是买买买。在品牌的精心谋划下，粉丝便如同被拿捏了"命脉"一般盲目消费、疯狂购买，理智荡然无存。

　　互联网时代针对粉丝心理的营销手段不可谓不多。除了单刀直入的购买行为之外，点赞广告内容、观看广告视频、分享购买链接等都被用来检测粉丝的黏性和消费力。2018 年，《梦幻西游》手游官宣张艺兴成为游戏代言人并特地为张艺兴开设了新的服务器，取名为"梦不落雨林"，与张艺兴的最新专辑同名。手游官方

1　林品. "有爱"的经济学——御宅族的趣缘社交与社群生产力[J]. 中国图书评论,2015(11):7–12. 金雪涛. 消费者学习机制与"饭圈"文化的利弊[J]. 人民论坛·学术前沿, 2020(19):46–51. 刘伟、王新新. 粉丝作为超常消费者的消费行为、社群文化与心理特征研究前沿探析[J]. 外国经济与管理，2011,33(7):41–48, 65.

同时宣布了粉丝独享的应援活动。活动期间，粉丝只要在"梦不落雨林"服务器建号并完成一系列任务，如提升角色等级、分享活动页面至其他社交平台、在游戏内购买粉丝福利礼包等，就能获得不同数量的"绵阳积分"，而当全服的绵阳积分累积达到相应数值时，手游官方就会解锁专享福利：500万积分，解锁张艺兴的同款短衫及照片；1500万积分，解锁张艺兴亲自为游戏设计的坐骑；2000万积分，解锁张艺兴微博开屏；3000万积分，为张艺兴点亮户外大屏。这些任务被巧妙地设置成从易到难、从免费到付费的递进，对应的福利渐渐从与游戏相关迁徙至艺人本人，一步一步地诱导粉丝沉浸其中。在完成前置免费任务后，沉没成本和未解锁福利带来的刺激感让粉丝的投入逐渐加码，开始愿意付费，甚至大量付费。3000万积分的小目标很快达成，《梦幻西游》手游也如约为张艺兴在上海的花旗银行大厦和震旦大厦户外的LED大屏投放广告。[1]

除了定制粉丝专属福利，明星直播带货是另一个优秀案例。[2] 2016年6月，歌手林依轮与优酷视频平台合作，在美食节目《创食计》中为自己的品牌"饭爷"辣酱做推广。短短两个小时的直播吸引了650余万人次围观，累计播放量达711万，直播期间淘宝店铺的销售额破百万，12小时后暴增至300万，打破多项优酷首播纪录和淘宝直播的纪录，[3] 让大众第一次切实感受到了明星亲自出场带货的实力，也开启了明星直播时代。2020年3月，欧阳娜娜以"造型合伙人"的身份入职阿里旗下的淘宝新势力，取花名为"娜比"，成为阿里史上最年轻的P8级员工。[4] 同年5月，演员刘涛受聚划算邀请，化名"刘一刀"直播带货。[5] 刘涛也没有辜负阿里的

1　霸屏外滩．《梦幻西游》手游代言人张艺兴终极应援福利解锁，https://my.163.com/news/news/20181121/16741_786140.html.

2　刘国强．网络直播中的粉丝群体：在参与式文化与消费文化批判的张力下[J]．青年记者，2020(28)：49-51. DOI:10.15997/j.cnki.qnjz.2020.28.019.

3　直播史上首次三大平台合作，627万人与[饭爷]林依轮约饭，https://money.163.com/16/0629/17/BQOCB2U900253B0H.html.

4　欧阳娜娜入职淘宝　明星排队来淘宝直播，https://new.qq.com/omn/20200323/20200323A0H4G200.html?pc.

5　刘涛入职阿里，阿里巴巴注册"刘一刀"商标，https://new.qq.com/omn/20210220/20210220A01N6A00.html.

期望，在她的直播首秀中，3 小时的交易总额破 1.48 亿，比之李佳琦等专职直播的带货达人也并不逊色。另一种常见的艺人商业活动并不依托电商平台，而是与头部主播或职业主播一起，为自己代言的品牌宣传造势，以直播的方式直接与粉丝沟通。一方面，艺人与网红主播强强联手的组合能大幅提升观看人次，除了长期关注网红主播的观众之外，艺人的狂热粉丝也会到场助阵，为品牌带来极其可观的销售量；另一方面，专业主播能有效主导流程，把握直播气氛，缓解艺人直播时的生涩感，循循善诱地引导艺人与粉丝互动、发福利，满足粉丝的期待，最终提升销量。

总体来看，调动粉丝群体的消费意愿、培养消费习惯远比改变一般消费者容易，只要稍加引导便能让他们沉浸于攀比和炫耀的旋涡中，成为完美的消费群体。[1] 在众多不同类别的粉丝群体中，以选秀爱豆为核心的秀粉群体是最符合商家心意的。选秀节目的赛制决定了偶像艺人的出道必然伴随着"腥风血雨"般的资源争夺战，选秀粉丝从"出生"起便习惯把其他艺人及其粉丝视为资源争夺的假想敌，知道如何利用消费为自己的偶像换取更多资源。随着秀粉圈层消费逻辑的不断扩张，所有粉丝圈层渐渐被同化，"非我族类"都被归为假想敌。一时间攀比炫耀之心泛滥，消费的认同和区隔作用显现，不同群体各自为营、相互抵制，同一圈层内抱团奋斗，誓与其他群体一较高低。

流量和消费

说到网络时代的粉丝经济，有些概念就不得不提，一是流量数据，二是变现，三是情绪消费。

什么是流量？"流量"并非互联网时代的原生词，而是从物理学借鉴过来的词汇，在影响力经济的视角中，流量被赋予了新含义，并不指单个指标，而是一系列指标的整合，代表网络平台或个人的网络影响力。举例来说，微博的每日流量

1　杨玲. 粉丝经济的三重面相 [J]. 中国青年研究，2015(11):12-16. 林品."互联网+"时代的媒介融合对于文化消费者的赋权与形塑 .[J].上海艺术评论，2019(1):103-105.

可以通过每日访问微博的用户数量、访问总时长等数据体现；微博用户的流量包括他/她的粉丝总量、每日新增粉丝数、每日微博主页访问量、单条微博阅读量、粉丝的互动量等可量化指标，综合体现了他/她在微博平台上的影响力。对决策者而言，流量是重要的统计指标，能帮助制订未来的商业计划：流量越大，影响力越大，越有可能变现成功。

流量变现的方式不少，有广告变现、定向销售变现、增值服务变现和内容付费变现等，这些方式的本质均是注意力营销。广告变现，是通过广告商在平台投放广告的方式创造盈利。用户在浏览平台时，如果被投放的广告吸引，就可能成为品牌的潜在用户。平台广告的形式繁多，相对传统的弹窗广告和页面广告，近年来内容植入式的原生广告成了新的发展趋势。定向销售变现，是面对消费者的直接销售，通常以购物平台为主场。用户在平台停留的时间越长、注意力越被吸引，就越有可能发生消费行为，尤其是计划外的消费——或许我们只想买一支笔，但在各种促销活动和文案的诱惑下，回过神来才发现纸墨笔砚已经全部备齐。增值服务变现最典型的应用是视频网站的会员制度，高贵的会员能比普通观众享受更多的独占权益，比如提前观看剧集、跳过广告、超高清晰度画质和环绕音质等。内容付费变现是近年来较火爆的变现方式，也可算作增值服务的衍生模式，指用户通过付费来获取特定内容的特权，常用于科普类及新闻资讯类平台。通常来说，平台不会局限于单一变现方式，而是会挑选适合自身的最佳组合。但无论如何搭配，平台变现的能力都与流量挂钩：用户越多，平台流量越高，盈利自然越多，而平台中影响力较大的用户（如微博大V，淘宝金牌店铺、主播等）能提升平台整体流量，吸引更多潜在付费用户，增加收益。

在粉丝经济这一限定语境中，"流量"指明星艺人在公众中受欢迎/被关注的程度和影响力，或者说是他们粉丝的数量和质量。粉丝多的艺人能为平台吸引大量流量，这些粉丝在"诱导"之下有很大概率能变做优质的付费用户，为平台带来丰厚收益。粉丝流量的变现方式也有多种，但以增值服务及内容付费为主。大多数情况下，普通用户愿意为之付费的是资讯、知识、特权等内容，但对粉丝来说，这些内容只不过是情感的载体，用于寄托对偶像的爱意。换言之，粉丝消费的不是物品的使用价值，而是用于情感宣泄，是向偶像证明心意的方式，也是与偶像建立联结的途径。所以，粉丝经济的一大逻辑就是以情绪消费替代功能消费。当有新作品登上各大影视、音频网站时，普通用户的期待大都落在作品本身，只有作品质量符合期待才有付费支持的可能；粉丝却不需要外部的激励，他们会为了艺人主动付费。此时，成为会员带来的福利并不重要，甚至作品质量也不具有核心竞争力，能在作品中看到自己心心念念的偶像才是全部消费动力。

另一种粉丝经济语境下的经典变现方式就是商业代言。虽然艺人代言并非流量时代独有，但前粉丝经济时代和如今成熟的粉丝经济时代的商业代言逻辑已经发生了根本改变。在前粉丝经济时代，品牌的关注点落在代言人的身上，而非他们的粉丝身上。品牌方对合作者的选择极其慎重，会根据公众人物的业务水准、人品素质、气质形象、社会影响力和公信力等因素综合判断是否契合品牌形象。中国男子田径运动员刘翔自 2004 年为我国夺得首枚男子田径奥运会金牌后，便成了国民级的明星运动员，接到不少商业代言，其中就包括运动品牌耐克。2012 年伦敦奥运会前期，耐克的全球推广活动"活出你的伟大"的中国版本中就有刘翔的特别篇并配以"伟大，无需给别人答案"的文案。虽然刘翔因跌倒选择退赛，耐克也并未放弃与他的商业代言，而是即刻修改了文案，重新定义伟大：

> 谁敢拼上所有尊严
>
> 谁敢在巅峰从头来过
>
> 哪怕会一无所获
>
> 谁敢去闯
>
> 谁敢去跌
>
> 伟大敢

从耐克选择刘翔作为品牌代言人，到其在刘翔退赛后迅速作出积极反应，究其缘由，是耐克更看重刘翔所代表的体育精神以及他本人的社会影响力，而不是考虑他粉丝的数量有多少、又有多少会因为他而购买耐克产品。

今时今日，粉丝经济日益壮大，粉丝也用独特的方式证明了自己的商业价值，改写了商业逻辑。商业品牌在选择合作对象时，虽然仍会考虑明星艺人的社会影响力、公信力和个人形象，但更看重的却是艺人粉丝的黏性及消费水平，因为高黏性和高消费水平的粉丝通常是产品销量的保证。欧莱雅和肯德基等商业品牌大都拥有数十位代言人，为了以示区别，每位代言人被授予不同称号、主推不同的产品。虽然这些代言人的性别、年龄、风格、业务方向等均有不同，但无一例外都是突然爆红、自带超级"流量"的当红明星，这些品牌也由此被戏称为"流量收割机"。坊间戏言称，判断一个艺人是否红了的标准就是他/她是否接到欧莱雅或（和）肯德基的代言邀请。

第七章 为爱出征的粉丝：完美的消费者

艰苦奋斗、勤俭节约是我国的传统美德，国民的消费观念也长期以量入为出、适度消费为主导。古有朱元璋"皇帝请客，四菜一汤"的歌谣，今有朱德"衣服破了，补补能穿"的佳话；古有"谁知盘中餐，粒粒皆辛苦"，今有"一粥一饭，当思来之不易"。然而，粉丝的消费行为却与传统消费认知背道而驰，既不符合人类社会向理性消费进步的趋势，也不符合我国的传统消费观。重复购买、超前购买、非理性购买、未成年人集资购买等贴在粉丝身上的标签虽然让他们备受大众诟病，却也让他们成为商家眼中可预测、可引导的完美消费者。

不少非粉丝群体认为粉丝经济与自己全无关系，因为他们既没有购买代言产品，也没有为艺人应援过，与明星艺人仅有的联系就是曾听过他们的名字，或是在荧幕上观看过相关作品。不过，从注意力经济和影响力经济视角看，消费者的注意力是最为稀缺的资源，能直接决定购买意愿，而明星艺人因职业的特殊性，天生便能吸引更多注意力——鉴于此，只要曾将注意力投掷于明星艺人身上，便已经算是粉丝经济的潜在消费者了。不过，真正的粉丝与普通消费者在与明星艺人有关的消费行为上有显著区别，这种区别体现在消费类型、消费习惯及消费特性上。从消费类型来看，普通消费者通常只消费作品，而粉丝群体则会为所有与自己偶像相关的商品买单。从消费习惯来看，当个人以普通消费者的身份消费时，消费行为是基于对商品的品质、价格、自身需求等因素的权衡，每个人的所求所需均不同，商家若要吸引消费，就需要调研分析、做针对性营销；但当个人以粉丝的身份消费时，其消费逻辑和消费行为几乎完全建立在对艺人的爱意上，这对商家来说便如同参加了开卷考试，引导消费可谓水到渠成。从消费特性来看，普通消费者的消费是为了满足个人的需求——包括物质层面和精神层面，而粉丝群体的消费则更多是用于满足情感和精神方面的需求。

第一节　需求的消费

在粉丝群体的文化消费活动中，粉丝虽然被视为核心，但产业链上却还盘踞着包括商业资本和艺人及其团队在内的几方势力。他们各有需求，在与粉丝群体手拉着手推进行业快步走向成熟的同时，也促成了三足鼎立、"相爱相杀"的状态。

商业资本的需求

物质生活的富足让人们越发重视精神愉悦的追求，消费多元化趋势逐渐明晰。此时，传统文娱产业的萧条和新型偶像产业的崛起给了商业资本新的启示：想要盈利，流量为王。

2018年被认为是我国偶像产业的起点，粉丝与偶像（爱豆）的关系在那一年被重新定义，粉丝经济的强大威力也在那一年才真正得以展现。以选秀粉丝为核心，以打榜、应援、投票、销售周边代言产品等为盈利手段的粉丝经济模式成为新的财富密码，并迅速从偶像产业衍生至整个文娱产业。偶像艺人黄明昊曾参加过韩国选秀节目《PRODUCE 101 第二季》，其后回国参加了爱奇艺真人秀节目《偶像练习生》并吸引了大量关注，但随之而来的却是"选秀偶像德不配位，粉丝畸形供养"的争议。为了助力黄明昊出道并维护他的名誉，身处旋涡中心的黄明昊的粉丝们迅速改变原有的圈层生态以适应外部的舆论环境，以黄明昊为核心的粉圈逐渐成形。这些粉丝在成功助力黄明昊出道后依然不离不弃，继续为他的事业保驾护航，也让黄明昊本人一举晋级成为内地娱乐圈的流量之一。粉丝真挚的情感在商业资本眼中化为了可以利用的资源——这是一个黏性极高、消费欲望极强且已经过商业考验的极其成熟的粉圈，只要稍加暗示，就能心领神会地化身完美消费者，为商家提供宣传、推广、消费一条龙服务。于是，黄明昊自出道起便商务邀约不断，悦诗风吟（Innisfree）、雀巢等品牌先后邀请他担任品牌代言人或推广大使，他的粉丝也很"争气"地创造了不俗的销售量。粉丝漂亮的答卷增加了品牌方的投资信心，黄明昊的商业价值也逐渐升级。在由微博明星和艾漫数据联合发布的各项明星商业价值榜中，黄明昊被评估为 2019 年上半年度"潜力艺人商业价值榜"的榜首，也被认为是《偶像练习生》出道明星中商业价值最高的。流量艺人的商业价值也吸引了奢侈品牌的重视，如意大利高奢品牌普拉达（Prada）在经历持续性的销量下降后，在 2019 年 5 月时试图通过选用年轻流量艺人成为代言人的方式来力挽狂澜。尽管此举备受争议，但从结果来看，流量艺人的加盟的确给 Prada 带来了极大的经济收益。Prada 官宣代言人的微博被粉丝迅速转发至 100 万以上、评论多达数十万条，在不到一周的时间内，粉丝晒单的图文购买记录就有近千条之多——这对以价格昂贵著称的高奢品牌来说是极其可观的销售量。截至 2019 年底，Prada 宣布销售额同比增长 2.7%，零售销售额增长了 4.1%，其中正价商品销售额增幅有 9%。虽然 Prada 在 2019 年的收益上涨未必全都归功于粉丝的购买，但粉丝群体无疑在此间起到了重要作用。

　　人气艺人的商业魅力让各大品牌方蜂拥而至，也带来了新的问题：品牌要如何判断明星艺人是否有高流量？又如何评估艺人们的商业价值呢？其实，对流量的重视是文娱产业一脉相承的经营思路，只是不同时期对流量的评测标准并不一致。在未正式提出"粉丝经济"的概念时，传统文娱产业通过电影票房、排片量、上座率、收视率、唱片销售量、业内评价和观（听）众口碑等可量化指标衡量文娱作品的质量，并以此推断相关艺人的商业价值。步入网络时代后，这些指标又添新成员，如网络热议度、网络播放量、网络下载量、社交平台互动量、粉丝数量、粉丝购买量等。这些琐碎的数据又被拼凑整合成一个个榜单，向社会各界全方面地展示艺人的实力。以艾漫的中国娱乐指数榜单为例，榜单基于互联网大数据挖掘，将明星艺人的数据整合成"明星商业价值榜""活跃粉丝榜"等榜单。这些可量化指数榜单为商业资本提供了直观有效的比较信息，在一定程度上揭示不同明星艺人的商业价值，有助于资本作出最优的投资决断。由此，粉丝经济时代一条不成文的规则就是流量等于资源，换言之，被各大榜单盖章认可的、具有更多流量的明星能得到更多的商业投资。

数据虽然是可精细量化的指标，却也具有可操作的弹性，这便给了粉丝参与干涉的空间。但有意思的是，数据的可操纵性并不是粉丝经济模式运行的漏洞，相反，这正是商业资本刻意留给粉丝的"后门"。数据与榜单评测的不是艺人自身的实力，而是粉丝的努力程度，是各个利益方为了利益最大化，针对粉丝心理为粉丝定制的专属游戏：想要让自己的偶像获得更多的商务合作，就去花钱、去做数据把他/她送上榜单吧！终于，粉丝正式登上商业舞台，粉丝经济的时代真正到来了。无论是投资方、品牌方还是其他商业利益相关方，都开始在意艺人粉丝的黏性和消费能力，并试图摸索粉丝群体的特征以推出专属营销方式，以期达到利益最大化。但如此轻视艺人自身价值却重视粉丝消费能力的游戏规则，改变了整个文娱产业的风气，内容不再为王，流量至高无上。

艺人的需求

如果说在粉丝文化消费的语境中商业资本的需求只是逐利，那么明星艺人的需求可以是名、是利，还可以是自我实现。纵观娱乐圈的历史，只有努力敬业、德行兼备的艺人才能在名利场上常开不败。优秀的作品通常可遇不可求，需要有一点运气，但更需要足够的实力才能收获机会，所以明星艺人需要不断钻研、提高业务实力。除了口碑良好、可经典流传的作品之外，艺人还要有社会责任。明星艺人属于高收益群体，虽然每年新入行的艺人多如过江之鲫而"娱乐圈的蛋糕就这么大一块"，但艺人的投入产出比却依然高过许多其他行业，而高收益意味着高社会责任，不论归属于哪一类文娱名人，都需肩负起树立良好社会榜样的责任。

由此，经典作品和社会形象就成为明星艺人追逐的目标，前者展现了他们的专业能力，后者暗示了他们的社会影响力和知名度，这些需求让艺人倍加爱惜自己的声望，脚踏实地、谨言慎行，生怕自己稍有行差踏错便前程尽毁。

无论是作品还是形象，都该由艺人通过自身的努力获得。但当商业资本着手开发以流量定义实力、以偶像—粉丝情感联结作为核心的粉丝经济时，粉丝的话语权越发强横，渐渐能凭借群体影响力打破资源公平竞争的规则，而身处其中的明星艺人也不得不认真考虑粉丝在自身规划中的潜在作用了。[1] 一方面，粉丝带来的流量能为艺人换取不少商务资源和影视资源，对前程有益。另一方面，随着粉丝与艺人捆绑的逐渐加深，粉丝群体已成为艺人在公众面前的名片，如果正确引导，有锦上添花的奇效；反之，恐怕就要重演一出成也萧何、败也萧何的故事。故此，不少明星艺人及其团队，尤其是偶像艺人，开始或主动或被动，或直接或间接地干涉粉丝行为，先招募职业粉丝、扶植大粉，再用以引导普通粉丝，将风险源头掌控在自己手中。更有部分艺人经纪团队将粉丝运营设定为艺人工作的核心之一，依靠粉丝的力量实现名利双收的愿景。

粉丝运营一般可分为三步：吸粉、养粉和固粉。吸粉，是指艺人通过不同于他人的卖点，吸引特定受众的关注，再将这些受众转化为自己的粉丝。对于初出茅庐、没有太大名气的艺人来说，吸引粉丝的注意力是他们职业生涯需要面对的第一个难题。传统文娱名人最为常见的吸粉方式是借助各类作品博得市场关注，看似常规却难以预测结果。大 IP、好主题或许能引爆作品、捧红艺人，可在文娱作品虽百花齐放、观众品位却众口难调的今天，叫好不叫座的作品并不罕见。比如 2017 年的国产电影《闪光少女》是一部融流行、喜剧、国学、青春于一体的音乐电影，创作理念别具一格，编剧、导演和演员也颇具实力，上映后在观众间口碑极佳，可票房却非常不理想，几位主演也未能一夜爆红，被称为"被名字耽误

1 王敏芝，李珍.媒介文化视域中的粉丝话语权增强机制及文化反思 [J].陕西师范大学学报(哲学社会科学版)，2019,48(6):108−115.

的国产良心剧"[1]。如果没有合适的作品，借助真人秀等综艺节目走红也是一条出路，偶像艺人大多是如此出道。一些艺人还会通过立人设的方式凸显自己的与众不同，吸引特定受众，如用单身暖男人设来满足女性粉丝的亲密幻想，或是用呆萌、吃货等可爱人设来吸引妈妈粉、姐姐粉等。除了利用作品、人设等常规方式吸粉，走黑红路线也是独辟蹊径的吸粉方式，常被一些急需流量的艺人用来解燃眉之急。既然是"黑红"，自然要先"黑"才能后"红"，艺人团队会先故意引导舆论抹黑自己，再利用营销手段重立人设、洗白自己，将吃瓜群众转化为粉丝。

有了粉丝的关注，并不意味着可以躺平享受流量。粉丝既不专情也不长情，对他们来说，追星、追番、追综艺等活动并没有本质区别，大都只是调剂生活的爱好而已。粉丝如流水一般，会因为近期热播的影视作品喜欢上参演的明星艺人，成为他们的粉丝，也会因为下一部影视作品的播出而投奔新的艺人，成为别人的粉丝。对于立志于以作品立世的艺人而言，观众是否会转化为粉丝、粉丝是否会长情并不是值得忧虑的事情，一夜走红、受人仰慕的感觉固然好，但能有青史长存的作品才是真正值得奋斗一生的目标。但对于主要依靠粉丝来提升影响力的明星艺人而言，粉丝的多情就成为"心头大患"。所以，吸粉之后如何留住粉丝，就是艺人团队需要面对的第二个难题。增加与粉丝的亲密互动是一个不错的思路。于是，艺人们纷纷在微博、抖音等社交平台上建立账号，以各种方式出现在粉丝的视野里，与粉丝建立相对牢固的准社会交往关系。闲暇时发布日常动态，向粉丝展现自己的青春正能量；工作时为作品宣传造势，告知粉丝自己的未来动向。为了达到更好的固粉效果，艺人团队还会在粉丝内部培养或安插一些意见领袖，即养粉。如此一来，既能更便捷地与粉丝群体沟通，了解粉丝们的想法以对后续工作作出调整，也能在关键时刻调动粉丝力量达到维护或宣传艺人的效果。

虐粉，也是用于固粉的方式之一，常与黑红路线联合使用。顾名思义，虐粉即是指通过主动卖惨或是被动"受害"的方式激发粉丝的同情心，催生他们的维护心。被艺人的惨状虐到的粉丝或是四处奔走替自己的偶像鸣不平，或是重金出

1　被片名耽误的《闪光少女》票房不过亿，口碑逆天际，https://www.sohu.com/a/359358500_100142239.

资助力偶像的事业，希望偶像得到商业资本的重视，不再"任人宰割"。比如"227事件"[1]发生后，不少易受煽动的粉丝因为被"虐"而激发了保护欲和战斗欲，坚定地选择支持涉事艺人，"全世界都要害哥哥！哥哥只剩下我们了！我们必须要为哥哥一战！""硝烟四起，为战而来"等口号在各大网络平台刷屏。疯狂的粉丝组织还召集了不少线下"应战"活动，以前所未有、匪夷所思的魔幻方式表达他们对偶像的爱意和支持，比如在为偶像庆祝生日的活动现场高喊口号并当街跪拜偶像的照片，又比如在社交平台公开偶像经纪人和团队的私人电话并号召所有粉丝一起"打爆"电话，期望用这种方式让经纪人重视自己的偶像。种种行为将本是小众圈层之间的矛盾激化为整个粉丝圈层与社会大众间的纷争，在违法的边缘疯狂试探。可见，虐粉虽然有用，却绝不是一个可普遍推广、能良性循环的固粉手段，这种方式的核心是滥用粉丝的同情心，用爱绑架粉丝，让他们心甘情愿地供养偶像、为偶像牺牲。这种牺牲不仅在于时间、金钱和精力，更是理性和自我的丧失。被"虐"的粉丝群体不再做理性推理，而只受情感驱动，而受情感左右的粉丝群体是无法理性思考的，正如古斯塔夫·勒庞（Gustave Le Bon）在《乌合之众》中所言："对群体给予恰当的影响，它就会为自己所信奉的理想慷慨赴死。我们也看到，它只会产生狂暴而极端的情绪，同情心很快就会变成崇拜，而一旦心生厌恶，也几乎立刻会变成仇恨。"

在吸粉、养粉外加固粉的三步流程下，粉丝们群策群力、全方位地守护偶像在公众前的完美形象。宣传期关注度低？别担心！粉丝组织立刻开始工作，买热搜、发原创、相互评论相互转发，营造"繁华盛世"的空象。作品质量不过关？不重要！有粉丝在各大网络平台带节奏全力吹捧，坏的也能被说成好的。被批评？被曝光黑料？有黑热搜？放宽心！粉丝会帮忙清洗广场和词条[2]，黑的也能被洗成白的。

1　是指自 2020 年 2 月开始，在网络上引发的关于肖战粉丝的一系列争议事件。

2　广场，指在微博或其他网络社交平台搜索关键词后出现的相关内容。洗广场，指粉丝通过大量发布原创内容的方式净化某明星艺人的舆论广场，让不希望被大众看到的负面内容被可以看到的新内容覆盖，以此减轻舆论风波带来的不良影响。

粉丝的需求

商业资本以艺人为桥梁、利用粉丝的情绪消费获得经济收益，明星艺人借力粉丝的支持名利双收，那粉丝在这场商业游戏中又得到了什么呢？

让我们先回顾一下粉丝经济时代的核心逻辑——流量变现。扩展来说，以逐利为先的商业资本更愿意投资自带流量、能吸引更多注意力的明星艺人。在"资源唯数据论"逻辑的操控下，粉丝群体竭尽所能地为艺人贡献数据。无数粉丝自发成群，每日为偶像辛勤打榜、做数据，不惜沦为"数据女工"[1]，向大众和商业资本证明自己的偶像在不同方面的价值和影响力。终于，一个高度分层、职能型、并以为偶像应援和争夺资源为主旨的粉圈组织，伴随着无数的争议诞生了。

客观来说，粉圈的成形及随之而来的与大众在消费观念上的冲突，很大程度上应当归咎于商业资本的强行干涉和不作为。商业资本以艺人的资源和前程为筹码，消费艺人的剩余价值及粉丝的爱意，以粉丝群体间的数据争夺取代艺人间公平的业务能力竞争，迫使粉丝不得不朝着激进的方向进化，为偶像而"战"。粉丝的消费力和战斗力具化为一个个看得见的数据和榜单，成为商业资本定性艺人价值的方式，也是粉丝经济的最核心规则，这一规则虽是流行于各类文娱亚文化圈层的通行证，却无法被普罗大众理解。然而，本应为此负责的商业资本却在坐收渔利后将矛盾抛还给艺人与其粉丝群体，自己拂衣而去；与此同时，艺人逐渐增加的曝光需求迫使他们身后的粉圈不得不暴露在公众面前，而粉圈内部由排他性引发的与外部的高度区隔性决定了粉圈内部自成一脉的处事逻辑无法被大众理解，又进一步激化了粉圈与大众间的误解。

虽然"背锅侠"的很多行为确实可由这些外部诱因解释，但若将一切都归咎于外因却也失之偏颇。当我们从文化消费需求的角度来看，为应援而生的粉圈及粉丝的消费行为相当符合消费社会的特征，即从对功能性的消费进入符号意义的消费。对粉丝而言，他们渴望通过消费换取的——不论是金钱消费还是时间消费，

1　此处的"女工"只是广义指代，粉圈中也有男性粉丝。

不单是物质上的满足，更希望借助消费行为获得精神上的满足。这种满足包括但不限于与他者的示异、对同好的示同，以及成就感和存在感等自我需求的实现。

此刻，让我们再次回忆马斯洛需求层次理论中所提及的如金字塔形的不断升级的需求：生理的需求、安全的需求、爱与归属的需求、尊严的需求和自我实现的需求，并把这些需求与粉丝的行为对照理解。

青少年群体是以明星艺人为核心的粉丝群体的主力军。社会物质的富足让最基本的生理需求和安全感的满足不再是难题。然而，特殊的社会背景让他们在成长过程中面临了许多无法预测、无先例可循的挑战。独生子女的身份[1]让他们一直在焦点中成长，难免被认为过度自我、过度叛逆；与此同时，工业社会的到来给了社会生产以进步空间，也给了青少年一个更长的成长阶段以衔接孩提时代和成人时代。在这一绵长的过渡期中，青少年时常扮演着边缘化的角色，他们既要学着如成年人一般行动，可内心却仍稚气未脱；更无可奈何的是，他们既不能完全以成年人的身份参与各种社会活动，也不能如孩童般无忧无虑。边缘化的状态让青少年的内心充满了矛盾和不安，亟须适合的情感宣泄口，独生子女的孤独感加深了与他人接触、爱与被爱的渴望。此时，外形姣好、人设各异的明星艺人自然成为最易寻得的情感寄托对象。加入粉丝群体后的认同感既能满足他们社交互动的需求，也能缓解边缘化的尴尬处境。他们快速与同好们建立起归属感，如成年人一般切身参与至各项与偶像相关的事务中。不论是购买商品还是参与应援活动，不论是时间付出还是金钱付出，他们的每一次努力都被定义为偶像成功路上不可或缺的力量，即使再微小，也能聚沙成塔、蚍蜉撼树。

爱与社交的需求不是青少年群体独有，成年群体更有表达情感的需求。支持、维护与自己有情感联结的人事物并心甘情愿为之付出时间、精力与金钱本就是人类的天性，父母之为子计深远，夫妻之相濡以沫，朋友之两肋插刀，都是人类真诚情感的表达。只是在粉丝群体中，粉丝是将自己的情感纽带扩充至明星艺人，

1　自 20 世纪 80 年代起我国实施独生子女政策，2011 年时开放双独二孩政策，2016 年二孩全面开放。我国现阶段的青少年粉丝群体大体是独生子女。

将他们视为自己的子女、情人、亲友等，再将个人的情感投射至他们身上以此获得额外的情感支柱。有时，这种情感支柱是锦上添花，可以丰富个人生活，而有时则是雪中送炭，用于填补生活中缺失的亲密关系。从这一角度出发，便不难理解为何粉丝群体愿意倾尽全力地维护自己的偶像并为他们消费。

当基础的生理需求、安全需求、爱与社交需求被满足之后，粉丝自然也会寻求更高层的联结，必定还有更深层次的心理认同。当粉丝对艺人的言行、品格生出强烈的心理认同感时，他们对尊严和自我实现方面的需求也将部分建立在偶像的尊严和自我实现需求之上，认为自己与偶像是一体的。当群体中的个体认为偶像正在从事崇高的事业时，会"不自觉地自我渺小化，把自己日常经营的目标与它对立起来，并理所当然地认为别人的个人目标同样也没有价值"[1]。若偶像能功成名就，他们也与有荣焉；而若偶像被抹黑欺辱，他们便感同身受地愤怒。这种荣辱与共的捆绑关系有时是双向的，粉丝依靠偶像满足自我实现的需求，艺人则需借助粉丝的力量扩大自身影响力，让自己在"星路"上走得更远。

这种相互捆绑在选秀出身的偶像艺人（爱豆）与粉丝之间最为明显。每一场真人选秀都是一场没有硝烟的战斗，各位练习生的粉丝为了帮自己的偶像抢占前排出道名额而在各大平台"明争暗斗"。比赛期间，粉丝日日忙到头秃地做数据、刷榜单、发安利，当然，还有最关键的投票环节。当他们终于把自己的爱豆送上出道成功的"宝座"，所获得的快乐和感动无以复加。这些情绪中含有对偶像的祝福、因偶像梦想实现而投射自身的喜悦，更有因自己决定了偶像未来而带来的无限成就感和满足感。虽然选秀粉丝中不乏以见证偶像梦想实现为精神能量的，但也有不少粉丝更享受陪同、帮助偶像成功的过程——即养成偶像的快乐。这些粉丝虽然把自己与偶像捆绑起来，但这种捆绑只是实现他们自身价值的手段，所求的只是证明自己有帮助爱豆走上巅峰的能力，至于这个爱豆是谁反倒显得不再重要。那些在偶像出道前喊着"你一票我一票某某明天就出道，你不投我不投某某何时能出头"的粉丝，在达成所愿后恐怕会因为无法再获得养成的快感而立刻"跑

1　[法]古斯塔夫·勒庞. 乌合之众[M]. 冯克利，译. 北京：中央编译出版社，2011:16.

路"，对他们来说最爱的永远是下一个。鉴于此，在与艺人相处的过程中，秀粉们大多不认为自己处于劣势；相反，他们才是这段关系中的主导，因为他们的存在，偶像艺人才有梦想成真的可能。也正因如此，他们对偶像的要求极高，认为自己不仅有资格介入偶像的工作，更有资格参与偶像的生活。一旦偶像出现负面新闻并未能及时作出令人信服的澄清，他们就会迅速与之划清界限，而如果有更优质的艺人出现，他们也不介意脚踩几条船。

总结来说，虽然常有声音认为是商业资本"绑架"了无辜的艺人，以此胁迫粉丝入局，但不论是艺人，还是捍卫艺人的粉丝，都从这场流量游戏中得到了所求之物，三方势力"相爱相杀"、缺一不可地构成了今日的粉丝经济。

第二节　粉丝的商品清单

笼统来说，粉丝消费的品类分为商品类消费和应援类消费，前者是传统的消费模式，以艺人的作品内容、代言产品及艺人的其他衍生产品为主；后者是新型模式，以打榜、投票、支援线下活动等非实物消费行为为主。但随着互联网的发展，"流量变现、数据为王"的思想逐渐成为主流，粉丝消费的类型在不断丰富的同时也出现了不同程度的重合交融，应援类消费逐渐成为商品类消费的延展活动。与此同时，粉丝的消费习惯也随着情感的变化呈现出层层递进、由实转虚的趋势，即自觉与偶像间的情感联结越"深刻"，消费的类型便越容易从商品类消费迁移至应援类消费。

引人入门的作品

作品的内容付费是产品导向的营销策略，也是以明星艺人为核心的经济体系中最经典、最基础的营销手段。按种类划分，作品的内容付费可分为两大类：其一是买断制，指一次性付清费用，电影票、数字专辑等商品的消费属于这一类；其二是会员制，即开通平台会员以便长期观看。作品的目标受众是普罗大众而不是粉丝群体，换言之，当明星艺人参与创作的影视作品成为可消费的商品时，所有人都是作品的潜在消费者。耳机里的每一首歌、荧幕上的每一次停留、开通的每一个视频网站会员……都是大众消费艺人作品的具象表现。有时，消费者只是随意的旁观者，他们碰巧接触到艺人作品，付出了时间、精力及注意力等无形的货币；而有时，消费者却是积极的选择者，因为对艺人或（及）相关作品的喜好而主动关注，付出的既有无形的货币，也有看得见的真金白银。无意识的接触是诱发积极关注的前置条件，当作品足够有吸引力，注意力的停留就有可能催生有形的消费行为，为商家带来经济收益。这是注意力经济的商业逻辑，也是明星效应的核心要义。

对以逐利为主要目的的商业资本而言，作品不过是吸引受众关注的媒介，内容付费也只是蝇头小利，以作品为起点的多元化经营才更具魅力。故此，商业资本会根据市场的实时反馈预估作品和艺人的价值，从中择优投资。如电视台、视频网站之类的平台引进吸眼球的影视音作品并不只为了捕获观众的注意力以提升点击率、播放量、收视率等指标，或是以此显示自己的民众基础，增加会员数量、吸引广告投资、提升同行间的竞争力并最终带动整体收益才是真正的目的。同理，电影院线更愿意引进大片并给予更多的排片量和宣传力度，是因为大片天然能引起大众的关注，院线以此吸引观众到场观影，并依靠电影票房、广告投资、出售周边产品等方式扩大经济收益。至于判断吸睛程度的指标，自然就是票房、上座率、网络热议度，以及各类榜单了。不过，热度有正也有负，全然基于数据的判断会造成一种错觉：凡是能引发讨论的就是可投资的对象。而这种错觉造成的后果之一，就是出现了"黑红也是红""流量至上、质量作配"的商业认知，无辜的观众有时要被迫接触质量和口碑都极具争议性的作品及艺人，不可谓不凄惨。

站在明星艺人的角度，作品产出无疑是他们的一大经济收益来源，但其意义却不只于此。在传统的文娱产业生存模式中，明星艺人并不直接与观众接触，作品是联结他们的唯一桥梁，想把观众从有好感的路人培养发展成专情的粉丝，就需要持续不断地"造桥"，努力把观众的情感和认同从当下的作品迁徙至自身，换取更多的后续资源，最终成就职业生涯。因此，优秀的作品便如立交桥一般，从不同的途径连通了艺人与他们的梦想，不仅能满足他们的经济需求，更是名誉、社会地位，以及自我实现等更高追求的起点。一个规划长远的艺人会重视自己的每一部作品，看重作品附加的后续效应，而不是囿于某一特定作品带来的经济收益。

锦上添花的代言

依托于艺人的功成名就，商业品牌也寻找到了内容付费之外的另一种消费模式，即明星代言产品。如果说内容付费是抛砖引玉的入门级消费品类，那么明星代言产品就是转化明星效应的成功表征。

虽然邀请特定的艺人担当代言人必然意味着其粉丝群体能为品牌带来额外收益，但在传统的商业模式中，明星代言人是品牌形象的加持，他们的作用并非依靠个人魅力吸引固定人群买单，而是凭借自身的社会影响力和知名度为品牌背书、吸引所有进入消费市场的群体的注意力。故此，代言人与品牌之间应当是强强联合、互相成就的关系。艺人因品牌的商业影响力奠定个人资源水准——越知名的品牌暗示了越多的潜在红利，如成为高奢品牌的代言人对艺人而言即是一种品位和身份的象征，不仅商业身价水涨船高、代言级别不断升级，优质的影视资源也将纷沓而至；而品牌则借助艺人的社会影响力增加自身收益——包括因粉丝的消费力带动的直接经济收益，以及优秀代言人可为品牌带来的潜在的社会收益。

不过"流量至上"的商业思维很快瓦解了传统合作模式，一些代言人与品牌之间的关系逐渐因粉丝群体的介入而被异化，"完美消费者"自身成为"商品"，被各大商业品牌争相抢夺。一些剑走偏锋的品牌在选择代言人时放弃了与品牌形象契合度高、能带来长远社会收益的低人气艺人，而将粉丝群体定位成核心受众，以粉丝黏性和消费能力判断代言人的价值。在产品营销推广时，这些重视流量的品牌也以服务粉丝需求、贴合粉丝品位为主要策略，无视了其他消费者的正常诉求。明星代言已从明星与品牌的强强联合变为了一些品牌短视的快攻战术，品牌的经营理念也从寻求长期稳定的发展重回到只追求"短平快"的经济收益，新型营销手段虽然层出不穷，搅动得市场风生水起，但明星代言效应本应该有的辐射力却被弱化。高奢品牌通常十分看重代言人与自身的契合度，想要寻求长期合作共赢，但在流量带来的红利诱惑下也渐渐把持不住，走起了如快销品牌一般的流量路线。

　　然而"成也萧何，败也萧何"，商业品牌倚重粉丝质量而忽略代言契合度的后果之一，便是让代言人成为自身发展道路上的不稳定因素。若艺人德行有亏或因事触了众怒，而品牌方未能妥善处理代言人、代言人粉丝与其他消费者的三方关系，就会遭到"反噬"。举例而言，某流量艺人因德不配位且纵容粉丝群体性的偏激行为而"成功"出圈，成为大众眼中的劣迹艺人，路人缘降至冰点。当其时，该艺人尚有诸多品牌合作在身，部分苦其粉圈恶行久矣的网友因代言人而迁怒品牌，自发抵制其推广的产品，表示若不终止合作就不会再购买相关产品。大部分品牌迫于舆论压力或立刻终止了与该艺人的商业合作，或低调地将艺人的信息从品牌宣传页撤下，试图挽回在普通消费群体间的信誉和形象。然而，某品牌因过度迷信流量且未对整体消费市场作出正确评估，高调宣布将继续与该艺人合作，品牌某高管更在某次商业直播活动中力挺代言人，表示品牌只要有粉丝购买就行，"反对者成不了气候"。此言一出瞬间激怒无数网友，纷纷表示将与该品牌彻底割席，把抵制范围从该艺人推广的产品扩大至品牌的全线产品。大量曾经购买过该品牌产品的消费者要求品牌方补开发票，相关消费记录甚至可追溯至几年前。不少提出补开票诉求的消费者因长期未得到品牌的回复而选择向消费者协会投诉该品牌，品牌也随即被税务部门约谈。[1] 在"流量至上"的商业市场里依靠粉丝的群体消费力增加收益本无可厚非，而当代言人身处舆论旋涡时品牌方仍然选择与其携手并进的行为也算仗义，但对公众舆论的风险评估不足，未能以更温和的方式缓解公众与代言人之间的矛盾，只顾及代言人及其粉丝群体的情感需求却放弃了其他消费群体的应对方式，难免有因过度依赖流量而顾此失彼的意味。尽管代言人、粉丝及普通消费者间的三方关系

1　我与玉兰油客服周旋了半个月，还没给我补开发票，http://www.chinanews.com/cj/2020/03-14/9124590. shtml.

不必亲密无间，但作为品牌门面挡当的艺人及其粉丝群体应被社会主流认可——至少不能有抵触情绪，否则最终承担后果的唯有品牌自身。

除了代言人自身形象问题带来的隐患，具有高消费力的粉丝群体也并不真是待宰的羔羊。粉丝群体的可预测性和可引导性在很大程度上把品牌从推销无门的苦海中解救出来，并回报以巨大的经济收益。然而，由于粉丝群体的消费动因过于依赖与偶像的情感联结，消费情绪不稳定性极高，容易成为品牌方成功之路上的双刃剑。当品牌与艺人的商业合作到期而更换代言人，或因商业需求而新增代言人，前/现有代言艺人的拥护者或许会群情激奋地替自己的偶像"鸣不平"，引发不同粉丝群体间的舆论战，进而影响品牌形象。2021 年初，Prada 的官方微博官宣新增一名亚裔代言人，这一行为遭到了原代言人粉丝的强烈抵制。粉丝们认为Prada 此举不仅不符合其蓝血品牌的定位，也损害了自己偶像的个人形象。为了论证自身的正义性，原代言人的粉丝列举了自偶像代言以来粉丝对品牌宣发、销售作出的贡献，仅从在公开平台上收集到的粉丝晒单信息来看，粉丝促成的销售金额高达数亿人民币。可新增代言人的行为破坏了自己偶像的独特性，"当他不是你的唯一时，你也不是我们的唯一了"，虽然合约尚未到期，但粉丝钱包更愿意为视爱豆为"唯一"的品牌开放。新代言人的粉丝群体也不甘示弱，他们对原代言人本人发起直接攻击，表示不愿看到自己的偶像与"没有作品的偶像艺人"合作。双方粉丝争吵不断，Prada 为尽快平息众怒、避免更大损失，悄然修改了品牌官网对各位代言人的简介，以弱化原有描述中容易引发争论的部分。

专属粉丝的周边

无论是作品的内容付费，还是明星的商业代言，相关商业团体的视野中多少还将大众视为潜在消费者，但有一类商品是只为满足粉丝需求而诞生的，如艺人的衍生产品、时尚杂志、写真画册等周边。以时尚杂志为例，我们可从艺人、粉丝及其他利益相关方等三个角度来观察它是如何一步步把粉丝"培养"成核心受众的。

　　艺人与时尚圈的接触在所难免，受邀出席诸如影视颁奖典礼、商业活动、发布会、演唱会等公开活动是工作的一部分，而活动时的造型总是令他们十分在意，究其缘由，大致可归纳为两点。首先，作为有一定曝光需求的公众人物，出席各类活动的一大目的就是抓捕大众的目光、增加自身热度，精致得体的造型自然能为他们加分不少；其次，在大多数情况下，明星艺人出席公开活动时的造型通常能直观地体现他们的商业资源与时尚资源水准，而这些因素已成为艺人的"软实力"，标记了他们的综合价值。因此，如何拓展时尚资源就成了每一个艺人都需要面对的问题。

　　代言高奢时尚品牌或许是最好的方式，但这并不容易——足够强大或足够幸运，至少需要满足其一。因此，退而求其次地与时尚杂志达成合作就成了另一种常见方式。时尚杂志存在的最初目的是定义时尚、操控时尚，并将时尚的理念传播至大众，所以杂志的内容以最新潮流、穿搭风格、品牌推广、圈内人士专访等内容为主。虽偶有明星艺人的身影出现其中，但多以特定品牌的平面广告的形式，杂志封面与内容仍多关注于时尚模特及其他从业者。早期时尚杂志的受众可以是服饰、美容等方面的品牌方，或是相关行业的从业者，以及想要了解最新穿搭潮流的普通人。换言之，明星艺人曾经只是时尚杂志的过客或点缀，而杂志的受众也并不定位于艺人的粉丝群体。但随着时尚杂志与时尚品牌间商业合作的日渐深入，以及时尚品牌与明星艺人间利益捆绑的不断升级，时尚杂志与明星艺人间的联动也就丰富了起来。

　　每当有艺人突然走红，或是处于作品宣传期，又或是商业合作的品牌方有推广需求，艺人便能顺理成章地成为时尚杂志的座上客。合作的方式多种多样，在内页刊登艺人专访是最常见的一种。在专访中，艺人会声情并茂地讲述自己的故事、表达自己的态度，字里行间满怀了对未来的憧憬及对生活和粉丝的美好祝愿。仅凭文字描述显然不够生动，杂志方还需以相关时尚品牌为艺人精心打造的时尚造型作为配图，才算体现出艺人的时尚感，也符合自身时尚杂志的定位。邀请知名摄影师为艺人拍摄短片，或称"时尚大片"，也是不错的合作方式，这类短片通常并不具有故事性，而是极尽文艺地彰显艺人的时尚气质。除了专访和大片，杂志能为座上客们提供的最豪华待遇，便是从每年限定数额的封面人物中，为他们预留一个位置，而对此"殊荣"的争夺能引申出一个又一个"腥风血雨"的故事。当然，艺人与杂志的合作也并不局限于内容呈现。近年来，消费市场的变化刺激了整个时尚圈，各大时尚杂志为顺应市场需求也在不断自我调整，寻觅更新奇有效的方式扩大自身影响力，定期举办不同主题的线下盛典活动大概是近年来最常见的一种。比如时尚女刊*VOGUE*每年都会举办"Vogue Film时装电影盛典"活动，男刊《智族GQ》也会评选年度人物并举办"GQ年度人物盛典"活动；除了这类颁奖类活动，公益类活动也不能少，如《时尚芭莎》自2003年起每年都会举办明星筹款拍卖活动，即"芭莎明星慈善夜"。这类杂志从不同主题切入，又借助艺人的能量扩大自身在特定群体间的影响力，而被主办方邀请出席活动的艺人也能借此赢得时尚圈更多的关注，为资源互换做铺垫，可谓是多赢的局面。

　　时尚杂志类别繁多，品质参差不齐，所以并不是所有的合作都能为艺人的身价作保，或是换取潜在资源。事实上，只有与业内外广泛认可的时尚杂志顶刊的合作才能起到理想的效果，而在众多合作种类中，受邀成为封面人物是最佳选择。虽然女刊*VOGUE*、*ELLE*、《时尚芭莎》、男刊《智族GQ》等均是有国际影响力的时尚杂志，但它们的社会影响力却并不相同，行业内也会以男刊与女刊为区隔做分别排位，以显示其在时尚圈的江湖地位，比如女刊会以"五大二小"的称呼来指代一线和准一线的女刊杂志，男刊也有"2+3"的内部定位。[1]

　　除了杂志的地位级别，封面人物的刊登时间也有讲究。由于消费市场的季节性波动及春夏、秋冬国际时装周的缘故，每年的三月、九月和十月都是时尚圈的黄金时段，也是时尚相关商品消费的高峰期，于是有了"金九银十"的说法。除了公认的黄金月份，创刊月对每一个时尚杂志而言也是相当重要的时节，各大时尚

1　通常而言，"五大二小"是指*VOGUE*、*ELLE*、《时尚芭莎》、《嘉人》和《时尚COSMO》五本一线女刊，以及《Madame Figaro费加罗》和《时装L'OFFICIEL》两本准一线女刊。男刊"2+3"分别指《智族GQ》和《时尚先生Esquire》两本一线男刊，以及《芭莎男士》《时装男士L'OFFICIEL HOMMES》和《睿士ELLEMEN》三本准一线男刊。

杂志、品牌方、艺人及其他相关从业者均对这几个月份的杂志十分看重。尤其是有"金九"之称的九月刊可算是时尚圈的重中之重，一线和准一线的女刊及男刊对此时的封面人物选择相当谨慎，若艺人能被选中成为五大刊的九月刊封面人物，则无疑是时尚圈对其身份、地位的极大肯定。由此，"金九银十"也成了众多艺人争抢的时尚资源巅峰。

在迎来送往的娱乐产业中，流量傍身虽然是各类资源的通行证，却也有时效性。偶尔出现的现象级爆红艺人通常能第一时间收到（准）一线时尚杂志的合作邀约，甚至可能直接登上（准）一线杂志旗下的增刊、副刊、别册，或是电子版的封面，但这并不意味着他们在时尚圈立稳了脚跟。一方面，即使是一线时尚杂志的非正刊封面，仍然无法与正刊的商业价值及其隐含的时尚圈认同度相提并论；另一方面，单次的合作更多是对艺人当下价值的肯定，只能视作其踏入时尚圈的入场券，却无法一劳永逸地当成通行证。若想真正得到认可及重视，一时的流量便力有不逮，艺人需要拥有长期的市场热度支撑，以及足够的资源积累和资源交换能力。基于此，与时尚杂志，尤其是一线和准一线刊的深度合作越来越受到艺人及其团队的重视，除了商业资源、影视资源、业务能力等评判艺人综合实力的表征因素之外，"解锁五大刊，集齐大满贯"，以及进阶版的集齐"金九银十"的时尚指标也顺利入围成为衡量艺人价值的判断标准。

既然明星艺人多了评价指标，粉丝自然责无旁贷，登上顶刊的封面、获取更多的时尚资源的业绩任务已然从艺人及其团队身上，"迁徙"成为整个粉丝群体的奋斗目标。正如此前所提及，一个组织得以成形的重要诱因之一便是一群价值观相近的人在按照一定形式结合之后，将某一特定目标制定为集体共同努力的方向，粉丝组织以艺人为价值而自主成形，他们共同的奋斗目标自然与艺人息息相关。冲击杂志销量，并寄希望于以此方式向商业资本证明自己的偶像具有持续的热度，为偶像换取更多后续的时尚资源就是粉丝组织的共同努力方向。对艺人而言，受到时尚杂志的拍摄邀约、获得时尚圈对自身价值的肯定是他们的工作方向之一；对艺人的粉丝群体而言，购买自己偶像参与的时尚杂志既是他们获取偶像相关信息的方式，更是支持偶像的重要手段；而对其他利益相关方而言，如何使用激励手段唤起粉丝的购买欲，甚至促进粉丝的重复购买，就成为粉丝经济时代的核心营销思路。在这样的氛围下，艺人、粉丝群体、时尚杂志，以及其他相关利益方对杂志的销量问题愉快地达成了共识，而粉丝群体便在最新商业模式的裹挟下被纳入时尚杂志的利益收割圈。

现在，让我们专注从粉丝的角度出发，看看当时尚杂志作为粉丝的专属产品时是如何运营的。不论是哪一种消费品类，相较于普通消费者，粉丝群体在消费时所表现出的最大不同特点就是过度消费的倾向，这种倾向既与粉丝的收藏心态有关，也与利益相关方的营销方式有关。[1] 最初时，时尚杂志只是在宣传时以某艺人是下期封面人物，或是内页含有某艺人的深度采访为噱头吸引他/她的粉丝购买，但如此简单的方式虽然能刺激粉丝消费，却无法促成重复消费，针对粉丝群体的营销手段急需改变。于是在进阶版的营销手段中，杂志方开始将杂志与艺人的海报、明信片等周边产品捆绑销售，利用粉丝对周边产品的渴望激发他们的购买潜能。验证此方法可行后，精明的商家逐渐提高了获得艺人周边的门槛，从一开始的赠送发展为变相付费获得，比如有些杂志会声明需要一次性购买两本以上才会赠送一套艺人的明信片，购买四本则可同时获得明信片及海报。除了赠送海报等周边，为同一期杂志设计不同版本的封面也是专属于粉丝的消费诡计。多版封面，即内容相同但封面不同。杂志方并美其名曰是为挖掘艺人的不同风格，实则是利用收藏心理，让不愿做选择题的粉丝自愿重复购买。周边和多封面的捆绑方式也极为常见。SuperELLE杂志的 2020 年 4 月刊以当红艺人王一博为封面人物，但与传统杂志不同，这一期杂志共有三款封面和两套官方海报。在售卖时，杂志官方共设置了三种链接，封面 A 和海报 A 为一组，封面 B 和海报 B 为一组，第三种封面 C 只含杂志却没有海报，而包含海报的 A 组链接和 B 组链接的价格是不含海报的 C 组的一倍之多。面对这样三款价格不同、封面不同、周边不同的链接，大部

1　Jenkins, H. 13. "What are you collecting now?": Seth, comics, and meaning management[M]. Fandom, Second Edition. New York: New York University Press, 2017: 222−237.

分粉丝并不会出现选择障碍的情况，为了支持偶像并满足自己的收集爱好，自然是三种都要买——偶像在努力冲击时尚杂志的大满贯，忠实的粉丝当然也要努力集齐偶像的每一"面"。更有一些"雄心壮志"的杂志敢于在同一期杂志中收割双倍的粉丝，通过设置双封面的方式——即杂志在排版时无传统的正面及反面之分，两面均是封面，均可翻开正常阅读——在一期杂志中邀请两位艺人成为封面人物，吸引他们的粉丝一起购买。除了基础的吸引粉丝购买的方式，更有一些杂志会使用周边与多/双封面等多管齐下的方式刺激诱导粉丝大量、重复消费。

渐渐地，类似这样的多封面搭售多周边的营销方式越来越常见，而诸如海报之类的周边早已不再是免费赠予粉丝的附加物，而是明码标价、用来吸引粉丝消费的捆绑商品。由于只有艺人的粉丝才会为捆绑商品买单，一般的杂志消费者并不会花额外的钱购买多余的杂志或周边，杂志方此种看似"宠粉"的行为实则是把手中的镰刀精准锁定了粉丝群体，只有粉丝会买单的"成就"达成了。

第八章　为爱出征的粉丝：粉丝应援手册

　　虽然商品类的消费已经能证明粉丝在现有经济模式中的地位，但应援类的消费才是粉丝最典型的消费类型，甚至在很多时候，粉丝商品类消费的一大目的是应援。应援并不是我国粉丝独创的方式，日韩的粉丝群体也有为偶像应援的习惯，我国粉圈常见的应援方式大都是从日韩沿袭而来，又经过进化后的本土版本。为了消除可能的误解，让我们先对应援的相关概念及其来源小做介绍。

　　我们通常把"应援"与"打call"联用，认为二者并无多大区别，都来源于日本偶像文化，都指代粉丝为自己喜欢的偶像加油助威。但深究起来"应援"与"打call"所指代的具体内容并不完全一致。"打call"在日本属于御宅艺（オタ芸，又称Wota）的一种，是由日本偶像（爱豆）的粉丝群体在现场表演的、用以与偶像互动的一系列动作的统称。当爱豆在台上表演时，粉丝会在台下用提前编排好的一套独特的喝彩方式给他们打气助威，如根据歌曲的节奏、歌词，喊出与之匹配的口号、作出相应的动作，如敲打物件、挥舞荧光棒等，加强歌曲的整体节奏感、附和偶像的演出，每首歌的打call方式都不尽相同。所以，打call的原意是指特定的粉丝现场行为，属于粉丝应援活动的一种，打call的对象多是偶像爱豆和歌手；而应援则当被视为在粉丝群体间广泛流行的、形式多样的用于支持偶像的行为，二者之间是包含与被包含的关系，而非并列的关系。当应援、打call这些概念被引入我国后，虽然仍然指代粉丝与偶像互动、表达对偶像的爱慕之情的方式，但在与本土文化场景相结合后展现出截然不同的气象。打call强调的现场感被弱化了，取而代之的是更多非现场、非互动性、非即时场景的应用场景，同时，演员、主持人等演艺人员也被纳入可被打call的行列。基于此，应援方式也更加丰富多彩，在模仿日韩偶像文化中线下应援方式的同时，线上应援逐渐融入粉丝的日常生活，并成为更直观有效、用于评估艺人人气的应援方式。

总的来说，我国的粉丝群体在表达对自己偶像支持的形式上出现了较大的变化，日韩文化中那些以夸张的歌舞、动作类打call的行为逐渐消失，做数据、氪金打榜等应援方式却成了粉丝群体中的主流。粉丝根据自身的情况选择更适合自己的方式来表达对偶像的支持，财力丰厚的以出钱打榜为主，经济水平普通的则以做数据为主。应援方式的不断变化升级暗示了粉丝心理的变化，应援逻辑从单纯的爱意抒发逐渐变为不同粉丝群体间攀比、炫耀。应援底层逻辑的变化让商业资本把粉丝锁定为有利可图的群体，设置出花样百出的方式让粉丝为自己的偶像加油助力。通过设立榜单、解锁福利、解锁活动等不同应援方式的交互融合，群体的攀比和炫耀心理不断被激发，诸如观看作品、购买代言、杂志等常规的商品类消费也被纳入应援活动的联动范围，升级成为新型的应援手段。

第一节　线下应援

我国粉丝的应援场景可分为线上和线下两种。

线下应援通常对应着特殊时机，如艺人计划出席演唱会、综艺录制等线下活动，或有新作品发布，又或是临近生日等纪念日，艺人的专职粉丝应援组织或是后援会会协同发起应援活动，平时散落各处的粉丝听到号召便立刻汇聚成群、各显神通。时机越特殊、纪念日越重要，参与应援的人数就越多，应援的方式也越纷繁隆重。究其共通点，都是以抒发对偶像的爱意为起点，以向公众展示偶像正面形象为终点，间或夹杂着与其他艺人的粉丝群体竞争、炫耀的意味。

线下应援的方式多种多样，最常见的恐怕是在大屏幕或广告位上投放艺人的视频，以此"声势浩大"的方式吸引过路行人的注意，加深他们对偶像的好感。机场、地铁站、公交站、商场等人流量密集处的屏幕从来都是粉丝的必争之地，但随着各大粉圈之间竞争的白热化，普通的LED屏幕已经不能满足粉丝想向世界安利自己偶像的迫切心情，应援的"战场"逐渐远离地面，向高地甚至高空扩展。上海环球港双子塔地处核心商业区，楼高248米，楼体8面环屏，可点亮的LED面积达4.8万平方米，是粉丝们心中绝佳的打卡地，李现、高伟光、王一博等艺人都曾被粉丝赠送过如此高调的投屏生日礼。投屏之外，无人机群表演是另一个网红项目。然而，不论是200余米的巨屏还是能飞善舞的无人机都没有在应援高度上做到极致，一些粉丝的应援已经离开地球表面，冲向了太空。2017年时，王俊凯的粉丝为了庆祝他18周岁的生日而策划了各种不同类型的应援活动，其中最独特的一项就是购买了18颗星星，这些星星在太空中的位置连在一起能拼成王俊凯姓名的首字母缩写"WJK"，粉丝也辅以文案表示"十八颗星，在十八岁生日时，连成你的名字，在夜空中收藏"[1]。虽然国际天文学联合会多次表示与星球相关的商业售卖行为并不受国际组织的认可，购买者收到的所谓证书也不受法律的保护，但这并不妨碍"送星星"这样的应援行为在粉丝群体中流行，自王俊凯之后，易烊千玺等艺人的粉丝也开始用购买星星命名权的方式来为自己的偶像应援。

　　活动现场的应援是粉丝线下应援的另一重要组成，可分为场内和场外应援两种。不同于在公共场合以路人为主要展示对象的应援，现场应援更在意艺人及到场的粉丝，或者说，在应援偶像的同时"应援"同好粉丝，既让偶像真实地看到来自粉丝的爱意，也让个人粉丝感受到来自集体的温暖。场内应援即是原始定义的打call，粉丝们手持灯牌和荧光棒，把蔓延全场的应援色和闪闪发光的爱的标语送给自己的偶像。如果活动有多位艺人参与，各粉丝群体间难免要争斗一番，后援会及各大应援组织会提前很久前往现场占位并精心布置，抢占最佳座席，再耐心等候偶像到场验收成果。不过，近年来多数活动现场已不允许携带灯牌等应援物进入，因此粉丝群体将更多的精力投掷于场外应援。

1　王俊凯粉丝为偶像"买星星"，国际天文学联合会：自娱自乐，https://www.sohu.com/a/192699830_260616.

场外应援必不可少的布置就是在场地周围显眼处摆放花篮、人形立牌、易拉宝、横幅等应援物。如果活动持续时间较长，应援站/后援会还会在现场搭建简易的餐车，为到场的粉丝提供诸如咖啡、点心之类的餐食。餐车车身上会印有艺人的照片或其他相关标识，散落的粉丝只需一眼便能找到组织。除了提供餐食，其他类型的"粉丝服务点"也能为活动增色不少。部分应援站或个人会在现场发放自制的手幅、海报等周边小礼，粉丝只需证明自己"粉籍"就能免费拿到这些饭制小物，也有一些如灯牌、相册之类的制作精良的周边应援物会收取少量费用，粉丝可以视情况购买，做珍藏之用。艺人李现为宣传自己的新作《赤狐书生》而参加录制综艺节目《快乐大本营》时，大量粉丝自发前往应援。现场除了有横幅、立牌等传统应援物之外，还挂满了狐狸形状的气球和橙色气球，隐喻"赤狐"；后援会更是包下附近的咖啡店，在为到场粉丝提供休息场地的同时也顺势将咖啡店布置一番为电影做宣传。[1] 有时，应援组织提供的粉丝服务还会涉及现场以外的情景，如疫情防控期间为了在保证安全的情况下给参加节目录制的艺人应援，一些较为贴心的后援会会为粉丝准备专属的应援大巴，接驳当地火车站与录制现场，甚至会在大巴上备有一次性湿巾、医用口罩和免洗消毒液等防疫物品。如果粉丝应援的是探班演员剧组、个人演唱会等活动，应援站/后援会还会为自己偶像所在的剧组、演唱会等工作人员预先准备餐食或伴手礼，而选择礼品时自然以偶像代言的产品为先，顺便增加销量。

除了由专业的粉丝应援站/后援会筹划的应援活动，到场的普通粉丝也有重任——接偶像上下班。出于安保的考虑，进出活动场地的路线通常不止一条，而为了真正做到"接送偶像上下班"，粉丝会提前到场观察地形、占领最佳位置，确保各个出口都有自己人守候，有时，粉丝甚至会提前数天到现场"占位"确保自己的应援组织届时能在最有利的位置给予偶像最好的应援。而之前领取到的手幅、海报、灯牌等饭制应援物此时便派上了用处——举起手幅、高喊口号，让偶像能第一时间发现自己的支持者。如此一来，艺人虽然绝不会错过接送，但等错出口

---

1 李现为新电影再登《快本》，https://k.sina.cn/article_5883109483_15ea9206b001012kad.html?from=ent&subch=film.

的粉丝却难免要失落一阵。但这并不会浇灭粉丝的热情，待艺人离开，粉丝们会自发帮助应援站/后援会清理现场，回收横幅、立牌、易拉宝等可重复利用的应援物。倘若收工时间尚早，粉丝们就会三五成群地组队在周边游玩，如果收工时间较晚还能一起吃个宵夜。所以，现场的应援活动有时倒像是一场愉快的粉丝大型线下聚会。

第二节　线上应援

线上应援即是发生在互联网上的应援行为。我国的粉丝应援源于日韩模式，却又顺着"流量可变现，数据即流量"的逻辑生出了自己的形态。不同于日韩的粉丝只在爱豆的回归期等"生死攸关"之际安排线上应援，线上应援活动已经融入了我国粉丝的日常生活。这些线上应援方式大致可为两大类：其一是完善舆论向数据，即粉丝常说的"做数据"，意在体现艺人的超强人气；其二是提升消费数据，是与商品类消费联动的应援方式，意在展现该粉丝群体超强的消费力。

舆论向数据

微博在发展初期以打造"公众议事厅"为定位，新闻媒体、公众人物、各个领域的意见领袖，以及普通民众自发加入微博生态圈公开讨论，这让微博成为一个重要的公众舆论场，有时甚至是大众舆论的风向标，一些社会热点通常都会在微博先行发酵，再扩散到其他平台。为了扩大盈利，微博开始邀请明星艺人入驻，自此便在娱乐化的道路上越走越远，逐渐转型成大型的网络娱乐场。微博不仅为明星粉丝开设了专属的讨论地，即明星超话，还设立了明星榜单以刺激粉丝的攀比之心。这些特性不仅让微博成为国内最大的粉丝聚集地，也让它成为粉丝群体最重要的"数据阵地"。

身为娱乐场兼舆论场，微博设立了包括微博明星超话排名和明星势力榜在内的大小榜单，依据明星艺人在微博上被热议的程度每周/月更新排名，又根据艺人的主攻方向和地域分出了如音乐榜、明星榜，或内地榜、港台榜、亚太榜等分支，制造出更多榜首宝座。为了成就偶像，粉丝会多多讨论增加热度，或是直接赠送虚拟礼物强行提升排名。于是，"贴心"的微博又特地为粉丝群体设置了"粉圈榜单"，嘉奖他们的努力。

轮博，即重复转发重要的微博，尤其是艺人自己的微博。粉丝希望以超高转发量显示偶像的超高人气，不同艺人的粉丝之间还会互相攀比，常因自己偶像的转发量高于他人而与有荣焉。为了赢得这份光荣，一个合格的粉丝需要备有数个微博账号，不停地切号登录操作。在"轮博精神"的鼓舞下，艺人微博的转发、评论数量大都高得惊人，甚至出现过单条微博的评论破亿并获得吉尼斯世界纪录的案例。[1] 2018 年时，一名艺人因一条微博转发量过亿而引起多方质疑，这个数字意味着平均每三个微博用户中就有一人转发了该条微博，流量艺人数据造假的问题也逐渐浮出水面。事件曝出后，微博官方修改了单条微博转发量的显示上限为 100 万，当转发数量超过 100 万后也只显示"100 万 +"，终于给粉丝无限制地轮博画了一道终线。

控评，是另一重要的微博应援项目。专业的粉丝控评分为两步：第一步，先发制人，相关职能组[2]需要在第一时间发现提及艺人的重要微博（如微博大 V、官方账号等发布的微博）并立刻占领原博评论区，评论内容一般要与原博文内容相关，但最重要的是要配上艺人的高清美图；第二步，抢占热评，在"早鸟们"评论之后，其他职能组会呼吁未能及时评论的粉丝前往留言，点赞排名较前的、提及自己偶像的正面评论，把这些评论捧成热评。为了尽早攻占评论区，"聪明的"粉丝就要学会善用工具，如套路键盘[3]既能解决文思枯竭的困扰，也能节约打字输入的时间，轻轻一点便能迅速完成从文案构思到输入的一条龙服务。控评的功能有

1　鹿晗已经第三次创造吉尼斯世界纪录了，https://www.sohu.com/a/66341695_127517.
2　如"盯博组"，即是负责时时"紧盯"微博舆论走向、第一时间发现与艺人相关微博内容的职能组。
3　套路键盘，一款可用于电脑及手机的应用，能一键发送预存内容。为方便粉丝应援，套路键盘的数据库搜集、存储了大量不同艺人的专属文案，并实时更新。只要切换至应援模式并关联特定艺人，粉丝就能一键发送有针对性的玩梗文案，省去思考及编辑的时间。

二：其一是"掩盖"针对艺人不利的舆论，其二是宣传艺人。微博判定点赞数较高的评论会出现在评论区的前排，成为热评，普通用户点开博文查看时，热评更容易被看到，当积极正面的粉丝评论抢占了前排，那些不利于艺人形象的负面评论自然就"被"消失了。同时，粉丝也希望通过宣传性的文案与艺人的高清图让路过的看客更了解自己的偶像，或至少让发布重要微博的重要博主感受到艺人的热度。

除了重要的博文，热搜广场也是粉丝们要控制并攻占的领地。微博热搜可简单分为红热搜和黑热搜两种。红热搜，指正面的热搜，通常是为了配合艺人的曝光需求由相关团队主动发布的、有助于提升艺人形象的正面话题。每每有红热搜出现，粉丝便心领神会地开始工作，持续引导话题的走向。相反，黑热搜就是有损艺人形象的热搜，当艺人言行不当，或被过度解读、又或遭遇竞争对手的恶意攻击，黑热搜就会"如约而至"。不论黑热搜源头为何、艺人是否自食其果，粉丝都不会坐视不理，出于对偶像的绝对信任和爱护，他们会不遗余力地与黑热搜针锋相对，于是，反黑类的应援行为出现了。

反黑，指反击与艺人相关的负面信息。当黑热搜出现，一些粉丝会寻求证据予以反击，另一些则会以发轮博、控评的形式把控舆论，极尽巧妙地将黑"洗"成白。除了人肉洗白，运用软件反黑渐渐成为主流，例如腾讯QQ浏览器就推出了"反黑功能"，运行后能在后台自动"浏览"热搜榜单上与指定艺人无关的话题，通过提升其他话题热度的方式来降低偶像黑热搜的热度，把黑热搜挤出榜单。另一款名为"魔饭生"的App也有帮助粉丝"清洗"热搜广场的功效。

除了已经上榜的黑热搜，粉丝还会实时"监控"平台上涉及自己偶像的整体舆论风向，甚至成立职能型的"反黑组"做到提前预警。一旦发现有用户发布了不利于偶像的消息，粉丝就会视情况"出警"反黑。对危害程度较轻微的言论，粉丝会劝发布者删除相关言论，试图将负面信息扼杀于摇篮。但对性质较恶劣或是"屡教不改"的发布者，就需要发动群体的力量，号召大家集体将其拉黑并向平台举报发布者账号，倒逼微博平台对发布者作出处理。

在粉丝眼中，不论是以轮博、控评的方式把控舆论走向，还是以劝删、拉黑、举报的方式清理不利言论，都是维护自身权利、捍卫偶像形象的正当方式，殊不知这些行为早已背离初衷，以爱为名干涉他人的网络自由，不仅起不到正面宣传的作用，反倒激起了普通用户对艺人的满腔怒火。

尽管微博是粉丝不可缺失的娱乐兼舆论场，但粉丝的数据阵地却并不只有微博。自微博设立明星榜单并以此盈利后，其他平台也开始效仿这一模式，以评估艺人在不同方面的热度、价值等为噱头，吸引粉丝前来打榜。如FUNJI榜单通过大数据算法，搜集艺人在微博、知乎、豆瓣等平台的综合讨论度并以此为艺人评级；百度等传统网络平台也使用自己的算法指数来衡量艺人的人气，这些榜单共同组成了粉丝网络应援体系中"舆论数据任务"的部分。

每个数据平台都有自己独特的数据任务，如寻艺签到、明星权力榜签到、FUNJI签到、QQ部落签到及发帖、百度贴吧签到及回帖、百度百科送花、豆瓣发帖及回帖、明星势力榜任务、明星权力榜任务、饭豆应援榜任务、偶像指数榜任务、魔饭生清理词条等，这些任务大致可归纳为签到打榜、主动发帖和反黑三大主题：签到打榜可以用于证明艺人的人气，主动发帖可以扩大传播力并提高网络热议度，反黑则能清除负面言论、维护偶像正面形象。在粉丝眼中，似乎只要完成这些任务，就能全方位地在互联网上守护自己的偶像。而想要守护偶像，就需要下载相关平台的App或绑定微信小程序，有时，为了追求最佳收益，粉丝还需要完成额外的加成任务，如在App内观看视频广告、在其他社交平台（如微博、微信等）分享榜单、直接付费等。每天走完一整套流程，大致需要花费数小时之久，着实有些吃力。于是，如何提升粉丝的积极性就成了打榜平台和粉丝组织共同操心的问题。

新起的数据平台并没有撼动微博的地位，反倒更凸显微博作为粉丝"聚集地"的功能。粉丝职能组织以微博为传播渠道，每日发布数据任务、号召广大粉丝携手完成。在群体氛围的烘托下，原本枯燥无趣的数据任务也变得有人情味起来，懒散的粉丝也渐渐从不情不愿变得自发自愿。除了每日的基础数据任务，职能组还会根据艺人近期工作的重点以及部分榜单的限定活动，实时调整、增减数据任务。当粉丝终于完成了当日的基础数据任务，他们还可能随时被召唤完成一些突发的任务，相关调整通知也会在微博实时更新。醉心数据的粉丝们积极响应号召，有时还会在完成任务后截图并发布微博，既是炫耀自己为偶像作出的贡献，又在潜移默化中烘托群体做数据的氛围，号召更多不情不愿的粉丝加入数据大战。

消费向数据

信息时代，人们的消费行为多少都会留下痕迹，到访过的商店、购买过的商品、浏览过的广告页面……这些痕迹会被转化为一个个数据，而数据的总和就是"大数据"。大数据暗示了大众的生活方式和品位喜好，善用大数据就能为后续的商业投资提供对策。在粉丝眼中，这些数据也是宝贵的"武器"，能让商业投资方注意到自己偶像的价值。所以，除了打榜、反黑之类的舆论数据任务之外，粉丝对消费类的数据也格外上心。需要声明的是，这里的消费向数据并不单纯指购买偶像的相关产品，而是将消费行为、消费意向、消费态度数据化，属于商品类消费和线上应援的梦幻联动。

（一）作品数据

不论是什么类型的艺人，即使是选秀出身的爱豆，最终仍需通过媒介作品维系与大众的联系，增加自身曝光度。在传统经济时代，收视率、票房、销售量等数据便足以衡量艺人作品的传播效果；但到了信息时代，网络视频平台逐渐取代了电视和影院，实体专辑成为情怀，取而代之的是数字专辑的流行。显然，传统的数据类别已无法满足新时代的评价体系，网络平台的播放数据、会员的开通量、数字专辑的销售量、社交平台的讨论度等成了更为重要的指标。为了呼应时代的需求，一些平台顺势推出了新榜单，试图与时俱进地展示艺人在各个领域的表现，如艾漫数据即是基于全平台的大数据分析，从商业价值、代言、热度、作品口碑等方面总结艺人的影响力。

如果说舆论向的数据应援只是粉丝用广撒网的方式向大众宣传自己的偶像，或是营造出偶像正受到广泛关注的氛围，那么针对艺人媒介作品的应援就是定向宣传，期望通过舆论风向让大众认为偶像的作品质量、口碑俱佳，进而认可自己的偶像，甚至成为粉丝。当然，对作品的宣传不只针对普罗大众，粉丝更希望为偶像的未来铺路，让各路投资方相信自己的偶像既有业务能力，又有商业价值，更有群众基础，是值得投资的对象。而实现这些目标的终点，自然是用心"做"数据，毕竟在粉丝眼里，艺人依靠自身实力说话的时代已经过去，借助粉丝的力量推动流量才是"正确"的前进方式。

为了美化作品的数据，粉丝通常会多管齐下，在播放量、传播量、美誉度等方面出力，其中最为重要的是作品播放源的数据，例如网剧/网综在视频平台的点击率、数字专辑的购买量、上星电视的收视率，或是电影的影院票房及上座率。用心的粉丝会仔细研究演算，寻找提升相应数据的最优路径。假如作品在某平台独家播放，该平台就成了粉丝的唯一宠儿，他们会将全部重心放在提升该渠道的播放量上，如反复购票观影、设定网站的循环播放、开启/登录多台设备同时播放、后台播放……有心有力的粉丝想凭一己之力增加上千播放量不再是梦想。假如作品授权多个平台播放，粉丝会努力成为端水大师，每个平台都必须"宠幸"一番才行。诚然，平台之间也会存在"鄙视链"，粉丝即使想要端水，也会优先照顾那些更受器重的平台的数据。以电视剧集为例，播出平台大抵有卫视频道和网络视频平台两种，前者属于"上星剧"，后者则被称为"网剧"。传统媒体虽然渐渐没落，但影视行业的重要奖项依然以上星剧为颁布对象，所以上星剧的地位犹存，卫视频道也被认为是更优质的播放渠道。有时，剧集会同步在卫视频道和视频网站更新，或是在不同的视频平台联合播放，当出现这些情况，粉丝心中的天平自会倾斜：卫视频道的播放优先级要高于网络平台，投资更高的网络视频平台的优先级高于投资更低的平台。

作品在大众社交平台上的传播度是另一重点关注的对象。粉丝会努力提高作品在网络平台的传播广度及讨论深度，其方式与舆论向的数据应援大致相同，即在各大社交平台主动发帖、回帖、控评、反黑等。发布于网络平台的作品也会有额外的"战场"，粉丝要在普通观众及"黑粉"到来之前给作品五星好评，并攻占评论区和弹幕区，引导话语权，增加正面讨论。所以对数据能手们而言，针对作品的宣传更像是一种期间限定任务，轻车熟路地不需要花费太多额外的时间就能做得完美。但也要提防过犹不及的情况。一些粉丝激进且过度的参与，扰乱了观众正常的讨论，不仅无法把潜在的受众转化为偶像的粉丝，反而让他们生出了抵触的情绪。有冲突便有话题，有话题自然会有流量。此时，完全仰仗流量而生的数据平台又在背后悄悄推了粉丝一把，让不同艺人的粉丝群体陷入内斗中，制造更多话题、引来更多流量、创造更多经济收益。德塔文影视观察榜是一个利用大数据算法、评估剧集和参演艺人网络热度的影视榜单。虽然德塔文数据宣称自己不主张粉丝做数据，扬言其核心算法并不依赖流量，所得结果真实专业，具有市场预测价值，但从榜单设置规则来看，其结果依然建立在粉丝数据的基础上，甚至还刻意诱导不同艺人的粉丝加入数据大战。该榜单特意设立了"艺人贡献度"指数，评估每一位演员（的粉丝）对剧集热度作出的贡献，排名只取前三名并每日更新，这无疑是在明示、鼓励各位参演人员的粉丝群体要努力"做数据"，让自己的偶像在该指数上超越其他艺人。如网剧《长歌行》自播出起，男女主角和女二演员的粉丝就一直在暗中角力，三位演员每日的贡献指数一直在 33% 左右徘徊，此消彼长、难舍难分，而其他演员的指数总和却只有 10% 左右，仿佛他们对剧情的推进毫无贡献。在各类榜单的推波助澜下，艺人数据向上走、口碑却向下滑的问题日益严重，一些冷静的粉丝渐渐意识到了这一点，开始采用更高阶的宣传方式，譬如撰写详细的影评、歌评等。高阶的手段虽然意味着高回报，但同时也意味着高门槛，这些方式不仅需要投入充足的时间和精力，对粉丝的综合素质也有要求，难以推而广之。

正如艺人有数据榜单，艺人产出的媒介作品也有属于自己的榜单，豆瓣、猫眼、淘票票等平台便提供了这样的榜单。但不同的是，艺人的数据榜单是面向粉丝和部分从业人员的，作品榜单却是由大众打分的，粉丝想要保住作品的口碑，自然要对这些大众榜单下手。大众榜单的运作逻辑是发动大家对自己曾看过的电视、电影、书籍、歌曲等给出相对客观的评价，赞美优秀的、批评拙劣的，对未接触但有兴趣了解的其他人群提供参考价值。当然，这都是正常情况下助力文娱产业"优胜劣汰"的法则，但当粉丝经济浸润市场，这一法则也就遭到了粉圈逻辑的侵蚀。来自大众、出于客观的评分未必能打动更多的观众，真实的评论甚至会因为过于尖锐而起到反向宣传的效果，这对以积极宣传、正面推广偶像为己任的粉丝群体而言，自然是危险不可控的因素。所以，一如粉丝会在微博等平台控评，他们也会设法控制这些榜单，而控制的方式就是集体出动，给偶像的作品打满分。以豆瓣的评分榜单为例，每当偶像的作品即将上线，粉丝们就会去豆瓣上的介绍页面点击"想看"以表达自己的立场；等到作品正式上线，粉丝会把"想看"改为"看过"并直接给作品打五星好评，随后附上真情实感的观/听后感。粉丝们努力抬高评分，以抹黑作品质量为己任的"黑粉"自然也不甘示弱。他们会给作品一星差评——没给零分要归咎于豆瓣最低只允许一星——并随意挑出作品中的瑕疵予以严厉批判。若要抵消这个一星差评带来的负面影响，粉丝就需要新增五个五星好评，权衡之下，也只能继续刷号、打分，为了偶像光明的未来再努力一下吧！于是，榜单再次变成了控制舆论（无论是正面还是负面）的手段，而非分享经验、构建共识的桥梁，至于作品质量与评价是否相匹配早已无人在意。

播放量、传播度和美誉度都以作品宣传和操控舆论为主要关注点，这些数据固然重要，但作品（艺人）的变现能力或许更值得粉丝操心，即作品付费率——有多少观众把对作品的关注转化为真金白银的付费支持。针对不同付费类型的作品，粉丝会采取不同的策略。诸如数字专辑之类的买断型的作品，粉丝似乎对第一时间的购买量有别样的情结，首小时（日）购买量/票房量一定要做得漂亮，仿佛只要这样就能体现自己偶像强大的号召力和（或）作品的优质，如果这个数据能超过同期的其他作品，则更显得偶像有过人之才。譬如张艺兴的粉丝便十分骄傲于他们的战绩，实体专辑《莲》限量78888张，却只用了6秒时间就宣告售罄。[1] 为了迎合，抑或是说强化粉丝的炫耀心态，数据平台趁机新增额外的指数刺激消费，如

1　张艺兴实体专辑《莲》六秒售罄，这是粉丝对张艺兴最大的认可，https://www.sohu.com/a/ 462911451_120016053.

在数字专辑推出的几天内不断地在社交平台上公布购买量（首小时购买量、前两小时购买量、前三天购买量……），来提醒尚未消费的粉丝迅速购买、刺激已经消费的粉丝重复购买；类似地，电影宣传方公开宣告首日票房似乎已成惯例，后续也会不定时公布票房破×亿的公告。

除了买断类的作品，依靠会员制变现的作品也有自己的最佳策略。为了提升自身市场占有率，也为了帮助作品拓宽市场，播放平台通常会小小牺牲一下，向所有用户提供免费的赏析片段，吸引他们入坑，但想要欣赏全部内容就需要开通会员。另一些作品虽然可以通过等待来换取免费观看的机会，但等待不只意味着百爪挠心的焦急，更意味着有随时被剧透的风险，而开通会员就能一劳永逸地逃避这些烦恼，成为快乐的追剧人。粉丝为了支持自己的偶像自然也会开通会员，但不同于普通观众因作品本身的诱惑而成为会员，粉丝成为会员的动机与作品优劣无关，且对开通会员的时机也很有讲究。以网剧为例，网络视频平台通常会让非会员用户免费试看几分钟到十几分钟不等的片段，试看结束后，网站会弹出窗口告知用户需要开通会员才能继续观看，而在这一特定时间节点通过弹窗链接开通的会员，可认为是该剧为平台引入的流量，进而归功于参演的艺人们。因此对粉丝而言，试看结束后就是最佳的购买时机。为了进一步扩大新增会员量，除了自己的账号外，粉丝还会发动身边亲朋好友的力量，完成注册账号、开通会员、观看、点赞、评论、分享等一系列的服务，为偶像的数据添砖加瓦。开通会员之外，超前点播也必不可少。自2019年底腾讯视频和爱奇艺借着《庆余年》的热播推出了超前点播功能[1]后，这一增值服务就成了热剧标配，也给粉丝提供了更多数据空间。超前点播的会员是最早看到剧集的人群，这就意味着他们能更早抢占弹幕、评论区等舆论场，此时留下偶像的大名或是对应剧情发布对角色的解析是最佳时机，当剧集对所有观众开放时，后来者难免会受其影响，更可能对艺人产生积极影响。

---

[1] 超前点播：即在剧集播出后期，会员用户可以支付额外的费用提前观看内容。观看优先级：超前点播的会员>会员>普通用户。

（二）代言及周边数据

在传统的注意力经济视角下，商务合作中最有价值的数据就是明星介入后相关产品的销售量、品牌的传播度及美誉度等；而到了粉丝经济时代，这些目的的实现又离不开粉丝的助力：销售量靠粉丝疯狂买买买，传播度靠粉丝引导舆论一条龙，美誉度靠粉丝晒单评论。于是，粉丝对这些数据的贡献就成为评价商务合作的重中之重，哪位艺人的粉丝更能买，他/她就有可能获得更多的商务合作。聪明的粉丝自然明白这一点，为了偶像的前程，抱着成为"韭菜"的自觉心态，义无反顾地冲在抢购第一线。此时，购买行为不只是单纯的物质消费，也是满足自身精神需求的情感消费，还是支持偶像事业的应援手段，更是维系圈层内部和谐的团建手段。正如普通消费者在购买商品时会货比三家，择出性价比最高的，粉丝在买代言时也会思考怎样才能达到利益最大化，把钱花到刀刃上，让"韭菜"尽其用，把数据做得完美，让偶像前程无忧。

追溯起来，其实早在艺人与品牌方的商务合作正式公布之前，粉丝就已经介入，开始步步为营地为自己的偶像做数据了。当品牌方邀请某位艺人为自己的产品代言或推广，抑或是时尚杂志即将刊登艺人的专访或将艺人选为封面人物时，通常会在微博、淘宝等公众平台隐晦地提前预告，如放出剪影或罗列关键词，以此暗示合作对象的身份。提前预热一方面是为表达对合作艺人的尊重，另一方面则是在暗示艺人粉丝适时配合造势、带动舆论。收到暗号的粉丝立刻把新商务纳入日常数据列表，开始轮博、控评、霸占热搜、反黑的引导舆论一条龙服务。待到商务合作正式公布，粉丝的应援方式就会从舆论数据专攻转向舆论与消费数据联攻。

粉丝消费的第一条守则——买对代言。品牌并不专情，坐拥数名代言人的情况极其常见，如有流量风向标之称的欧莱雅会同时邀请数十位颇具人气的艺人担任推广大使或代言人，不同的代言人负责不同的产品支线（如美白、防晒、彩妆、洗护用品等），有时也会出现几个代言人共同推广一款产品的情况。即使是品牌全线代言人，也需要根据品牌方的需求，在特定时期着重宣传特定产品，如当季畅销品、新品等。如果粉丝大意买了其他艺人的代言产品，而没有购买偶像的主推产品，不仅会造成钱财的浪费，宝贵的销售数据也无法为自己的偶像带来收益，可谓损失惨重。由此，优秀的买手们会优先购买自己偶像单推或主推的产品，有选择性地购买与其他艺人共同推广的产品，不买其他艺人推广的产品。

粉丝消费的第二条守则——能者多买。买对商品只是最基础的一步，并不足以证明群体的消费能力，也无法为艺人争取更多的利益。如果粉丝想为偶像的事业前途铺路，助他们升级代言 title[1]、成为一线杂志封面人物、换取优质业务资源，就需要贡献足够高的销售额，如果买到断货当然就更好了。如此缔造的销售神话固然让人印象深刻，但网购时账号相同、收货地址相同的问题也容易降低数据的质量，精益求精的粉丝便由此进化出新的购买手段，比如号召亲友用个人账号购买产品再为他们报销费用，或是干脆申请多个账号寄给不同地址的亲友。如果还不满足，粉丝还能巧妙地合理化大量购买的动机，如在酷暑时节为交警购买偶像代言的饮品，或是参与其他公益赠送活动，在提高销售量的同时为偶像做正面宣传。综上，粉丝在购买代言的事情上可谓十分努力，想用一骑绝尘的销售额向品牌方隔空喊话：自己的偶像是真正的"带货王"，欢迎继续合作。

粉丝消费的第三条守则——及时购买。在攀比之风盛行的粉圈，诸如"某艺人的代言被粉丝买到断货"的故事渐渐成为基本操作，想炫耀就要找到更抓眼球的方法。于是，"秒切"这一新风向标顺应而生。秒切，与"秒空"相似，是指商品卖完的速度极快，需按秒计算，言下之意便是艺人的商业号召力极强，粉丝不仅买到断货，还在短短几秒内就买完所有存货。秒切用时越少，粉丝也越有炫耀的资本。2021 年时，某品牌方邀请艺人王一博成为代言人，并推出了内含周边的限量礼盒。礼盒价值数百元、限量 9000 余份，却在一秒内售罄，优秀的"战

1　明星代言 title：多数时候，品牌方合作的艺人并不唯一，而根据艺人影响力等情况，品牌方会给他们不同的称号以示区别，最高级别的是品牌（全球）代言人，次之是区域代言人，再次是形象大使，其下是品牌挚友、推荐官等。

绩"让品牌方特地发文庆贺，艺人团队也趁势邀请媒体发通稿宣传。[1] 粉丝带动的好销量渐渐让品牌方放开手脚，不再只采用限量的营销策略，转而投向限时不限量的方式，美其名曰让粉丝们尽情购买，秒切这一新型指标的重心也由此从买空产品所需的时间，转移至首秒的销售数量上，它的江湖地位有时甚至超过了限时销售期间的总销量，成为衡量艺人商业价值的重要数据，也成了粉丝追求的极致。艺人吴宣仪曾应邀拍摄了《芭莎珠宝》电子刊，杂志上线后秒切销量达 7 万余本，粉丝集体狂欢，认为自己的爱豆已经跻身一线流量的行列；[2] 迪丽热巴的《时尚COSMO》杂志上线，一名狂热的粉丝为提升销量斥资超百万第一时间独自购买了 4万本，并在微博上晒单号召更多人一起冲销量。[3]

粉丝消费的核心原则——雁过留痕。如上所述，粉丝小心谨慎地挑选产品、掏空钱包反复购买、掐着秒表及时购买，不可谓不辛苦。幸运的是，互联网的可记忆性让粉丝的一切努力不至于被忽视。数字经济时代所有消费活动都会留下痕迹，线上消费保留了从浏览到下单，再到运输及收货的全过程，线下消费虽然无法收录得如此完整，但也存在单据、转账等交易记录。个人交易记录本是隐私，但在应援大业面前，也不是不能适当牺牲，粉丝会让这些个人痕迹化身为数据武器，为应援之旅保驾护航。所以，购买代言之后第一时间晒单便成为粉丝的优良传统。

接下来，让我们顺着购买流程感受一下粉丝在生产消费数据时的小心思。首先是下单环节，千万记得在订单中备注偶像的名字，告知品牌方这一订单来自艺人的粉丝而不是普通消费者，侧面暗示粉丝群体的购买力。下单完成后，粉丝可不会如普通消费者一样耐心等待快递上门，而是先去微博等社交平台晒出自己的

---

1 王一博成瑞琪奥兰品牌全球代言人，9000 多套秒售罄，官方发文祝贺，https://www.nanmuxuan.com/zh-tw/gossip/qrpgbpplznm.html. 蜂蜜官宣！王一博 21 年第 4 个代言秒罄，意外曝他睡 5 小时的一天超忙，https://www.163.com/dy/article/G5C870S00517M31A.html.

2 吴宣仪杂志内页出炉，一秒钟销量 7w，创单人封面秒切纪录太厉害，https://www.sohu.com/a/299912554_100132225.

3 饭圈病态化！迪丽热巴杂志秒切百万，流量粉丝"一掷千金"成常态，https://www.163.com/dy/article/FTI4T4340517NQ6O.html.

订单截图，不能放过每一个做数据的机会。当然，光晒订单图是不够的，带上相关话题的tag、@自己的偶像及品牌的官方账号，最好还要附上偶像的高清美图，再用巧妙的文案说明自己粉丝的身份并表达期待的心情，提醒品牌方是谁在为了谁消费。经过漫长的等待，偶像代言的产品终于到手了，此时要做的自然就是在各大平台正式晒单了。与订单阶段的晒单类似，只不过订单图需要换成产品图和周边图，最好再搭配积极正面的产品使用心得，感谢偶像的良心推荐，顺带祝福偶像和品牌方合作愉快，这样的流程才算合格。线下消费虽然没有订单和等快递的步骤，但整体流程却大抵相似，只需附上消费小票，或是搭配门店照片即可完成打卡任务。有时，粉丝还会替品牌客服人员"传话"，强化艺人×品牌的联合影响力。"客服说马上会上架部分现货，大家抓紧去抢吧，手慢就无啦！""客服专员给我打电话问今天突然的超大量下单是不是因为新宣布的代言人，还说虽然不能直接透露最新数据，但是今天的销量非常罕见，××（艺人名）的带货能力真的太厉害了！大家快去支持呀！"至于这些对话是否属实则无人在意，只要气氛到位，销量不俗，几方阵营便能各取所需，宣告合作愉快。

总结起来不难发现，粉丝刻意留下的所有消费痕迹表面是配合品牌方做产品宣传，但内核仍然是为自己的偶像做数据。他们用不同的方式、从不同的角度努力在舆论场上留下"浓墨重彩"的一笔，明示、暗示自己偶像的超强带货能力，既让正在合作的品牌方"饮水莫忘挖井人"，又让潜在的合作对象见识粉丝超群的购买力，还向其他粉丝群体炫耀自己的战绩，为偶像争面。

第三节　公益应援

粉丝在为偶像应援的这件事情上干劲十足，新方式层出不穷，而公益应援就是时下颇为流行的应援方式。

为什么做公益

社会经济水平的提升让人们越发重视精神文化方面需求，这间接带来了文娱工作者的数量井喷式增长。然而，空降的艺人们的业务能力和品德素质参差不齐，给文化娱乐产业带来了不小的冲击。大众一方面惋惜影视作品质量的整体下滑，另一方面也担心作品质量堪忧的艺人会影响青少年粉丝群体的健康成长。这些担忧还未来得及消化，横空出世的偶像产业又让这份担忧雪上加霜。年轻的爱豆们不仅业务能力不够出挑，自我约束意识更是薄弱，"偶像失格"的情况时有发生，树立了极坏的"榜样"。与此同时，攀比炫耀之风在粉圈盛行，又滋生出盲从跟风、造谣谩骂、人肉搜索、非理性消费、集资应援等问题，不断地侵蚀着年轻一代的三观，挑战着社会道德底线。鉴于此，诸如要求立法禁止追星、取缔粉圈等呼声在民众间高涨。除了一刀切的反对声音，也有一些较为中立的公众寄希望于艺人要有所作为，善用自身的影响力，为追随者树立正确的榜样。[1]

为了与公众和解、肩负起自身的社会责任，艺人越发重视对粉丝言行的引导，成为能给社会带来正面价值、引导粉丝积极舆论的"正能量偶像"成为不少艺人的社会目标。因此每到特殊的时间节点，如国家纪念日等，艺人就会响应官方媒体的号召转发特定的微博并带动粉丝一同参与，或追思，或感恩，或弘扬正能量，整个微博舆论都显现出积极向上的健康生态。一些商业榜单也顺势开辟了正能量相关的指标，量化艺人的正面力量。然而，既然是榜单就仍逃不开"流量为王"的底层逻辑。不少粉丝打着弘扬正能量的旗号，却抱着做数据的功利心态，让严肃话题沦为粉圈数据，不免进一步加深了大众对粉圈的非议。

舆论方面的引导恐有形式主义的嫌疑，行为的规范或许更有意义，明星公益活动即是其中一种。明星参与公益活动早已不是新鲜事，早在2008年汶川地震发生时，艺人韩红就开始组织志愿者团队帮助在地震中受困的群众，后又成立了以

1　查曹，伍晓蔓，毕名杨，等. 粉丝经济背景下偶像对全民公益的拉动作用研究——以新冠肺炎时期为例 [J].湖北经济学院学报(人文社会科学版)，2021,18(2):43−47. 田丰.网络社会治理中的"饭圈"青年：一个新的变量 [J].人民论坛·学术前沿，2020(19):33−39.

支援医疗卫生建设和重大自然灾害应急救援为主的公益基金会，十余年来援助过不少弱势群体。演员古天乐自 2008 年起开始投身公益事业，虽有颇多实绩但一直低调行善，并未公开宣传自己的行为，不少网友自发考古后发现古天乐至今已经在内地捐赠了百余所希望小学，对偏远山区的教育事业助益良多。明星参与社会公益除了能带来实际贡献之外，更重要的社会效应就是感化粉丝，引导更多人主动了解并投身到公益事业。令人欣慰的是，不少粉丝确实受到偶像的影响志愿为公益事业做些力所能及的事。2019 年，中国儿童少年基金会和安利公益基金会联合举办了"假装吃大餐"的公益活动，短短两周时间，就有超过 12 万的互动讨论，活动相关微博的阅读量更高达 7000 余万，共计 19 万人次参与捐赠，筹款金额达 200 余万元。[1] 这些成绩与主办方邀请明星参与宣传密不可分，公益活动也逐渐成为粉丝应援偶像的最佳手段之一。

其他应援活动通常以向偶像表达爱意、正向宣传偶像、为偶像争取名利为主要目的，同时也不乏向别的粉丝群体炫耀"战绩"的心理，公益应援虽然并未完全放弃这些目的，但其背后蕴藏的心理机制却要再复杂一些。

在此前的章节中我们曾提到，个人成为某位艺人的粉丝时会先后经历对他者的认同（即认同偶像）和自我认同（即自认是粉丝）的过程，部分粉丝还需完成群体认同，认同自己是特定粉丝群体中的一员，具有群体认同感的粉丝更愿意参与群体活动，而未完成这一步骤的"散粉"则沉迷于单打独斗。不过，粉丝的认同之旅并未就此结束。人的集体属性决定了个人的自我评价和自我意识构建依附于群体，尤其在东方文化语境中，个人与集体的联结更为紧密。以此推测，如果个人粉丝想要长期地"粉"下去、"健康快乐"地追星，就需要得到来自他人——尤其是圈层外部的他人的认同，且这种需求与个人粉丝是否完成了群体认同关联不大。来自他人的认同，不仅包括外界对个人追星行为的正向反馈，更包括外界对自己偶像及粉丝群体的正面态度。假使这种认同感获取失败，个人难免会产生自卑、

1　一次阅读量超 7000 万的公益传播活动是如何达成的？ http://www.xinhuanet.com/gongyi/2019-07/24/ c_138253211.htm.

割裂、挫败感，或是引发其他认知及行为的偏差；而当外界对粉丝群体以及艺人均抱有积极正面的态度时，粉丝的身份认同便得以加固，他们自觉撕去了"小众""脑残"的标签，安心地享受圈层外部的阳光。为了获得来自他人的认同，投身公益事业就是不错的选择，不仅能真正为社会公益事业作出贡献，也能在一定程度上为群体正名、赢得外界好感，以此强化对自身的认同感。正如某位粉丝所说："因为喜欢一个人而加入一群人做善事，这个感觉真的很棒，被捐赠者可能并不认识我的偶像，但却会发自内心地对偶像心存感谢。同时，我喜欢的偶像能够有这样的力量让一群人主动去做公益，会让我感到很自豪。"

怎么做公益

粉丝自愿投身公益本是受到偶像参与公益行为的感染，但随着公益应援规模不断扩大，粉丝公益甚至"反客为主"地成为明星参与公益的重要方式。粉丝公益应援大致有三种类型：由社会公益组织发起的公益活动、由粉丝组织与公益组织联合发起的公益活动和由粉丝组织独立承担的公益应援。

粉丝公益应援最重要的就是合理合法、公正公开相关财务细节，为了确保这几点，粉丝公益应援通常会背靠有资质的社会公益组织。这些公益组织既有常驻项目，也有为应对突发事件及特殊情况推出的新项目，粉丝可自主选择支持，还可以选择以什么名义捐赠：是以粉丝的名义出镜，还是只留下偶像的大名？"免费午餐"是由中国社会福利基金会发起的长期公益活动，旨在发动公众的力量为山区儿童提供免费的营养午餐。除了个人捐赠渠道之外，该项目还特意在官方网站和淘宝店铺开辟了明星专区，以"与偶像一起把爱传出去"为标语邀请粉丝前来助力。根据免费午餐淘宝店铺的销量显示，销量最高的艺人的粉丝群体在不到三年的时间内捐赠了逾千万的善款，捐赠人次达 90 万。[1] 不少参与公益活动的粉丝表示自己更愿意用这样积极的方式——而非那些传统的反黑、控评等应援方式——

1　朱一龙粉丝暖医抗疫，免费午餐也突破一千万，做公益比抢限量还难，https://www.163.com/dy/article/F5573GP405445475.htm.

表达对偶像的钦慕，甚至有不少粉丝已经把参与社会公益活动当作一种习惯而非应援。

有时，粉丝也会以组织的形式、以粉丝的集体名义捐赠公益项目。在微博旗下微公益的各项活动中均可看见粉丝组织的身影，公益榜单上名列前茅的也都是粉丝自发组成的公益站、后援会等。当然，这并不意味着普通用户便不会参与这些公益项目，只是当粉丝群体把打榜应援时的团结一致用于公益应援时，其效率自然也远超闲散的普通用户。2021 年 7 月下旬，河南特大暴雨导致的水灾引发全国人民的关注，在社会各界纷纷驰援灾区的同时，粉丝公益组织也走在了捐助的第一线。据中华思源工程扶贫基金会的公告显示，该基金会于 7 月 20 日 23 时发起了驰援洪水灾区的公益项目，计划筹款 100 万元。在短短的 72 分钟内，共有 311 个"一起捐团体"及爱心网友近 6 万人次参与了这次爱心行动，迅速完成了筹款目标，而这 311 个"一起捐团体"中的绝大多数是明星粉丝组成的公益组织。[1]由于项目开放的时间为深夜而完成时间又极快，不少早睡的粉丝醒来后才发现自己痛失机会，为了弥补这些遗憾，也为了更好地支援灾区，不少粉丝公益组织立即与基金会再次合作成立其他公益项目，根据灾区需求捐款捐物。粉丝一心向善，艺人也不拖后腿。在这次水灾中，不少明星艺人都公开捐款捐物，一些明星还以粉丝的名义向公益组织捐款，以做反向应援之用，粉丝公益和明星公益效应之强大再次显现。

社会公益组织虽然全年无休，也有不少公益项目虚位以待粉丝参与其中，但仍无法完美满足粉丝的所有需求。粉丝的公益性应援除了组织性和计划性，时效性和应援性依然重要。如同其他类型的应援一样，公益应援通常也会在一些特殊的时间节点，例如偶像的生日、出道日、重要活动日等集体爆发，而为了凸显公益应援的应援性，粉丝更希望参与的活动能与偶像的气质以及应援的时机相契合，由此，联合有资质的社会公益组织推出特制版的公益项目，再以特定名义捐赠就很有必要了。歌手李宇春生日之时，她的粉丝通过中国红十字基金会、腾讯

1　能量榜样团体驰援洪水灾区，https://gongyi.weibo.com/241553?sudaref=www.google.com.

公益、微公益等平台以李宇春和玉米的名义捐赠了数百万元。[1] 因艺人王源曾担任联合国儿童基金会青年教育使者，并在一次演讲中提及"改善乡村教育，不能没有网络"，粉丝便在王源 17 岁生日之时，与公益组织合作在北京通州捐建了名为"王源信号站"的信号塔。[2] 无独有偶，演员王凯的粉丝也因偶像的一句话而定制了专属公益捐赠活动，起因是王凯提到自己此前在新华书店工作时曾一晚上搬运了 15 吨书而遭到大众质疑数据造假，粉丝为维护偶像形象便与中国图书网联手开启"王凯影迷 15 吨公益捐书接力"活动，短短的数小时便超额完成了 15 吨的任务。[3]

也有一些时候，粉丝公益应援会由粉丝组织主动发起并独立运营操作，不过这类公益活动通常较为小型，且多为实物赠送而非金钱往来。比如当偶像有了新的商务合作，粉丝便有可能为了积极宣传而发起小型的公益捐赠活动，购买偶像的代言品再赠予特定的、有需要的群体。而为了给偶像争取更大的排面，这类活动通常会由粉丝组织操办，在确定捐赠对象和捐赠物资的数量后，号召广大的粉丝共同加入、齐心应援，在活动结束后还会附上宣传通告，在各大媒体平台积极宣传。除了以代言产品应援，粉丝为了偶像的形象也会在其他特殊时节主办小型的公益捐赠，如艺人孟美岐的粉丝曾在冬至将近之时为郑州的环卫工人送上 50 份包括保温杯、围巾、暖宝宝、手套、防尘口罩在内的暖冬物资。[4]

1　这才是有意义的"破百万"吧？李宇春生日粉丝公演捐款破百万，https://m.k.sohu.com/d/521024060?channelId=3&page=4.

2　王源粉丝捐建信号塔"公益应援"好评如潮，https://www.sohu.com/a/202795732_115487.

3　王凯粉丝捐书 15 吨，捐助价值过百万，https://www.sohu.com/a/124804889_560753.

4　孟美岐粉丝饭随爱豆正能量 为环卫工人们送温暖，https://www.sohu.com/a/283921782_267454.

第九章　进击的粉丝群体：逐渐消失的边界感

不论是对何种类型的消费、何种方式的应援，粉丝都表现出了极强的群体性。对于粉丝群体组织的成形、分类和影响的观察，成为了解粉丝经济文化的重要方式。整体而言，粉丝组织发展至今，经历了由孤独的个人到为爱聚集的群体、又生成为专业化和"阶级"化的组织的进化过程，最后更发展出针对特定艺人的职能型粉圈。粉丝们把对偶像的爱意转化为奋斗的武器，用组织的形式弥补了个人力量的不足，又以情绪共享的方式强化圈层内凝聚力，齐心协力地为偶像的未来铺路。不过，如此粉圈在大大提升应援效率的同时，也引发不少问题，最为明显的就是粉圈的扩张性、非理性和攻击性，这也成为粉丝圈层被大众诟病的几大诱因。

第一节　粉丝组织的养成

粉丝从单打独斗到集体出动的成长过程离不开媒介的助力，但报纸、电台等传统媒体的推力已经微乎其微，网络社交平台才是粉丝群体生生不息的源头。如今，个人转化为艺人粉丝的初始讯号就是对加深认知的渴望，他们借助网络的力量迅速靠近有好感的艺人，隔空探寻艺人的过去和现在，查验艺人在公众平台上塑造的形象是否真实可信、是否符合自己的预期，权衡是否要加入对方的未来。随着情感的升温，单向的信息接收无法再满足潜在的粉丝，他们渴望与同好分享和交流，渴望得到认同与支持，更渴望参与艺人的未来计划。为了满足粉丝的这些需求，各大社交平台纷纷开辟出了专属阵地供粉丝发挥，让他们团头聚面、携手并进，粉丝组织的雏形显现。[1]

最初的粉丝组织多以百度贴吧为发源地。粉丝们在贴吧广发英雄帖，白手起家建立起了初代的粉圈，后又将领地扩张至豆瓣、天涯论坛等网络平台。但自从微博进军娱乐产业为粉丝量身定制了专属舆论场之后，粉丝集结的"主战场"便转移到了微博。微博平台的高互动性和大体量为粉丝组织化提供了支撑和保护，成为应援路上艺人及粉丝的最强大支持。

相逢于超话

微博是我国目前用户活跃量最大的网络社交平台之一，[2]它得以保持热度的基础就是用户的即时分享和交流互动。为了强化这一基石，微博推出了"话题"功能，用关键词（tag）指向特定议题方便广大用户展开讨论，讨论度高的话题会被微博推上热搜榜，让更多用户参与其中。相较于不设准入门槛、以全部用户为潜在参与者的一般微博话题，"超级话题"这一功能就不那么平易近人了。超级话题简称"超话"，是微博为拥有共同兴趣的用户设置的社交圈，涉猎范围包含文化、娱乐、生活、知识等方方面面。微博根据超话内成员的参与度将他们划分成不同等级，又从"阶级地位"上将成员分为主持人和管理团队、大粉、普通成员，以及新人成员等几种。每个超话的管理风格各有千秋，为提升成员的质量或许会设置一定的准入门槛及规章制度，而在以明星艺人为核心的超话中，这些桎梏就越发明显，甚至深入成员网络活动的方方面面。

不过，艺人的超话有什么用处呢？对粉丝来说，这里是他们的后花园和游乐

---

1 孟威."饭圈"文化的成长与省思 [J].人民论坛·学术前沿，2020(19):52-59,97. 吕鹏，"饭圈"的拓扑结构及其参与社会治理的思考 [J].人民论坛·学术前沿，2020(19):40-45.
2 微博月活跃用户达 5.23 亿，2020 中国移动社交行业用户画像及行为分析，https://www.iimedia.cn/c1020/74841.html.

场，是他们获得社会支持[1]的重要场域，来自五湖四海的粉丝都在此相逢相知、倾诉衷肠。粉丝与偶像间超强的情感联结是他们后续应援行为的必要条件，既然超话让粉丝相逢相聚，让他们彼此倾诉，自然也能成为艺人的宣传口，因而对艺人来说，超话就是他们的公开名片，是大众了解他们的窗口。

作为后花园，粉丝在超话中可以畅所欲言。有的粉丝将艺人视为亲人、朋友，他们会如拉家常一般地向偶像讲述自己一天的情况，工作是否顺利，学习是否辛苦，感情是否顺利……有的粉丝擅长发布以安利为目的的博文，内容通常是艺人近期的工作行程安排及推广代言信息等。大多数情况下，倾诉和安利是融为一体的，粉丝常以图文并茂的形式倾诉着自己的深情和偶像的优秀，期待以此感染更多人。其中，"彩虹屁"式的文案是最常见的一种："月色与雪色之间，你是第三种绝色""我贪恋的人间烟火不偏不倚，全都是你""你是微笑里的甜，还是眼泪里的咸；你是夏天里的雪，还是白昼里的月"。这些夺人眼球的"彩虹屁"辅以艺人的精修图，又被大量粉丝持之以恒地不断发送的确有稍许效果。在粉丝的精心排布下，普通用户可能会被艺人的外貌或其他特质吸引，虽然薄弱的吸引力尚不足以将他们转化为潜在粉丝，但多些注意力的停留总有积极意义。

当艺人进入宣传期，微博超话的发帖量便如井喷式增长。精修图加文案依旧是最受粉丝青睐的博文组合，只是宣传图片会以相关活动为主，如专辑封面、角色海报、活动现场图等，文案内容会从富丽堂皇的"彩虹屁"转移成紧贴当下的叙事诗。粉丝们把自己的心得体会写成一篇篇长短不一的小作文，积极正面的观后感、针对活动/作品内容的深度讨论、幕后故事的挖掘、相关场景的科普……如果小作文不能满足他们的蓬勃爱意和创作欲，视频剪辑、同人创作应当能带来更完整、强烈、沉浸式的体验。而不论是何种形式的内容，都饱含了粉丝对偶像的爱意，他们珍而重之地将自己的真心发布到微博，希望走过路过的普通用户能稍作停留，看一看偶像的绝世容颜，夸一夸偶像的努力敬业。

1　社会支持，即 social support，心理学术语，指个人可以感受、察觉或接收到的来自社会各方面，包括父母、亲戚、朋友等，在精神或物质上的帮助和支持。

当游离在外、独自（solo）追星的粉丝和正在转粉路上的"路人粉"因种种原因进入艺人的微博超话，便像掉进了粮仓：遍地都是与艺人有关的物料信息和粉丝发布的饱含爱意的二次创作，艺人的诸多往事也都被收录其中，宛如提供了跨越时空与偶像"对话"的机会。路人粉丝们的情感迅速升温，跃跃欲试地也想参与到超话的讨论中，而他们的倾诉和诉求通常都能得到来自同好的积极响应。从社会心理学的角度来看，人的大部分情绪都是集体产物。如同情、内疚、爱慕等都是在与他者建立社会联系的过程中产生的，另一些如幸福、悲伤等自发性情绪则能在与他人的社会分享中加强。当潜在的粉丝寻找到与自己爱好相似的群体并从这些群体中得到正向的情感回馈时，他们的社会性情绪得到了激发，自发性情绪也会被强化。一面是种类繁多的"精神食粮"，另一面是同好们的知心体己，路人粉丝们不自觉地在两股力量的驱动下迅速完成自我认同之路，被同化为真情实感的粉丝；而由于他们的自我认同之旅是在群体中完成的，自然也会认同自己是粉丝群体的一员，并开始积极参与粉丝群体的集体活动也就是顺理成章之事。换言之，在超话这个小型舆论场中，社会情绪的共享带动了其他艺人物料的分享，而情感和信息需求的双重满足又升华了个人对艺人和粉丝群体的情感。因此，吸纳和转化新粉丝，就成为超话的另一个重要功能。

织网的大粉

除了催化粉丝的自我认同和群体认同，超话还肩负起"孵化"大粉，即粉丝群体中的意见领袖的作用。大量潜在的粉丝因为超话的宣传功能从路人进化成真正的粉丝，新鲜的血液唤起了群体的生机，但未经粉圈逻辑驯化的他们也成为不稳定因素，随时会威胁到粉丝群体原有的生态环境。此时，如果粉丝圈层想要健康运行就需要许多"引路人"引导、规训新粉丝的思想和行为，而粉圈中的大粉就扮演着这样的角色。

在信息量爆炸的时代，如何高效地吸引新粉丝注意力就成了大粉的必修课。大量产出极具个人风格的优质原创内容、积极与其他用户在评论区互动，应该就能提高自己被看到的概率。如果新粉丝总在超话中看到同一位用户的有趣博文，就极可能关注他/她以便在第一时间看到喜欢的内容。这些大粉各有专攻，有人以产出优质原创作品为主（如手绘、影视剪辑、手工制作、专业点评等）、有人善于编辑搞笑段子、有人成为信息中转站（汇总相关信息或粉丝疑问再制作合集统一转发）、有人喜欢氪金晒单。当然，多数大粉并不只会专注于同一垂直领域，而是游走在各类风格之间，希望吸引更多新人的关注。为了加速吸粉进程，超话主持人会时常从发帖中选取优秀的帖子收藏至精华区，方便粉丝查漏补缺。超话的官方公告也为大粉提供了成为优质内容的秘笈：从内容形式上看，优质帖需要有明确的主题，内容正文条理清晰，可以是纯文字、纯图片或图文结合，但所配的图片需要精致美观，也可以用修图软件加工长图文内容。从内容类型上看，可以发布追星往事、编辑整理艺人资讯或独家的饭拍、饭制内容，也可以点评或内容盘点艺人的过往作品，表达自己对作品中角色、细节的观点和看法，还可以发布以艺人为原型的原创的表情包、手绘、摄影等创意作品。当然，幽默有趣的小故事，或是只有粉丝才能读懂的梗也是不错的内容。

依靠内容取胜固然是好，但如果力有不逮，也有一些投机取巧的方式——关注抽奖。对粉丝群体而言，重要时节的应援活动是最为有趣的，粉丝们各显神通，把应援当作节日盛典。在这样欢愉的时节里，安排一些微博抽奖活动，让大家测试一下自己的欧气（网络用语指好运气）、讨个好彩头，便能将节日的氛围再推高一层。既然是粉丝开设的抽奖，奖品通常是与艺人有关的签名照片、饭制周边、代言产品等，但抽奖的条件却大有门道。有时，抽奖活动会被视为一种应援手段，发起抽奖的粉丝会让渡一部分其他需求以求能更好地成全偶像的利益，抽奖的门槛能省则省，参与用户只需要转发抽奖微博，在文案中带上艺人的宣传话题，或附上对艺人的祝福即可，有时参与者也需要@几位好友，扩大宣传范围，让更多的用户或主动，或被动地加入这场由抽奖发起的舆论应援中。有时，抽奖是为了推进新粉丝的转化之旅、增加群体凝聚力，想要参与抽奖就需要先关注艺人及其工作室和后援会的微博账号、关注艺人超话，再转发或评论抽奖微博。较低的参与门槛却有可能换来极丰厚的奖品，闻"奖"而来的新粉丝和抽奖博主均乐在其中。有意思的是，这种讨彩头的方式会被有心的大粉用于自身涨粉，只要在抽奖条件中暗藏一条"关注发起者"，剩下的就是静待涨粉了。

当大粉成功吸引新粉丝的关注后，就需要实施固粉计划。以内容产出为基础的大粉会继续产出与偶像相关的内容，平时在评论区和私信中与关注者积极互动，保持亲友般的融洽，让关注自己的同好们知道自己能与他们感同身受。除了与自己的关注者们站在一处，大粉之间也会频繁互动，甚至一起创作、共同发布优质的内容。如此一来，大粉不仅能留住新关注的同好，还能帮助新粉丝认识更多的圈内大粉，扩展关注列表。而这之后，大粉们的"野心"也就显露出来了——从情感联结出发，组建利益共同体，引导新粉丝快速融入圈层内部，再一起为偶像的事业添砖加瓦。当专攻不同领域的大粉们以"霸占"关注列表的方式将新入坑的粉丝卷入其中后，新粉丝的"驯化之路"也就正式开始了。

大粉们在微博与同好们日常聊天之余，会"顺手"发布追星小任务，在帮助粉丝方方面面地了解偶像的同时，引导并号召新人粉丝应援共同的偶像。如果新人们不熟悉控评、反黑、做数据等应援的正确操作，贴心的产出大粉就会邀请他们关注数据向的大粉。这些数据大粉以帮偶像做数据应援为主要职责，持续关注艺人在各大平台的数据指标，每天提醒粉丝查漏补缺，着重"操作"更关键的数据指标。"基础数据很重要，但是××（某次投票活动）也不能松懈。""姐妹转赞评××（品牌微博）关于××（艺人）的微博了吗？这条微博的数据对××（艺人）很重要的，金主爸爸看着呢！""！！重点搞，速来人！！×××（某榜单）被超了快来人；×××（另一个榜单）落后了快来人！""请大家将小程序分享到自己的粉丝群、生活群、各种群。这次宣传视频的播放量很重要，生活群里、朋友圈里全是潜在的观众，转发让更多人参与进来！"有时，大粉们会通过贩卖焦虑、卖惨的方式推动任务，向粉丝"哭诉"偶像正在遭遇不公平待遇，而唯一能拯救偶像于水火的方法就是齐心协力地把数据做得漂亮，"不是我想卖惨，但是为什么黑子还在执意不停地造谣？因为粉丝不做事，你们不洗词条、不清广场、不做数据，黑子觉得他好欺负。""哥哥太惨了，被黑子造谣，连他的粉丝都不护着他。"当粉丝们的合力团建取得成效，大粉也会适时发文鼓励士气："黑子看到我们积极团建所以急了吧？他们再挑拨也没用了，越挑拨越证明这次活动真的很重要，我们继续安心加大力度吧！""聪明的粉丝都在埋头做数据，我们的努力都会获得实打实的回报。"

大粉们便如同一张看不见的网，层层叠叠地将粉丝们包裹其中。先用相同的爱好、有趣的内容等吸引粉丝"自投罗网"，又以情绪共享为驱动构建利益共同体，再用煽动人心的话术步步推进群体内的共同事业，让粉丝们越陷越深。即便有朝一日粉丝对偶像的热情慢慢退去，也仍有可能因为"袍泽情谊"而选择继续留下守护着曾经的偶像。

神秘的组织

在一个成熟的粉丝圈层中，大粉背靠超话成为网罗新人的小能手、个人粉丝的黏合剂、应援活动的大功臣，但在大粉之上还有一个更为庞大且隐秘的组织——粉丝群，维持着整个粉圈的正常运营。粉丝群内的成员们以对偶像的情感为基石，以日常互动为立柱横梁，以出征团建为榫卯，搭建出一个自上而下团结紧密的团体。粉丝群的诞生并不是心血来潮，而是合乎需求。微博超话虽然让四处乱窜的个人粉丝掉进了大粉编织的网络中，有了暂时歇脚的地方，但二者之间维持的仍是一对多的传统沟通模式。联结单薄、效率低下，粉丝的情感和诉求常如石沉大海，大粉的应援呼唤也得不到及时的接应。以多对多、群体讨论为基石的粉丝群显然更符合互联网时代的沟通新生态，也很大程度上提升了应援的效率。

粉丝群在应援这件事上有显著的优势。微博超话虽然有宣传艺人、转化粉丝的功能，也能满足爱与社交的需求，但信息的高度公开却也限制了它的发挥。超话是半公开的舆论场，常驻者虽然是艺人的粉丝群体，但也有其他群体前来参观拜访，有时还会有前来寻衅滋事的"对家"粉丝。因此，粉丝的言行间都会刻意收敛，以防给他人留下把柄。相比之下，粉丝群的舆论压力则要小很多。理论上来说，粉丝群是完全归属于粉丝的私密空间，聊天内容起始于群内成员，也终结于群内。那些无法公开表达的诉求如果在粉丝群内提出，就显得顺理成章，不适合当众发布的言论在粉丝群内分享反倒更加理直气壮。

粉丝群的吸引力不可谓不小。微博上的粉丝群通常由艺人的工作室、后援会或职能站建立，经微博官方认证且与艺人直接关联，这些粉丝群的活跃程度直接挂钩艺人的微博互动量——这意味着粉丝群本身就是重要的数据战场。为了更好地开发这一战场，粉丝群会设法提高群的质量，吸引更多粉丝申请加入。有时，群管理员会邀请大粉加入群聊活跃群内气氛，甚至连艺人本人也会被加入核心群内，成为吸引粉丝申请入群的"吉祥物"。虽然单个粉丝群的最高人数上限是1000人，而粉丝群体中有意愿加入专属群的自然不会只有千人，所以艺人的粉丝群通常会被拆分为几个至十几个不等。可即便如此，对于超人气艺人的粉丝而言依旧是杯水车薪，尤其是当艺人本尊也在群内时，粉丝更是会头破血流地想要加入，以求和自己的偶像更近一点，甚至部分路人粉丝也会想要"混"入其中一探究竟。

（一）初出茅庐

为了解决供需不平衡的矛盾，粉丝群开展了分流审核机制。大致来说，艺人的粉丝群可分为新人群、核心群和职能群三大类。

新人群，一般由后援会或职能站组建，以海纳百川的气度将新人引入群内，再慢慢用情感攻势感化对方以图后用，成员在多不在精。所以，新人们大都只要草草表达对艺人的好感，就能直接申请加入，根据空缺情况入群。不过，正因为新人群的无门槛，群里人员难免成分混杂，既有真情实感的粉丝，也有好奇加入的路人粉，还有见异思迁的"三月粉"，甚至动机不纯的"间谍"。为防止这些成分混杂的成员在群内生事，也为了持续吸纳更多更有活力的新粉丝，群管理员会对成员的群内讨论及入群后的微博行为提出要求。换言之，无门槛的新人群会在入群后出现门槛。积极参与群内讨论自不必多说，话题范围虽然可以天南地北并不局限于艺人相关，但成员不能发布过激的、有损艺人形象的言论和未经核实的信息，也不可以在群内讨论其他艺人。除了强调群内参与性，与艺人的互动性也很重要，转发、点赞、评论艺人的微博或是发布原创微博都要列入日程安排。管理员会全程监控群内的讨论并定期检查成员的微博，那些言行不妥、长时间不参与互动的成员会被无情地移出群聊，为新成员的加入腾出空间。

在可讨论的范围内，群员之间总有说不完的话题。他们会花痴艺人最新的物料，考古艺人的过往故事，议论新作或商讨新活动的应援方案，发送剪辑、表情包等饭制周边。讨论艺人之外，粉丝们也可以从诗词歌赋聊到人生理想，或是斗嘴嬉闹、互帮互助、关怀问候，亲密如同真正的伙伴。好伙伴之间偶尔也会线下聚会，建立起超脱于网络的真实社会关系，他们是有共同偶像的同好，更是能分享喜怒哀乐的好友。

不论话题多么丰富，所有的粉丝群最终都逃不过"做数据"三个字。在以新人为主的粉丝群中，数据任务是需要引导完成的。这是因为大部分的新人成员都未受过粉圈逻辑的"洗礼"，既不懂数据的意义也不懂做数据的正确方法，甚至连一些粉圈术语也不明其意，亟须圈中前辈的指导。和大粉的公开引导不同，群内前辈们的教学工作更加细致贴心，教学内容上至数据、榜单等的专业知识科普，下至各类工具利器的正确使用方法，前辈们还会手把手地亲自示范，真正做到理论与实战相结合。然而，数据任务大都步骤繁多、耗时极长，且过程相当枯燥乏味，新人粉丝的放弃率颇高。为了降低成员们的抵触情绪，前辈们自然还需要做好安抚工作，这时候，先前群聊时铺垫的所有情感积累就开始发挥作用了。粉丝们一边在群内嬉笑聊天，一边动动手指签到打榜，枯燥的数据任务好像也就没有那么无聊了。抹不开情面的新人粉丝在群内伙伴的循循善诱下也开始被动意识到一起做数据的重要性——就算未必能为偶像带来什么，但至少能维系和群内伙伴的关系。有能力的粉丝还会在群内分享自行编程设计的方便做数据的小程序，提升大家的数据效率。在完成这些前置步骤后，新人粉丝就可以真正开始为偶像的事业贡献自己的力量了，假使他们遇到困惑，前辈们也会反复耐心解答，确保新人能跟上大部队的节奏。管理员及群内大粉会配合艺人的工作需求发布最新数据任务要求，比如控评重点微博、签到各大榜单、清理词条、升降热搜等。当触发特殊事件时，比如偶像要争番位出道，或是要出席线下活动，群内成员会在管理员的统筹安排下为偶像打榜应援，整个群就会化身为团建应援群，誓与其他粉圈一较高下。在胜负欲的支配下，成员们对胜利的渴望不断升级，与其说他们是在为偶像应援，倒不如说是在参加一场集体聚会和团队比赛，过程与结果渐渐与偶像关联不大，粉丝团的输赢成败才更扣人心弦，新人粉丝之间的情感羁绊和群体凝固力也在一次又一次这样的特殊事件中不断升华。

海纳百川的新人群既然在多不在精，自然也会生出不少不愿做数据的"叛逆"粉丝，他们不愿接纳前辈粉丝灌输的追星秘籍，不认同粉圈数据至上逻辑，只想跟同好们谈天说地、佛系追星。为了维持群内的和谐气氛，当遇上这样的"叛逆"者时，管理员也不会强求，只是默默根据群内成员的热情度与参与度将他们分门别类，把那些对艺人最忠心、最积极做数据的粉丝"保送"进入更高级的核心粉丝群或职能群。从这种角度来看，新人群虽然在多不在精，却能起到鉴别和过滤的作用：认同粉圈逻辑且愿意付出时间精力维系粉圈经营的"优质粉丝"被晋升至更高级的粉丝群，组成能为偶像"打江山"的核心团；其余的粉丝就继续在核心圈层外佛系游走吧。

（二）进化升级

新人群之上是核心群，它沿袭了新人群的运营方式，由艺人官方团队出面建立，群主和管理员也大都由艺人团队及其他官方职能站担任。但既然被称为核心群，自然有许多与新人群不同的气质，彰显这种独特气质的方式之一就是超多的福利。作为私密性极佳的聊天场所，粉丝群非常适合分享一些不可为外人知的信息，艺人最新的动向或是不外传的物料都可能在核心群内先行分享。不只如此，由于艺人通常也是群成员之一，核心群的成员还会有一定概率能与空降到群内的偶像本人直接聊天互动、增进感情。近水楼台的福利还包括有更高概率在活动中面见偶像。当艺人受邀出席线下活动时，核心粉丝要比普通粉丝更有可能获得入场门票，与偶像面对面。

如此丰厚的福利诱惑，自然会引得无数粉丝心动加入，这便引出了核心群的第二个独特气质——超级严格的准入门槛。第一，粉丝需要关注艺人及其工作室的官方微博账号；第二，粉丝需要自证清白，表明从未发布散播过不利于艺人的言行，且不能关注曾伤害过艺人的人员；第三，粉丝需要长期活跃于艺人的超话，并且达到一定等级；第四，粉丝微博中与艺人相关的内容需要达到数百条，且最近一个月内的发帖量也需符合要求，以证明自己不是临时起意。然而，这些只是公开写在入群申请上的基础要求，事实上绝大多数的粉丝即使达到了上述要求也很难成为核心成员。想要入群，申请者还需要提供别的证明。最重要的便是证明自己"纯粉"的身份。"纯"即指纯粹，换言之，他们需要证明自己对偶像的忠心程度是"非你不可"，绝没有"第三者（其他艺人）"插足。核心群的管理者会对申请者实施严格的"面试"，让他们自述成为粉丝的时间和过程、表明对其他同类型艺人（尤其是"对家"）的态度、讲述自己曾经参与的应援活动、出示自己的消费记录……通过面试后，管理层便会"审核"申请者微博账号的过往痕迹，查看他们是否艺人铁粉、是否与其他艺人有过互动。倘若申请者"纯"度不够，就会被拒之门外，只有足够"纯"的粉丝才能成为组织中光荣的一员。除了直接申请这条路，不少粉丝也会选择从"基层做起"，经新人群推荐再成为核心。但需注意的是，即使粉丝经过层层筛选被允许加入官方核心群，也并不意味着一劳永逸，如果触犯群规，发表不恰当言论，或是不配合群内工作均会被立刻请离。

核心群独特气质之三，就是视守护偶像为第一要务。不同于新人群的随性，核心群在维护偶像这件大事上格外认真，如数据任务之类的应援活动在新人群中是非强迫性的，但在核心群中，这可是写入群守则的硬性要求。群管理员会每日随机抽选成员检查他们过去一周的任务完成情况，如果有未完成的任务会被要求补做，但若同一成员被多次发现未能及时完成所有数据任务，就面临着被"踢"出核心群，或降级遣送至普通粉丝群的处罚。当然，作为层层筛选后留下的"优质粉丝"，数据任务本就是刻在他们心里的守则，即使没有群抽查，核心们也自认肩负着守护偶像事业的重担，时刻奋斗在保卫大战的第一线。他们不仅要严格要求自己，还有义务号召更多同好加入应援大军。每当发现有不利于偶像的言论时，核心们会立刻出动、呼朋唤友齐来守护偶像。群内积极响应，群外扩散号召，集结一切可以集结的力量迅速占领舆论的高地。

（三）各司其职

核心群虽然气质独特，但还不是各种粉丝群中最不同寻常的存在，在核心群之上还有一类神秘的群体：职能群，顾名思义是身负职能的粉丝群，不同的职能群各有侧重，有的专职反黑、有的专职点赞控评、有的专职增加艺人的微博互动量、有的重视全面数据……

区别于新人群的海纳百川、核心群的同仇敌忾，职能群的氛围要内敛许多，它并不以爱与社交为目标，也不以吸粉和固粉为前进方向，做好本职工作是这些群存在的唯一要义。大多数情况下，职能群的成员同时也是其他群（如核心群）的成员，所以他们并不需要在职能群内闲聊增进感情，而是每日以打卡的形式在群里冒泡，总结工作。以数据组和反黑组为例，组内成员每天都会把自己的任务成果截图，再以群微博[1]的形式发布以供管理员检查"作业"，其余时间通常不发言。本着付出与收获对等的原则，职能群的福利也很丰厚，尤其如数据群等关键部门的成员在抽奖活动中成为"天选之子"的概率要远高于其他群体，群成员也常以此为卖点，试图从普通群中"挖"人来做数据。

职能群中还有负责网络宣传、公益应援、影视资源等方面的群，这些粉丝组织有时是独立于官方后援会之外的存在，又被称为粉丝站。各个粉丝站有自己的运行方式和主旨思想。以负责整合艺人资料的资源站为例，站内又分资源组、视频组、音频组、图片组等。资源组负责在全网搜索并下载偶像的作品，如偶像参加的综艺节目、出演的影视剧集等，相关资源在经过审核后会交予站内其他小组

---

1 群微博，即只有群成员才能看到的微博，并不对大众公开发布。职能群以此种较具私密性的微博形式来简化巡查流程、回避潜在的舆论风险。

做后续处理；视频组负责剪辑出有艺人的镜头；音频组负责截取出艺人的每一句音频；图片组负责截图艺人的每一帧画面……完成所有环节后，这些精细拆分的影视资源会被打包提供给有需要的粉丝欣赏或二次创作。

有意思的是，正因为部分职能群内无互动，所以除了涉及密钥的保密职能部，其他工作相对简单的职能群反倒不需要过度苛刻的审核。比如，以增加艺人微博互动量为主要任务的阅读群和互动群就是无门槛加入。阅读群的运行逻辑是成员将自己发布的与艺人相关的原创博文链接转发至群内，通过群成员在群内浏览，快速增加该博文的阅读量，以此增加艺人的微博数据影响力；群成员也可自行选择是否评论、转发这些微博，进一步美化偶像数据。互动群的玩法则更简单，成员在群内只需重复发送艺人的大名，以强行增加艺人在微博的讨论度。

第二节　消失的边界感

偶像产业的发展强化了偶像艺人对粉丝的依赖。选秀出身的爱豆们不需要经过系统性和规范性的培训，较弱的专业能力不足以支撑长远的规划，较低的社会知名度无法扩展广泛的路人缘，只有粉丝的情感和金钱支持才是事业的最大仰仗。由此，与粉丝保持亲密互动、提升粉丝黏性就是他们的主要工作。但随着同类型竞争者的不断涌现，粉丝变得更难取悦，黏性和忠诚度不断下滑。为了留住粉丝，赋予他们更多权利和参与度就成为一种选择。由此，职业化粉圈组织的成形就有了现实基础。

粉丝们以微博为聚集地相识相知，又演化、发展出各个不同的群体或组织，有的背靠官方团体成立，有的由散装粉丝自发组建，有的以负责职能工作为本心，有的以增加感情为主旨……不管这些群最初是因何建立，归根结底都是出于对偶像的爱慕。而这些大大小小、或专业或野生的粉丝群汇聚到一处便组成了一个围绕特定艺人而生的、具有职能性的粉圈，它是粉丝的精神家园，也是能助力艺人事业的后援力量。但近年来粉丝群体与公众之间大小冲突不断，粉丝一切以立场为先，维护自己赞同的，抹杀自己反对的；歌颂自己支持的，排挤与自己异议的。这种非此即彼的行事方式阻碍了逻辑思维，限制了理性讨论的空间，也让粉圈成为负面代表，严重损害了艺人在大众心中的形象。

本是出于爱意而生的群体为何会走向另一种极端？其中一大原因是粉圈需要通过身份区隔来强化身份认同，用群体意识取代个人意识，甚至不惜以"出征"的方式凝聚自身。如果没有合适的出征对象，树立假想敌也是可以的，犹如小说《1984》中描述的一般，"敌对"粉圈间的斗争是虚无的，甚至是事先设计好的，但如果斗争能够带来圈层内部的团结，那战争即是和平。另一方面，粉丝群体话语权和参与感的增加也起了推波助澜的功效，粉丝迷失在权力和自我膨胀中，无视应有的分寸感和边界感，成为众矢之的。

非我族类，其心必异

粉圈组织层层递进，具有高度排他性——除了被认可的"自己人"，其余皆是外人。外人无法真情实感地为偶像出力，急偶像所急，想偶像所想，为了支持偶像的事业而把他们排斥在外，自然合情合理。想要不被误判为外人，粉丝就要不断证明自己的真心，有钱的出钱消费，有力的出力打榜，加入职能组织以"专职人员"的身份为偶像做贡献更是最佳的证明方式。但高度的排他性也意味着个人粉丝想要加入职能组织并非易事，出于对圈层内部稳定性的保护，纯度、贡献度的审核必不可少，如果隐秘的组织混入了"敌对势力"，后果不堪设想。这种顾虑并非空穴来风。2020年底时的一条微博震惊了许多人："关于anti宋茜吧，上周我已将吧主申请下来，经过一周的努力已经将黑帖删除（大概删了15000+帖子），这个存在了10年的毒瘤算是根除了。"而这条微博背后的故事更耐人寻味：一位深爱宋茜的粉丝隐藏自己粉丝的身份，在以抹黑宋茜为唯一目的的粉丝组织中卧底10年，一步步换取对方信任，最终升职成功，得到内部掌控权，一举删除了所有不利于宋茜的帖子。

个人粉丝加入粉圈组织本质上是一个"去个性化"的过程，粉丝在层层筛选下被剥夺了身为自由人的基本权利。当粉丝聚集成群，他们的言行举止、情感和思想都只允许朝一个方向前行，这种约束甚至并不是来自个人层面，如管理员或偶像本人，而是一种群体性力量。自我个性在群体中是失效的，每一个成员都受到群体精神的统一支配，他们无法自由地选择关注谁、与谁互动，也无法自由地表达意见。不接受这种"去个性化"的粉丝不会选择加入粉圈组织，而选择加入的粉丝默认接受了组织内部的特有逻辑，将自我意识与群体意识融为一体，认同"非我族类，其心必异"，认同偶像的利益高于一切。理性的声音在粉圈强横逻辑的操控下，也如同坠入沉默的螺旋桨，最终只听到一个声音、只支持一种逻辑。在进入组织后，已被群体"驯服"的粉丝也不会松懈；相反，他们会更加严格地约束自己在公众平台的言行。他们不敢随意评论、点赞他人发布的微博——即使博文与自己的偶像无关，因为在粉圈的逻辑认知中，自己是被盖章了"粉籍"的粉丝，他们的言行"代表"了整个粉丝群体，甚至会被上升至偶像。个人的言论不当，会引发大众对整个粉丝群体的不满，更有可能上升为艺人失格；个人对其他艺人表示欣赏，容易被曲解为粉丝群体性的"讨好"或蹭热度；如果表达不满，则更容易被解读为"引战"行为，粉圈之间的大战一触即发。在粉丝眼中，这些畸形的隐忍和对他者过度的解读都是对偶像爱的表现，前者是为爱卑微而后者是为爱出征，这些自我认知无疑又强化了他们的群体认同感，在自我感动的氛围中越发排斥圈层外的人。

"清君侧"的粉圈

英国社会学家安东尼·吉登斯（Anthony Giddens）的社会结构理论中曾提出，权力是引发变革的能力。明星艺人曾经一度在圈层内部扮演着卡里斯马型领袖的角色，被粉丝赋予了内部绝对的权力，但新型偶像产业的出现搅乱了这种格局，权力的权柄落到了粉丝手中。

选秀节目的末位淘汰赛制决定了爱豆们需要依靠粉丝的投票才能出道存活，但成功出道并不意味着终点，漫漫长路上的每一次曝光和每一份资源都需要靠着粉丝的持续支持换得。"你我本无缘，全靠我花钱"，既然偶像艺人的事业全是粉丝用真金白银捧来的，权力的天平在这段关系中完全倾斜，粉丝的话语权坚如磐石而偶像的权力薄如蝉翼。

尽管粉丝与爱豆的相处方式在公众眼中是畸形且不可理喻的，但在粉丝眼中却无可厚非——既然是他们成就了偶像，自然应该参与至爱豆生活的方方面面，而爱豆作为被成就的一方，也理应积极回应粉丝的需求。在这种理所当然的想法下，粉丝们仿佛把爱豆当作了生活不可自理的小朋友，常在公开社交平台上向爱豆喊话，让他们天冷记得穿秋裤、晚上记得早点睡、起床记得吃早饭……为了前程着想，爱豆们即使腹诽心谤，也会配合粉丝营造其乐融融的陪伴关系。

虽然粉丝对爱豆"体贴入微"，但他们对"外人"可从不心慈手软。在他们眼中，娱乐圈好似一片黑暗森林，资源有限而猎人无限，如果粉丝不努力成为优秀的猎人，为自己的偶像"厮杀""争番位"，就只能和偶像一起沦为猎物。我们不努力，还有谁为他/她出头呢？这样的呼声在粉丝群体中不断回荡激化，他们的行为也渐渐越出常规且自相矛盾。一方面，他们在公众平台上表现得谨小慎微，害怕由于自己的失误而影响偶像的大众形象；可另一方面，他们又充满攻击性，一言不合就向"仇家"发动舆论战争。仇家是谁？首当其冲的便是同类型艺人及其粉丝圈层，毕竟在黑暗森林中只有竞争才是永恒，想要生存就要先发制人。所以，不同圈层的粉丝接触时，彼此间都呈防御姿态，小心提防对方有意无意的针对。为了消除隐患，控评、反黑等舆论手段闪亮登场，只要不是积极的评价就需要被"清除"。以攻代守也是好方法，主动出击抹黑竞争对手，此消彼长之下，自己的偶像就能获得更多利益。合作的情况鲜少出现，但有时也有奇效，只是合作的对象必要精挑细选一番，既不能威胁到偶像的地位，又有能为偶像清除"路障"的实力……不必觉得惊讶，粉丝之间的战争就是这般勾心斗角、你来我往。

当爱豆在事业上的野心不再局限于选秀舞台时，粉丝们的狩猎范围自然也要随之扩散，只要存在资源竞争的，都可能是潜在的敌人，甚至无辜的群众也会被卷入粉圈之间的战争。粉丝的眼中"下场无路人"：那些说着自己无辜的路人背后，说不定就是某个"仇家"派来的卧底，就算不是卧底也有可能是拿人钱财、与人消灾的营销号，就算不是营销号也有可能是恶意带节奏的吃瓜群众，就算不是恶意吃瓜的群众也有可能是……粉丝的假想敌永不会缺席，战火还一度烧到了艺人的经纪公司和团队。凭借《偶练》出道的中国台湾艺人陈立农的经纪公司和团队就曾被粉丝讨伐。彼时，陈立农刚出道不久，但已有一些不错的商业资源，如被邀请成为化妆品牌纪梵希的品牌挚友，专推品牌旗下的唇蜜产品。良好的开局让粉丝期待陈立农能有更具有国际水准的商业合作。然而，某微商品牌的官方微博却突然发文宣告陈立农成为旗下某系列产品的代言人，为显诚意，品牌方还斥资百万购买了微博开屏广告来造势宣传，陈立农工作室随即转发微博官宣了这一消息。然而，粉丝却对这一代言极其不满，工作室、品牌方，甚至陈立农经纪公司的总经理的微博评论区、私信瞬间被愤怒的粉丝"血洗"了几轮，"请陈立农工作室立刻停止不合理商业合作"的微博话题瞬间被炒上热搜。粉丝不满的原因是认为微商品牌不符合自己爱豆的形象气质，且相关产品可能存在质量问题，代言风险很大，并由此怀疑工作室因陈立农本人不了解品牌而"骗"他代言不知名的微商产品，希望借助舆论给工作室及品牌方以压力，取消合作。迫于种种压力，陈立农的工作室无奈发博表示会与品牌方解约。可微商品牌却表示不愿解约，若工作室强行解约就需赔付高额违约金，品牌老板甚至还开直播哭诉受到粉丝的网络暴力，带领旗下员工一起在镜头前向粉丝鞠躬道歉："陈立农的粉丝们，我们错了！我们改！你们说什么我们都改！"品牌方声泪俱下的道歉直播让不少围观群众心生同情，反倒起了正面宣传的作用。事件虽然以解约告终，看似是粉丝为陈立农维权成功，但过于激烈的方式让其他品牌自此对陈立农的粉丝忌惮三分，不敢轻易与他合作——粉丝行为偶像买单，粉丝终于以"爱"之名，亲自损害了陈立农的利益。

除了干涉商业资源，爱豆的私生活也在监管范围之内，尤其是恋爱生活。爱豆的"恋爱禁止"，是日本的艺能界约定俗成的事情。这样的观念不仅被经纪公司、艺人和粉丝奉为准则，更渗透至整个社会，日本民众普遍接受并认可"爱豆是不能恋爱的"，即便他们也同样认为这样的要求是非人性化且非法的。在继承了日本的偶像养成模式后，我国的偶像文化自然也对偶像艺人加以相同限制，所以当爱豆与异性传出绯闻时，粉丝会立刻要求爱豆本人或其工作室公开澄清，证明单身。就算没有正式传出绯闻，但如果偶像的行为引发遐想，也会点燃粉丝的怒火。曾有偶像艺人在发布新歌时几番明示和暗示粉丝，这是一首代表初心、送给粉丝的情歌，是对粉丝们的深情告白。满含深情的歌曲一经发布就霸占了各大榜单，艺人团队也加紧MV的拍摄工作，希望乘胜追击获得更好的战绩。不曾想，歌曲的MV还未发布就差点引发脱粉危机。这一切都是因为MV拍摄画面被提前泄露，而粉丝们惊讶地发现在这样一首被认为是向他们告白的情歌的MV中，竟然很多余地出现了一位女主角。更有一些粉丝发散思维，联想到歌手周杰伦在拍摄MV时会亲自挑选符合他喜好的女孩担任女主角，而传闻他的妻子昆凌也是因MV拍摄才与他结缘。有此前车之鉴，一时之间艺人与MV女主角的假想绯闻在粉丝群体中传开，相关话题反复登上微博热搜榜。尽管不少理智的粉丝相信自己的偶像并未"出轨"，拍摄MV只是工作需求，并不代表恋情确有其事，但极端粉丝全不买单，他们在微博等公开的社交平台痛斥其偶像失格，拿着粉丝的钱与别的女性约会，"你怎么忍心一边鞭策着粉丝为你花钱做数据、反黑、拿各种门票，一边和女主角搂搂抱抱啊！"或认为艺人辜负了粉丝的信任，"任何一个人作出这种事都是正常的，可以理解的，你不行。我一直以为你明白的，你和你的粉丝已经是骨血相融了，这不是你想要的吗？还是现在真的已经成为你的负担了？"并扬言艺人若继续如此必将失去所有粉丝。此处需要再次重申的是，这次的MV事件并非真正意义上的绯闻，但偶像明星只是因工作需要与异性合作便已掀起轩然大波，可想而知，倘若有朝一日他们真的公布恋情，粉丝只会更加疯狂。

有这些案例，我们不难发现粉丝与偶像之间的界限早已模糊不清，他们相伴相生，但也相生相克，共同形成如今看似繁荣、其实畸形的粉圈生态。

第三节　乱象丛生

数据化饭圈

"流量为王"的逻辑与粉圈共生，展开来说，文娱作品的主创人员流量越大，作品便越有市场。流量如何寻找？数据榜单能体现一二。自偶像产业兴起后，流量便成了评价艺人人气的重要工具，而数据就是体现流量的可视化的指标。当高流量成为商业资本的财富密码，一个数据"不好看"的艺人自然难以得到青睐，以至于数据逐渐取代了业务实力，成为决定艺人命运的重要筹码。由此，美化艺人的数据也就成为粉丝的第一要务，他们手握几十个账号，每日对着手机机械性地完成数据任务，宛如流水线上的工人。这些数据和榜单重要吗？当有人质疑时，粉丝会义正辞严地回答说：数据很重要，因为赞助商、投资方、平台都会看数据，只有漂亮的数据才能证明艺人的商业价值，才能换取更好的资源。但事实真是如此吗？

让我们回顾一下粉丝眼中那些重要的数据任务，微博的控评及反黑、百度贴吧的发帖与评论、寻艺签到……这些任务无一不是依托网络平台，而要完成所有平台的数据任务，"数据女工"们通常要花费数个小时，如果遇到突发事件战线便更长，他们花在数据任务上的时间和精力能给艺人带来多少收益或许不能精确衡量，但毫无疑问的是，他们为数据平台带来丰厚的流量。数据榜单平台靠着粉丝庞大的访问量既可以吸引广告商的投资，也可以邀请其他商家加盟，还可以把粉丝的"战绩"汇编成商业报告出售给利益相关方。为了提升粉丝的激情，榜单平台会小施恩惠，给粉丝提供福利。有时，平台会推出限时解锁的福利性任务，只要在限期内的打榜人数达到一定数量，平台就会出资在一些城市的中心地段或地铁LED屏幕投放艺人的广告；另一些"偷懒"的平台会给每月打榜参与度前三的粉丝群体发放数百到上千不等的应援金，连费心投放广告的心力也省下了。这样想来"流量为王"的确是真理，只不过最受其庇护的是数据平台而非明星艺人，当平台因粉丝的激情行为坐享渔利时，辛苦做数据的粉丝却要为了少许应援金而争抢不休。

那么，这些数据和榜单又能为大众和社会带来什么呢？

"唯数据论"之前的网络平台是真正用于交流和沟通的平台，对于各类影视文化作品，人们可以直抒胸臆而不必担心祸从口出，讨论可以针锋相对而不必担心引火烧身。但如今，同质化的言论充斥着网络，粉丝或极尽辞藻地赞美或单刀直入地表白，只有正面的言论可以留下，其余的都需要清理干净，再有不合便举报投诉……在影视圈，一个百花齐放、百家争鸣的时代终结了，三缄其口可能是普通人的更好选择。

有时，艺人的人气的确与他们的资源相匹配，或者说，部分影视资源优渥的艺人，在数据榜单上也名列前茅。对流量深信不疑的商业资本在做投资决策时，难免重流量多于重质量、重票房多于重口碑，造成"劣币驱除良币"的局面。在过去的几年中，文娱市场上出现了大量走流量风的作品，票房成绩看似不错，全网讨论热度也居高不下，但大众口碑却差强人意。普通观众一再隐忍，苦不堪言，终于如触底反弹般地开始集体发声抗议，"劣币"的流通空间渐渐被压缩，"良币"的生存环境逐渐改善。献礼电影《1921》在选角时挑选了不少流量明星饰演历史伟人，他们在各种榜单上的排名都颇为靠前，看似有相当丰厚的粉丝基础。制片方希望通过邀请这些超人气流量明星出演的方式吸引更多年轻观众，或更确切地说，想要吸引超人气明星的粉丝贡献大量票房。然而，演员名单公布后舆论哗然，大量群众质疑为何毫无群众基础、除了数据皆无所出的流量艺人却能出演人民英雄？为何劣迹艺人竟能化身银幕中的历史伟人？在舆论压力下，制片方最终删减了部分流量艺人的片段以保全"名节"，可如此一来，最终成品情节散乱、逻辑难以自洽，电影的口碑、票房双扑。

《1921》的惨淡结果警醒了市场，公众终于用自己的力量向"流量至上"的商业模式发出了战帖。流量逻辑虽然大行其道，但在真正的群众力量面前总是小巫见大巫，未必能够持久。互联网时代，人们或许会高谈阔论喜欢的事物，却未必会极力声讨厌恶的事物，默默远离才是更多人的选择。于是，赞美的声音逐渐放大、抵制的人群逃离舆论，呈现的数据即使再美妙也已然失去了真实性和代表性，无法成为市场监测的指标。2021年12月，视频网站爱奇艺宣告大量裁员似乎又给流量市场传递了信号，信奉流量的商业资本们过度信赖数据的力量，极尽手段地把粉丝群体层层包裹，却丢失了普通观众的心，而普通观众才真正代表了大众的喜好，流量反噬的时代或许将要到来。

集资海景房

让我们说回粉丝与爱豆之间。偶像要出道就需要粉丝的资金支持，没有上限的氪金打call又引发了另一个严重的社会问题，即粉丝集资。

选秀艺人的出道机会全然建立在粉丝的打榜投票之上。以爱奇艺出品的《偶练》为例，投票方式有两种：其一是通过爱奇艺的网站投票，每个会员每天都有免费的投票机会，考虑到粉丝迫切的心情，爱奇艺更十分"贴心"地推出了节目的VIP定制卡，购买后可以直接增加账号的投票量；其二是通过赞助商投票，农夫山泉作为节目的赞助商，邀请练习生们代言了旗下的维他命水，粉丝只要购买代言的维他命水就能获得额外投票券。在节目竞争机制的刺激下，为了让爱豆能顺利出道，粉丝就要保证他的票数远远超过其他练习生。倘若每位粉丝只用一个会员账号投票，或按需购买代言产品显然不具备足够的竞争力，大量购买相关产品增加可投票数成了唯一选择。但等待个人粉丝三三两两的行动实在焦心，更不必说粉丝或许有难言的苦衷而无法尽情购买，比如收取快递不便、比如担忧大量购买产品后的处理问题。此时，不如发挥群体的力量，通过组织统筹规划、集体购买，个人粉丝只需要交钱静待即可，大粉们会劳心劳力地代为充值、购买、处理产品，既解决了个人的后顾之忧，又能大大提升打榜效率，何乐而不为？

研究机构调查认为，《偶练》播出期间，所有粉丝为练习生们总共集资超过1000万人民币，仅C位出道的某艺人粉丝群体，在某平台上应援筹得的金额就超过了 200 万。[1] 一时间舆论哗然，人们纷纷好奇这些选秀明星究竟是何方神圣？有何德何能？但这份惊讶还未持续太久，人们的认知就再一次被刷新了——《创造101》的粉丝集资金额更加夸张。仅在各大平台公开显示的数据中，《创造 101》的粉丝集资总金额就超过了 4400 万，而 C 位出道的孟美岐的粉丝集资总金额竟然超过了 1200 万，然而，选秀偶像的故事一波未平一波又起，当大众还沉浸在集资数额带来的震惊中，又爆出某选秀爱豆的大粉集资百万后携款潜逃的事件，受此影响，几位出道成功的选秀偶像的后续商业活动被迫取消，[2] 大粉集资买海景房的故事也一度成为都市传说。

虽然集资行为并非由《偶练》和《创造 101》这类选秀节目开创，但这些节目的受众之多、集资金额之大、社会影响之深，瞬间让选秀粉丝与这些选秀明星一起出圈成功，粉丝集资这一灰色行为也进入大众视野中。人们或许不能记住每一位出道成功的练习生的名字，但却牢牢地记住了擅长集资的粉圈，而粉丝亚文化群作为一个整体也因这类负面事件，再次暴露于主流文化圈层面前，与大众的矛盾也越发凸显。在大众眼中，选秀明星与粉丝，前者无才无德，后者却为之铺张浪费，都是不健康的社会现象，尤其当青少年群体沉迷追星、打榜，恐怕会给全社会带来长久而深远的负面影响。

不断扩散的粉圈逻辑

职业化的粉圈组织是偶像产业的伴生之物，其阶级性、分工性、情绪主导和攻击性等特征都与偶像艺人特殊的生存方式息息相关，本应是选秀圈层内部独占的相处方式，但近年来，这种极端化的思维逻辑和以攻为守的行为方式却浸染扩张至整个文娱产业。其他文娱名人的粉丝群体迅速接受了娱乐圈资源有限、唯有竞争的观点，也意识到了粉丝经济时代自己作为粉丝的重要性，想要助力自己的

1　"卧底"偶像练习生饭圈：集资 2000 万应援全记录，https://36kr.com/p/1722412466177.

2　101 粉头集资被查影响选手？有节目已暂停录制计划，https://ent.sina.com.cn/music/zy/2018-07-13/doc-ihfhfwmv0142199.shtml.

偶像就必须作出调整。他们以选秀爱豆的职业化粉圈为进化模板，在与他们的冲突中学习详细的战略计划，如何应援、如何造势、如何"撕"资源、如何为偶像的事业清除障碍……迅速从自然随性的原始状态，向高效的、职能型的粉圈演化。可叹，那些原本一直与选秀粉圈抗争的粉丝，最后也走上了同样的道路。在为艺人投入了大量的时间、精力、财力、物力后，这些粉丝的心态和地位也随之改变，他们与艺人的关系从最初的单纯仰慕、热爱和支持，变为了干涉、要求甚至掌控，二者之间的边界感和距离感越来越模糊。此前只会出现在偶像艺人与粉丝间的荒诞故事，也开始以其他类型的艺人为主角。2019 年 9 月，演员杨幂受邀出席某活动，她的官方粉丝组织一反常态地没有以应援手幅迎接，而是清一色地竖起"抵制嘉行自制剧"的标语牌。起因是由于杨幂被传将会出演嘉行传媒的自制剧，但嘉行传媒的自制剧剧本质量素来不高，粉丝担忧杨幂频繁出演劣质剧会降低其自身商业价值，所以公开抵制。[1] 但令人尴尬的是，杨幂本人不仅是嘉行传媒旗下艺人，更是公司股东之一，粉丝的抵制虽然看似出于好意，但实则让她陷入两难之地。

更令人担忧的是，在侵蚀完文娱名人的粉丝圈层之后，粉圈化之路并未停止，而是向着更广泛的舆论空间发散，粉圈风气正在逐步蚕食破坏各个圈层原有的生态环境，甚至主流文化圈，在体育运动员的崇拜者中也出现了粉圈的痕迹，应予以警惕。[2]

1　杨幂粉丝抵制嘉行自制剧，但杨幂可能并不领情，https://k.sina.com.cn/article_6450261162_180772caa00100inzs.html.

2　警惕饭圈化，https://m.yicai.com/news/100873169.html.

第十章　为爱产出的粉丝：二次创作的生产者

在商业资本的催化下，粉圈的诸多弊端非但没有得到改善，反而以肉眼可见的速度侵蚀着更广阔的大众文化空间，着实令人担忧。尽管如此，粉丝的追星行为也并非一无是处，此处的"是"不是指在个人心理层面上的认同和投射所带来的情感慰藉，也不是指粉丝群体以参加公益活动来为偶像应援时激发的正面力量，而是指更广泛的社会文化意义——粉丝并不只是一味地消耗社会资源，他们也是积极的文化生产者。这一特性时常被大众忽视，这种忽视未必是故意为之，倒像是潜移默化里的根深蒂固，可能从"fans"一词被创造出来后就被刻入了人们的DNA，随着时间的流逝从不曾改变：不分国籍、不分性别，粉丝就是一群不切实际的、不成熟的、病态的集合体，积极的社会意义大抵与他们无关。因为不切实际所以无知无畏、耽于享乐，因为不成熟所以思维逻辑非黑即白、不可理喻，因为病态所以需要被清除。但事实却并不如此，粉丝文化中以"消费"书写的部分只是无趣的、浮于表面的、却吸引了全部火力的台前故事，在一场真正由粉丝策划参与的文化活动中，最富有魅力的部分是那些暗流涌动、分明早已暴露于人前却隐秘而不为人知的幕后故事，即与"消费"相对应的"生产"环节。

第一节　产消者的故事

产消者（prosumer）这个概念最早是由未来学家阿尔文·托夫勒（Alvin Toffler）在 20 世纪 80 年代时出版的书籍《第三次浪潮》（*The Third Wave*）中提出的，意指参与到生产过程中的消费者，是未来经济革命的核心价值。[1] 工业时代的社会生产主要由国家引导、工厂负责，强调标准化、专业化、同步化和集中最大化，产出的同类商品之间差异性较小，缺少想象的空间。但托夫勒认为这样整齐划一的生产模式随着信息时代的到来而逐渐瓦解。技术的发展促进了产能的提升，工人们有了更为灵活的工作时间，也有了更多的休闲时间，可以在自己喜欢的时间做自己想做的事、开发兴趣爱好。此时，流水线上统一产出的、缺乏想象力的娱乐内容再也无法满足大众进步的需求，为了抵抗这种"落后"生产模式、满足小众且个性化的需求，产消者们闪亮登场，人类的智慧得以发挥其无限创意。[2]

产消者的未来意义

产消者既是消费者也是生产者，但与一般生产者不同的是，产消者所生产的产品也正是他们消费的产品。时常去黑珍珠餐厅觅食的美食爱好者是消费者，但当他们"偷师"并改良黑珍珠的食谱，选择自己下厨时就变成了产消者；在知名酒庄选购葡萄酒的品酒大师是消费者，当他们开始自酿美酒时就化身为产消者。从这样的定义来看，产消者似乎并不是新起之物，而是早就在人类文明的历史中埋下伏笔，农耕时代自给自足、以物易物的生活模式似乎正是产消者的表达方式，不过，自给自足的自然经济与更具未来意义的新产消模式存在区别。前者的应用范围更多局限于家庭或其他类似的小型生产组织内部，投入有限、产能有限，使用环境相对封闭，但后者则是以更大的社群为受众，甚至是面向整个人类社会开

1　Toffler, A., & Alvin, T. *The third wave*[M]. New York: Bantam books, 1980.

2　Ritzer, G., Dean, P., & Jurgenson, N. The coming of age of the prosumer[J]. *American behavioral scientist*, 2012, 56(4), 379-398.

放的；前者投身生产的原因是基于自身使用需求的满足，但后者表现出了使用满足之上的更高层次的诉求，如追求兴趣、张扬个性，或是希望在特定社群内获得隐性的激励和成就感，又或者是为了满足自我实现及其他精神需求。

产消者与一般的兴趣爱好者也有所不同，二者虽然都是相关事物的拥护者，但后者沉浸在兴趣满足中，前者却更具学习和钻研精神，善于发现隐藏的问题、探寻有潜力的解决方案。产消者对创作充满热情，当市场无法提供符合预期需求的产品时，他们不介意自己动手改造，成果水准之高与专业人士相比也不遑多让，称得上是专业的消费者。痴迷于改造音箱、手机等电子设备的发烧友，喜欢组装自行车、摩托车的机车发烧友，沉迷影视设备并自行钻研摄影技巧的摄影爱好者等都是常见的专业消费者。他们的生产过程虽然大多是非正式、隐于幕后，甚至不产生报酬的，但却广泛存在于现实生活中，在特定群体间极具共享价值。当这些拥有相同爱好，又富有创作能力和创作激情的专业消费者们聚在一起时，思想交流碰撞之下迸发出的灵感势必带来更令人惊艳的作品。可惜的是，工业时代的专业消费者们缺乏直通外部的发声渠道，群体处于半封闭状态，傲慢的企业既不愿向半吊子的消费者低头——即使"半吊子们"已达到专业水准，也不愿冒风险推出富有创意的作品，而保守的普通消费者又未真正进入追求个性化产品的阶段，因此，专业消费者们的产出通常只能在特定圈层内小范围传播，难以让大众参与其中。

所幸，信息时代的到来打破了僵局，成就了各行各业的新未来。[1] UGC[2] 平台的诞生让专业消费者有了崭露头角的空间，让普罗大众有了接纳新创意的机会，也让行业有了创新变革的动力，尤其对与互联网关联紧密的行业来说，产消者具有划时代的影响。以游戏玩家为例，网络论坛的开放让他们在游戏之外也有了讨论的阵地，普通的游戏玩家只是迷恋游戏带来的娱乐感，在获得满足之后便不再投

1　Ritzer, G., & Jurgenson, N. Production, consumption, prosumption: The nature of capitalism in the age of the digital "prosumer" [J]. *Journal of consumer culture*, 2010, 10(1), 13–36.

2　UGC，即 User Generated Content 的缩写，意为用户原创内容。UGC 平台允许用户自行创作内容并发布分享给其他用户。

入，但稍具有钻研精神的游戏爱好者则有强烈意愿获得更多娱乐之外的满足。通过游戏论坛，游戏理论派们如数家珍般地向新手玩家介绍各大游戏公司的作品、科普不同游戏的设计机制，似乎是朝着把自己变成"游戏界的百科全书"的目标努力奋斗着；实践派们则更愿意总结自己的游戏经验，将其写成攻略帮助更多玩家。在这些玩家身上，产消者模式已经初绽光芒，他们不仅自身沉浸其中，还积极产出，也十分乐意与其他玩家分享自己的成果，但这些分享仍限于现有玩家内部，相较之下，更专业的产消型玩家却能化产出为利器，击穿圈层壁垒，改善行业生态。有能力的专业玩家会自己编程游戏MOD[1]，甚至开发出基于原作的新游戏，支撑他们创作的动力不是经济诱惑，而是出于对游戏的热爱，扩展原有游戏世界、增加可玩性、吸引更多玩家参与、更向非玩家展示游戏的魅力。这份为爱发光的心意让玩家参与制作成为一种趋势，不少游戏公司把玩家自制MOD纳入游戏企划中，开放游戏权限、邀请玩家自由创作。对一些处境危险的游戏公司而言，这还是"起死回生"的解题思路。游戏《人类一败涂地》在刚出炉时也算红极一时，但随着通关玩家人数的增多，玩家对游戏渐渐失去热情，游戏日活率大幅度下降，一度陷入"濒死"状态。但自制MOD的出现重新唤起了玩家的游戏激情，专业产消者的无限创意让普通玩家玩得眼花缭乱，而一度失去市场的游戏也借此重获新生，更是趁热推出了手游版本。[2]

可见，越来越专业的消费者，或称产消者，在造福普通消费者的同时，也为企业带来了更多灵感，还能督促行业不断进步、不断创新，努力不被自己的消费者赶超。这也正是托夫勒认为产消者模式是未来财富革命核心的原因。

文化产业的产消者

流行文化是现下用户最活跃的区域，毕竟不开车、不用相机摄影的大有人在，

1　游戏MOD，或称游戏模组。"MOD"即英文单词"modification"的缩写，意指在特定功能方面对原版游戏作出修改，游戏MOD必须依附于原有游戏的基础上运行操作，是游戏的扩展版本。

2　思维创造，《人类跌落梦境》MOD激发无限想象力，https://www.163.com/dy/article/G2Q2QE340526VQ5R.html.

但不看剧、不听歌、不看小说的人就少之又少了。庞大的用户基础赋予了文化产业极高的商业价值，也给了文化产消者充裕的成长空间和养分。对于粉丝产出的讨论早在信息时代之前就已经开始，但人们对此的认知却伴随着"受众是否只是被动的消费者"这一争论不断推进。这里要提到两位学者，米歇尔·德塞图（Michel De Certeau）和亨利·詹金斯（Henry Jenkins），他们都为推进大众深入了解产消者作出了巨大贡献。詹金斯在他的代表作《文本盗猎者》中将文本内容的爱好者，即文本粉丝，视为积极产消者，详细阐述了内容文本粉丝的产消形态。他的研究虽然是基于热播剧《星际迷航》的迷群，但所得结论的应用却并不局限于剧迷群体，还可为其他文本粉丝，以及以名人为核心的粉丝文化指导一二。尤其当我们讨论粉丝产出时，以内容文本为核心的粉丝群体和以明星艺人为核心的粉丝群体之间，可算是本同末异：虽然产出作品的形态、方式、应用范围等有所不同，但产出欲望都来自对特定事物（文本或偶像）的强烈爱意。因此，先让我们从文本粉丝引入，聊一聊粉丝群体与普通读者在文化消费、产出上的不同。

德塞图在《日常生活实践2》（*The Practice of Everyday Life*）中以书写和阅读之间的关系来比拟文化生产和消费的关系。[1] 在他之前，人们习惯把作者制造文本的过程看作是一种生产行为，作者创作文本、积累智慧，是积极主动的象征；但读者阅读文本则被认为是被动接受作者传递信息的过程，读者既不会主动思考，也不会主动参与，是消极被动的群体。由此引申出一个结论：文化产业的受众对推进产业的生产毫无助益，受众的阅读/观看就是一种纯粹的消费行为。但德塞图并不认同这个结论，他认为文本意义的传递需要通过读者解码来实现，如果读者只是漫无目的地浏览、不求甚解地阅读，就绝无可能体悟作者隐藏在文本中的深意。所以，作者创造的文本是因为读者的阅读才产生意义，阅读不仅不是被动的，反倒更像一种无言的私人生产。德塞图把这种无处不在的生产行为概述为"二次生产"（secondary production），将其定义为基于作者文本的读者解读。但读者在"二

1　De Certeau, M., & Mayol, P. The Practice of Everyday Life, Vol. 2: Living and Cooking[M]. Minnesota: University of Minnesota Press, 1998.

次生产"过程中得到的意义并不能纳入产消者产出的范畴，因为这一过程不仅是私人的，生产的激情和所得的意义还可能是转瞬即逝的。学识、经历、身处环境等的不同，导致不同读者对同一文本的解读通常不同——如果不是这样，语文考试中阅读理解的部分就不会那么难拿满分了——而如此私人的文本意义通常也只能作用于个人的日常生活，很难带来群体收益。另外，读者在选择文化文本时是贪心的，他们很少对特定的文化类型保持忠诚，而是"游走"于各类文本间，有时是出于自己的喜好，有时是跟随他人进入全新的领域，不断地涉足新空间、创造新意义。除了贪心，他们还很偏心，并不会把所有解读出的意义都长久保存至私人的记忆库，而是只保留能与之共鸣的、抛弃那些不再有用的。这些特征让德塞图把读者的二次生产当作一种"盗猎"（poaching），想象着读者如"游牧民族"一般进入不同作者的创作空间，"争夺"作者对文本的最终解读权。

詹金斯在一定程度上肯定了德塞图的看法，读者的文本解读具有私人性和瞬间意义性，但这种结论并不适用于所有读者，尤其不适用于那些积极参与文本意义解读的粉丝群体。在德塞图的思路中，读者的"二次生产"是个人且功利的，一旦当下的文本不能再勾起兴趣，或自认已经把有价值的文本信息吸收殆尽，他们就会转战投身到下一场"盗猎"中。可粉丝却不如此，詹金斯认为粉丝的阅读过程时常会表现出集体性，并在集体阅读中寻求群体意义。

在粉丝的多重属性中，消费者是无法忽视的身份，他们是文化产品的消费者，会遵循天性在不同作品间"盗猎"；但当他们作为"粉丝"消费自己喜欢的作品时，故事就超脱了德塞图的思路。[1]粉丝与普通观众的最大区别在于二者的投入程度，这种差异影响了他们在"二次生产"时的表现。普通观众的文化消费大都出于娱乐需求，所以在娱乐文本欣赏时并不会太专心，文本的解读大都停留于表层，与他人的分享掺杂着社交需求，意义交流是其次，打发闲暇时间、增进友情更为重要。

1　Yang, L. All for love: The Corn fandom, prosumers, and the Chinese way of creating a superstar[J]. *International Journal of Cultural Studies,* 2009, 12(5), 527–543. Lee, S. Y., Kim, H. M., Chu, K., & Seo, J. Fandom as a prosumer: study on information behavior of fandom[J]. *Journal of Digital Convergence,* 2013, 11(12), 747–759.

但粉丝的文化消费却是为了超越娱乐之外的情感需求。对文本深沉的爱让他们无限度地倾注时间和精力，对文本的阅读和解读仿佛一场以兴趣为导向的集体性文化参与，是把个体内心世界的生产从私人化到公开化的过程。相比个人阅读，粉丝们更喜欢聚在一起分享讨论。原作品是阅读的焦点，但基于原作的集体讨论和意义分享也很有价值，观看是快乐，思考是快乐，与人分享是快乐，分享得到回应更是其乐无穷。所以粉丝的相聚并不强调物理上的面对面，借着电台、广播、报纸杂志专栏、网络平台的相聚都足够让他们欣喜。

集体性的文化参与不仅给自身带来了快乐，经反复沟通与探讨后所得的体会及就此延展出来的内容，还有可能完善原作者构建的文本世界。粉丝会乐此不疲地细细品味作者的每一处留白，填上自己喜欢的色彩。这让他们总能在不经意间发现原作品中的不协调处，这时，他们会首先尝试寻找矛盾存在的潜在原因，再合理化矛盾；如果失败，就会通过引入新设定的方式来调解这种矛盾。有时，粉丝的补白会得到原作者的回应。网络小说《盗墓笔记》仍在连载时，诸如贴吧之类的平台上对细节挖掘、谜团分析、人物剖析、结局预测等的讨论铺天盖地，作者本人也曾公开点评过高赞分析，表示不会如读者所愿，一定要写出让他们猜不到的结局。悬疑小说作家紫金陈也曾在连载时鼓励读者搜寻他在原文中埋下的线索，希望有人能在连载结束前破解真相。不仅文本作者会关注自己的读者，剧集的制作方也会悄悄设法与观众在不同时空中积极互动。英国黑色喜剧《9号秘事》（ *Inside No.9* ）自第一季起便在每一集的不同场景中"藏"一只黄铜兔子雕塑，彩蛋被剧迷们意外发现后，找兔子就成了他们看剧的一大乐趣。[1]原作们认真创作，粉丝们认真欣赏，文化作品从生产到消费、再到被解读的过程中处处充满乐趣，也在潜移默化中让更多人了解并喜欢上这些作品，开拓了原作品的市场基础。

随着文本解读的深入，单纯的意义解读已经不能满足粉丝的欲望，他们有了更激进的想法，想在原作的基础上开拓新的疆域，一个个"平行世界"被创造出来，粉丝的产消者之路就此正式开启了。在平行世界中，原作中不协调的桥段被

---

1 《9号秘事》主创曾感慨"真的很疲惫"，http://www.xinhuanet.com/ent/2020-02/16/c_1125580665.htm.

直接删除，不完美的结局也能被"修正"，自己喜爱的人物能重新再"活"一遍，遗憾的情绪能够得到安抚，还有什么比这更完美？在某个平行世界里，小天狼星没有死，詹姆和莉莉也还活着，他们和哈利一起打败了伏地魔，最终过上了幸福美满的生活；[1] 在另一个平行世界里，林黛玉和贾宝玉不用悲剧收场，在王熙凤的帮助下神瑛侍者与绛珠仙子得以携手红尘，再续前缘；[2] 在更天马行空的世界里，林黛玉和伏地魔之间有了深深的羁绊。[3] 所以，粉丝创作的全新内容与其说是对原作品的补充，倒不如说是群体性的情绪安抚和审美实践：粉丝在阅读时无法释怀的遗憾、在群体讨论中被激发的灵感，以及溢出的创造力和创作激情，都可以通过创造新作品的方式释放，当这些新作品得到群体的积极回应时，创作者们将有更大动力继续产出，并在产出中进化自身的能力，正向反馈机制不断激发，粉丝的产消之旅蒸蒸日上。虽然粉丝创作的"新"世界可能与原作者的心意相左，有时甚至会完全颠覆原作的文本意义，保守派们如临大敌，把粉丝产出视为大不敬，但这份超脱和颠覆却也正体现了粉丝存在的积极意义，他们既不是被动的消费者，也不是"盗猎者"，而是文本新意义的创造者。

在文化产品领域，粉丝生产的过程被称为二次创作（简称二创），即指粉丝产消者在消费了特定的文化产品后，基于自身二次生产意义的有感而发。二创作品的内容和形式多种多样、不可胜举，既可以是原作的延续，也可以是原作的重塑，这些产出大大丰富了文化产品的多样性，也给相关行业注入无限活力。文化产消者在一次次产出中优化自身，让越来越多的商业资本注意并重视他们的生产力，这股为爱而生的力量渐渐成为绝佳的宣传工具。2019 年 7 月，国产动画《灵笼》的播出点燃了国创区，观众们自发做起了水军，激情产出了大量硬核内容，与之相关的粉丝作品占据了国创周边区的半壁江山，不仅替出品方省下大笔宣传支出，

1　哈利·波特小说的同人小说 *Unbroken Universe* 的情节。小说分为三部曲，作者为 Robin，原文为英文，被翻译成多种语言，在同人圈内极为流行。

2　《红楼梦》的同人作品《红楼之凤还巢》的情节，http://www.jjwxc.net/onebook.php?novelid=936259.

3　为什么伏地魔 × 林黛玉会成为最大势的拉郎 CP？ https://www.163.com/dy/article/ES0P8CCT05258IM1.html.

也给平台带来了巨大流量。多赢的局面为作品后续宣传提供了思路，《灵笼》下半季播出前夕，动画出品方艺画开天举办了"看灵笼送机甲"活动，[1] 邀请大家一起观看、一起产出，活动承诺只要投稿作品达到一定的播放量，投稿人就能免费成为视频网站的会员，优秀作品更能得到灵笼周边手办等奖品。无独有偶，2021 年的夏季热番《时光代理人》第一季完结后，澜映画制作组趁热打铁地邀请意犹未尽的观众参与名为"时光连接中"的活动，[2] 为动画第二季的创作收集灵感。制作组希望观众能发布一张对自己有特殊意义的照片并讲述照片背后的故事，投稿作品一旦被官方收录进"灵感库"，投稿人不仅能获得动画周边礼品，他/她的照片故事还有机会被官方改编融入第二季的剧情中，成为动画内容的一部分而永久留存。如此一来，动画制作方与观众之间究竟谁是原作、谁是二创，是你产我消、自产自消、还是都产都消已经很难分清，但如此良性互动多少满足了每一方的需求，达到互利共赢的效果，对整体的文化创作环境也颇有益处。

此处还要厘清一个概念上的误区，"二次创作"与"同人创作"都会被用于指代粉丝基于兴趣的文化产出，但二者的含义并不完全一致。二次创作主要指以原作为依托的借鉴性创作，作品承袭了原作的部分或全部世界观及人物设定，但表达形式或核心主旨常与原作有异；换言之，与二创作品相对的是原创作品。比如，某动画迷追完原番后觉得意犹未尽，于是把自己喜欢角色的高光片段统统截取出来，再配上了自认为更契合的背景音乐，完成了一个推广向的饭制视频[3]，这样的剪辑视频即为针对原番的二创视频。同人，来自日语"どうじん"，意指有相同爱好的人，用我们更为熟悉的词来说即是"同好"。同人作品虽然与原作也有一定相关性，但更多指代受到原作启发的新生之物，原作的痕迹已然十分淡薄，所有与同人作品相对的不是原作，而是以营利为主要目的的商业作品。比如，也许

---

1 《灵笼》下半季预告来袭，欢乐二创开启，送会员赢机甲，https://www.bilibili.com/read/cv6472958?from=search.

2 时光照相馆正式开业，在线接单，特此发起#时光连接中#照片征集活动，https://t.bilibili.com/519380104372591010?tab=2.

3 饭制，即粉丝制作。此处的"饭"谐音英文单词"fan"（粉丝）。

那位动画迷在做完二创视频之后仍不过瘾，又自己编词作曲创作了一首角色主题曲并发布到网上供大家免费下载欣赏，这样的作品即是同人作品。有时，同人作品也会掺杂一些"金钱"的味道，比如一些同人创作者为了降低制作成本、实现创作的可持续性，会少量出售自制的手绘集、手工等同人作品，只要这些作品未经流水线产出、不以纯粹的营利为目的，就仍在同人作品的范畴内，而一旦同人作品也走上了商业付费的道路，也就到了卸下同人标签的时候了。比如小说《盗墓笔记》在刚开始连载时，仅仅是作为《鬼吹灯》系列小说的同人衍生作品，后因人气过于火爆而变成了独立的商业IP。

第二节　为爱发电的名人粉丝

前一节曾提到，不同类别的粉丝产消者的心路历程和行为模式是本同末异的。从"同"的角度看，不同类别和圈层的粉丝本质都是因兴趣热爱而参与集体分享、因无处安放的倾诉欲而激情创作、又因创作而收获快乐。可当我们从"异"的角度分辨，就会发现以明星艺人为核心的粉丝群体的确在不少方面都别具一格。正如他们在消费时曾表现出强大的集体性、组织性和高度分工性，这些特征在产出过程中也被完整保留，让名人粉丝在生产动力、产出数量和效率等方面远胜其他群体，可谓信息时代产消者的最强代表。

在群体参与中解读偶像

詹金斯认为粉丝的文化消费是把自己的观看经历转化为参与式文化（participatory culture）的过程，粉丝在亲身参与中积极探寻文本意义，其中部分更有倾诉欲和创造力的粉丝在意义解读的基础上二次创作，化身产消者。文本粉丝是这样，名人粉丝自然也有相似经历。

在内容作品类的消费中，粉丝们虽然也保留了一定的"游猎天性"，但对偶像的忠诚让他们更愿游走在偶像的不同作品间，这些作品与其称之为特定的"围猎场"，倒不如说是粉丝的专属秀场，所得"猎物"不仅能丰富粉丝自身，也能凝聚粉丝组织力量，还有不可忽视的社会文化意义。虽然名人粉丝中也不乏喜欢单打独斗的，可每当艺人有新作出炉，再孤僻的粉丝也会忍不住想与人分享，最佳选择自然是能接纳自己全部情绪的圈内同好。与群体性消费时所诱发的凝聚力类似，粉丝群体在共同观赏、共享感悟的过程中也会产生类似的情感。不同于普通观众的粗枝大叶，粉丝对作品中的细枝末节格外关心；也不同于文本粉丝常用全局观看待作品，名人粉丝的关注点总以偶像为圆心向外蔓延。他们会把包含偶像的片段逐帧拆解再逐字解析，深入感悟其中的每一个符号意象，如果还有多余的精力，他们倒也不介意把注意力从偶像身上挪开片刻，关注一下作品中的其他片段。普通观众无法与粉丝的深入解读共情，粉丝却不可自拔地沉浸其中。一方面，面对偶像辛苦创作的作品，粉丝如果不拿着放大镜欣赏，大概会显得过于残忍；另一方面，作品作为沟通艺人与粉丝的重要媒介，是粉丝深入了解偶像的绝佳机会，不可放弃。于是，在普通观众眼中稀松平常的情节，在"放大镜女孩/男孩"的重点关注下说不定就别有深意了：这一句台词可能预示了人物未来的命运，这一句歌词也许是在回应最近的风波，这一个眼神应该是被粉丝感动后的深情流露。不仅偶像在努力通过身上每个细胞向外界传达隐秘信息，布景道具、运镜方式说不定也是精心安排的手笔。原本私人的解读因网络而得以广泛分享，粉丝们不必再孤芳自赏，也不必担心会被视为异类，更多的文本意义也在群体分享中不断被挖掘、打磨。粉丝A："我发现一个小细节，原来这里……"粉丝B："哇，你好厉害，我之前都没有发现，转发让更多人知道！"粉丝C："受姐妹启发，我发现还有一处也暗示了……"粉丝D："传下去，原来这里和那里都是……"可知，一如特定文本的粉丝会在不断地分享沟通中建立自己独特的审美认知和审美实践，名人粉丝也逃不出这样的往复循环，此时，群体外部那些不理解的声音反倒引得粉丝更加沉溺于自己舒适的小圈子。

　　不过，并不是所有的粉丝解读都是无中生有，他们也会从作品中体悟到颇有价值的文本意义，也正由于这些有效的二次生产，粉丝的产出才算有了真正的社会意义和传播价值。一如文本粉丝乐于补白原作、挖掘彩蛋，名人粉丝也精通此道，只是他们优先选择对话的是自己的偶像。如果偶像推出了新歌，粉丝可能以歌词作为切入点深入剖析和挖掘背后的典故，或是从编曲、混音、唱腔等角度出发点评歌曲制作的用心，也有一些粉丝会跳出帮腔偶像的逻辑，专业讲解歌曲的制作过程、发行方式等以做科普用。如果偶像参演了新的影视剧集，粉丝能发挥的空间就更大了。偶像的演技需要细细体会，人物塑造的细节也有待开发，角色之外的故事当然也要深入讨论，剧集的历史背景说不定也大有来头，还有剧中角色的服化道、造型、妆容等都值得科普。在人气剧集播出期间，人们总能在各大平台看到不少优质的内容，全方位地讲解与剧集相关的一切信息。于是，观众们从《清平乐》中了解了宋制服饰应有的样貌，在《长安十二时辰》里学习了唐代时不同人物妆容的区别，由《你是我的城池营垒》知道了特警的职业特质……而这些"知识点"得以广泛传播，粉丝功不可没。

具天然优势的粉丝产出

共同欣赏、集体解读、群体分享，粉丝在参与式文化中表达对偶像的爱意，也同时满足了自身在娱乐、社交、情感认同等方面的需求，所以大部分的粉丝行到此处就心满意足了。可总有一些粉丝想走得更远，尤其当他们发现对作品意义的解读已经不足以释放多余的精力和澎湃的情感时，自由度更高的二次创作就成了最佳的表达方式。粉丝产出是由兴趣引导的，这是他们快乐的源泉、释放创造力的出口，也是提升能力的演武场。创作时虽然是怀着自娱自乐的心境，但产出作品却可以有气吞山河之势，优质的粉丝作品便犹如圈内的精神食粮，能在偶像也不能抚慰的地方给予同好们额外的慰藉。

相较于其他文本粉丝，名人粉丝在产粮这件事情上是很有天然优势的，具体表现之一就是素材的多元性和丰富性。虽然文本粉丝中也有一些大户人家，如坐拥漫威宇宙或DC宇宙的迷群，但大部分群体的原始素材只有原著的一亩三分地，至多不过加上原作者或制作组的补充设定和解读，与名人粉丝的素材库实在不可同日而语。明星艺人们参与的影视剧、音乐作品、综艺节目等影像片段，专访、杂志、广告等图文物料，以及他们的趣味语录、路透信息……他们出现在公众面前的每一秒钟都是素材和灵感的来源。粉丝可以在这些素材间穿插游走，将不同场景中的偶像糅合串联成一出出"前世今生"的大戏。这种创作风格在名人粉丝的产出圈内颇为流行，更有不少作品在粉丝群体的助力传播下成功出圈，可谓受众颇广。但类似的表达手法如果用于多文本的二创中，恐怕会挑起各圈层间的纷争，毕竟并不是所有人都能接纳一个林黛玉和伏地魔惺惺相惜的"邪教"世界。

素材库的庞大是粉丝能大量产粮的依仗，可有时海量的资源反倒成了负担。如何获得全部的素材？如何在众多素材中检索出可用的片段？又如何在这些待选的片段中寻找最合适的部分？此时，就要介绍名人粉丝除庞大素材库之外的真正强大之处——组织性。这不仅是一群因爱好相同才聚到一起的同好者，更是一个分工明确又各司其职的圈子。在关键时刻，普通粉丝会以不同功能的粉丝组织和粉丝站为中心，有组织、有纪律地统一行动，为产粮大业添砖加瓦。有了组织的帮衬，那些令人头疼的问题便有了出路。在众多的粉丝职能组织、职能站中存在着一类较为特殊的组织，通常名为资源站，主要负责搜集、分类整理并发布与偶像相关的一切素材。这些资源站可能是官方后援会旗下的职能组织，也有可能是热心粉丝们自行组建的野生组织，其存在目的就是成为产粮粉丝的后勤部队，为他们提供详尽且便利的素材。资源组的行动步骤可分为三部分。第一步，搜集：资源站的搜集小组会在前线盯梢艺人，一旦艺人出了新的作品或物料，搜集小组会第一时间将这些素材存储下来。第二步，分类整理：不同类型的素材要用不同的方式整理，图片素材应当保留最高清晰度的，最好能经后期处理调整至4K的清晰度；视频素材为尽量避免版权问题，需要作出修剪，先粗略剪裁出所有含有艺人的、带有情节互动的大片段，再从这些大片段中精细剪裁出所有只含有艺人镜头的小片段，最后根据情节内容给每一个大小片段命名，方便后续查找，有的视频素材也会被逐帧截取成图片，供修图用；类似地，音频素材可根据需求情况逐句截取，再讲究一些的资源站会对部分台词类音频做降噪处理，剔除环境音，更大限度地保留偶像的原音。第三步，发布素材，供产粮粉丝们使用。最后一步看似简单，却也很有讲究。为防止泄密或引发不必要的纷争，尚在播出中、或暂未免费开放的作品即使素材完备也不能即刻发布，至少不能发布完整版本。除了发布时机，推送人群有时也要注意。虽然大部分的资源站是公开无门槛的，但如需发布较敏感的素材，如上述的新作资源时也需要经过一定的审核。不过，此处的审核并不是指如职能组织或核心群一般，需要申请者递交"陈情书"表忠心，也不会检查申请者的社交账号内容来分辨纯度，而是更具资源组的风格，譬如会先行提供少量的素材，再让申请者用"作业"来换取获得后续素材的机会，而"作业"即是二创作品。换言之，即使是在最严格的情况下，只要申请者能用实际行动证明自己的目的在于产粮而不是其他，就能尽情调取素材库中的各类珍馐，至于申请者的产粮能力及是否艺人的粉丝则不算重要。

资源站和产粮粉丝的合作是长期存在的，有了资源组的贴心供给，产粮粉丝们如虎添翼，产出的效率和质量都大有提升。合作的魅力又在各个重要时间节点时到达巅峰。资源站日夜兼程，第一时间奉上最新素材，解决后顾之忧；产粮粉丝奋笔疾书，以无限激情写无边创意，努力为爱发电。其他粉丝也不会只做看客，无粮时他们可以贡献优质脑洞，甚至"点播"特定剧情等待产粮粉的投喂，"粮"被顺利产出后，他们可以凭借人海战术传播扩散、吸引关注。

以应援目的进化自身

说到此处，名人粉丝投身产出目的之一也就呼之欲出了。无论是对资源的搜罗整理，还是对素材的二次创作和群体传播，粉丝所有的行为都受同一个目标牵引，即为偶像宣传。这倒不是从动机上否定名人粉丝产出的纯粹性——事实上，宣传原作是所有粉丝的产出动因之一。也不是认为名人粉丝的产出全然与兴趣无关，只是名人粉丝的产出过程容易由量变引发质变，显示出不同的气质：当以个人为单位讨论粉丝的产出行为时，对偶像的喜爱和对创作的兴趣是他们的原动力，那些无法用语言精准描绘的感情都可以通过二次创作娓娓道来；但当粉丝聚集成群时，集体视角下的粉丝产出行为就不再只是单纯的兴趣和热爱的表达，而是一种宣传向的应援活动——文化消费是应援，以消费为前置条件的文化产出也可以是一种应援。

既然是应援，粉丝的产粮行为就会带有鲜明的圈层特征，如群体性、组织性、分工性和引导性。产消者是专业的消费者，他们因热爱而投身生产，又以自身的专业技术为仰仗产出优质的作品。可当我们讨论名人粉丝中的产消者时，这段描述失效了，因为并不是所有参与二次创作的粉丝都是专业选手，更有不少新手。褪去控评和反黑时的戾气，当为爱发电撞上专业对口时，专业粉丝会用独出巧思的二创作品吸引圈外路人的关注，让他们认识甚至喜欢上自己的偶像。但是效果虽好，专业粉丝的稀缺性却降低了安利效率，如果能有一支产出大军就好了。这样的想法激发了粉丝群体内部的创作欲望，如一石激起千层浪般地让从未涉足产出的粉丝也蠢蠢欲动。蠢蠢欲动又需化为真实的行动才有意义，粉丝群体既然将产出视为应援活动，自然要发挥组织能动性促成产粮行动，于是，一个以应援为目的的"全员产粮计划"诞生了。大计划的推行虽然不会一帆风顺，但粉丝组织会努力解决，现在，让我们代入新手的视角，想想踏上产出道路的难点在哪里。

首先是爱意。如果我们相信粉丝与偶像之间的情感联结是解释粉丝一切行为的基础，那么爱意就是第一个门槛。粉丝的类型多种多样，他们对偶像的情感自然也深浅不一。有的只愿与艺人建立点到为止的交际，而另一些则甘愿为之肝脑涂地；前者极难入坑，后者蓄势待发，至于介于二者之间的绝大多数则摇摆不定，或许偶然闪过类似的念头，但要付之于行动恐怕还需额外助推力。此时，粉丝群体间的交流互动无疑能起到积极的作用，使得群内爱意渐长，动力十足。

其次是素材。粉丝的摇摆不定除了因爱意不足，自觉无从下手也是诱因。虽然各类电子设备中珍藏了不少偶像的图片、视频、小故事等，可要把这些私人典藏转化为产粮素材恐怕稍显不足。此时，几乎无门槛的资源站的存在便意义非凡，不仅是产粮大粉的神兵利器，也是新手的贴心棉袄。不用出示粉籍，也不需要以旷世奇作做敲门砖，只要粉丝有心产出就对他们一视同仁。

再者是技术。最让粉丝头疼的原因大概是他们的非专业背景。资源站的出现让人心潮澎湃，可重兵在握却不识兵法怕是更加无奈。视频、音频、绘画、手工……无论哪一类产出，如果没有技艺支撑就只能停留在空想阶段，心有余的粉丝也有力不足的担忧，要想产出就要先过技术关。独自一人埋头苦学虽然也能有所得，但这已是古老"偏方"，信息时代的粉丝不必再做独行侠，形态丰富的粉丝组织如同一个个网络自习室，让粉丝在相互分享中一起进步。更幸运的是，这些群内不乏身负各种奇能巧技的（半）专业人士，而在"全员产粮"思潮的影响下，他们会出具详细的教程耐心"培养"后继者。修图大神会教导调色的原则和构图的逻辑，剪辑大神提供转场的方案和镜头的语言技巧，手工大神出具捏脸指南，绘画大神分析人物曲线……除了编写教程，专业粉丝还会把自己产的"粮"设计成"诱惑版"的进阶教程，他们炫技般地展示最新的黑科技，让犹疑不决的粉丝心动加入，也让已经走在产出路上的粉丝迫不及待地升级自己的技能，进而推动整体的产粮意识和产粮素质。当懵懵懂懂的粉丝在资源站、技术粉和产粮粉的帮助下磕磕绊绊地尝试产出后，便能顺理成章地搭上群体宣传的高速通道，为应援偶像添砖加瓦。

全员产粮的大计划在最初未必是由特定的个人或组织牵头引导，但在潜移默化中，无论是身在局中的产粮粉，还是作为推进的宣传粉都渐渐认可并推动这个计划。至此，再讨论粉丝为何产出已经意义不大，因为很多时候，粉丝产出的目的已经分不清了，也不必以目的去划分界限，创作的激情在一次次应援中完全释放，而其核心又是粉丝对偶像的爱意。粉丝产出的意义或许更值得讨论。对粉丝个人而言，借着一次创作的发布，他们的真心得以永久保存，也见证了自己技术的进步，为迎接未来更好的自己做铺垫。即使有一天，炽热的情感归于平静，当初那个为之疯狂产粮的人被藏于记忆成为过去，可留下的痕迹却能如影随形，成为这一段追随的馈赠，产粮时学到的技术也会伴随他们继续前行，成为爱好甚至谋生盈利的方式。对明星艺人而言，能得到粉丝的认可和喜爱本就是件令人愉悦的事，又看着粉丝富有创意地为自己宣传更是多倍的快乐。而对于影视作品的出品方、视频平台而言，剧集播出时庞大的粉丝群体本就是它们的流量密码，由此衍生的二创作品亦能吸引目标受众外的流量，只要善加利用便可以省下巨额的宣传费用。文娱市场的其他潜在消费者也没有理由拒绝粉丝产出，优质的二创作品是他们发掘新作的契机，也是入坑后意犹未尽时寻觅到的"粮"。

不难发现，当粉丝以产消者的姿态出现时，他们的社会意义要远远大于单纯的消费者，此前对粉丝群体的种种诟病也可被重新审视。当他们聚集成群以消费应援时表现出的令人头疼的分工性和组织性在他们以产出应援时就成了优势，如果把这种优势推而广之、形成正确引导群体的力量，粉丝群体的未来或许一片光明。在一个健康的文化市场中，明星艺人应当以作品立世，专注提升自身业务能力，为粉丝奉献更多的优质作品，而粉丝不该仅仅只为艺人争夺一时的榜单名次，也不必只在意艺人当下的价值，大可以把偶像作品视为创作源头，以兴趣为前提、以丰富自身为导向，为文娱市场输送不一样的风景。

第三节　粉丝产出的类型

不同类别的粉丝在二创作品的形式上大抵相似，无外乎是视频、音频、图片、手工等，但受到圈层和个人审美认知的影响，不同圈层的粉丝产出风格也有所不同。

纸笔之下的平面世界

纸和笔是最易得的生产工具，也是不少粉丝跻身产消者行列的启蒙者。只要拿起笔，脑海里受激励而生的灵感就能再现于纸面，而那些信手拈来的涂鸦和随笔就成了不少粉丝的二创作品首秀，生涩却充满无限潜能。生产力工具的进化让粉丝产消者不必再拘泥于传统的纸笔工具，电脑、手机、数位板、绘图软件等变成了数字时代的新型"纸笔"，优化了粉丝在平面世界的产出质量。

同人图是常见的粉丝绘画类产出。粉丝们以手画心地表达对偶像及其塑造角色、作品的喜爱，可以写实也可以抽象，可以整体描绘也可以局部特写，譬如对偶像那"可以荡秋千的长睫毛"和"可以做滑梯用的高鼻梁"极为满意的画手，只觉得唯有反复临摹才能描绘心中愉悦。除了实景和实物的临摹，意犹未尽的名场面也要安排上，粉丝的大胆脑洞必须做可视化处理，以连载漫画的形式编撰人物小故事也很不错，写得一手好字的粉丝们还可以试写一笺名册、语录。总之是形式不限、风格多样。

名人粉丝还有两类专属的产出类型：饭拍图和饭制精修图。明星艺人作为公众人物自然少不了要出席各类活动，届时，媒体、主办方和艺人工作室都会派专员负责摄影摄像，以风格迥异的时尚大片表达艺人千变万化的气质。但饶是如此，仍难以满足粉丝如饕餮般的好胃口，总有一些可爱细节是媒体捕捉不到的，也有一些心动角度是媒体不会关注的。此时，由粉丝拍摄的偶像的活动图就尽显价值了。广义来说，这些饭拍图也属于粉丝的产出作品。每当偶像出席公开活动，有门路的粉丝就会扛着长枪大炮奔赴现场捕捉偶像的每一个细节，再反馈给同好们填充产粮素材库。粉丝们还有一项祖传手艺——修图。饭拍图弥补了官方图不能周全照料的缺憾，可粉丝众口难调的审美癖好仍未解决，他们顺着原图的韵味又生出了无边脑洞，亟须自己动手填补。粉丝们会先从库存中挑出最有感觉的，把图片丢进各类修图软件微调偶像的五官，重新排布整体构图，再修改图片色调或是添加合适的滤镜，一张饱含爱意的精修图就诞生了。如有需要，还可添加暗含小心思的配件，譬如有人总也忍不住要给偶像"戴"上一副自己喜欢的金丝镜框，或是执意要给偶像镶上一对吸血鬼般的小尖牙。

爱意满满的同人图、饭制图出炉后还需按流程分享给同好们，制作非正式出版的画作合集、饭制相册（photobook）后直接发布至社交网站都是常见的选择，微博、网易LOFTER、小红书等社交平台也给粉丝分享产出营造了良好环境。这些作品送达粉丝手里后也不是只能做存储赏析用，还很有实用价值：配上契合的文字做成表情包，让偶像加入群聊；或是设置成电子设备的桌面与屏保，与偶像日日相见；更多时候这些花式饭制图会被当成控评配图，向大众推广偶像。

　　同人文一类的产出也颇得粉丝欢心，文本粉丝尤其将这些"粮"视为心头好。同人文的创作灵感来源于原作却不囿于原作。当身为创作者的粉丝"乖巧"时，可以惟妙惟肖地模仿原作的文笔风格，还原角色的语言习惯，写出以假乱真的续作；可当他们"叛逆"时，就会完全跳出初始世界观，重新洗牌人物关系，大胆开发互动情节，天马行空地实践着自己的审美认知。嗷嗷待哺的粉丝并不在意产粮大大们是"乖巧"还是"叛逆"，只要提前预警可能出现的雷点，并能在逻辑上自圆其说，这些同人文就能立足圈内。虽然征服了文本粉丝的胃口，同人文却让大部分名人粉丝心生抗拒，偶像性格的拿捏、人际关系的表达、故事情节的推动……每一处细节都可能成为"雷点"，处理稍有不慎就会被判定为对偶像的亵渎，"战争"旋即爆发。不过，这并不意味着同人文在名人粉丝圈层中无解，如果不以偶像本人为原型，转而从偶像曾参演的角色下手，粉丝们不仅不会暴怒反而会积极推进角色同人宇宙的建立。在这个平行世界里，已经离场的角色们相处融洽，或温情或搞笑，偶尔能演一出BE美学[1]，既能点燃粉丝的情感，也能发挥余热，再次宣传偶像及其作品。

　　除了同人文，粉丝也在积极尝试用更全面、大众化的方式剖析作品、宣传偶像，譬如撰写影评或人物评析等。粉丝影评的内容常以偶像的表现为起点，再延伸至作品其他方面，如果遇到专业对口的粉丝，更能写出一篇颇具水准的作品鉴赏。但这不是无底线的赞美和吹捧，否则就又落入了"控评"的范畴，而是放弃"偶像是完美的"及"评价即批判、批判即要反黑"的狭隘思路，尽量客观地指出作品的优点并直面需要改进的地方，把大众作品的评价空间还给大众。如此一来，普通观众即使看出影评出自粉丝之手，也能放下芥蒂理性讨论。评价之外，粉丝还很乐意给大众"做科普"，故事背景、道具用品、人物设定……一切细节都可以被挖掘出有价值的信息。举例来说，网剧《法医秦明》播出期间，不少医学专业的

1　BE美学：BE是英文词汇"bad ending"的缩写，意指不好的、悲伤的结局，与之相对的是"HE"，即"happy ending"，好结局；BE美学认为，与悲伤结局相伴而生的遗憾情绪，反而比好结局更"美"，更让人念念不忘。

主演粉丝顺着剧情走向讲解了法医学、人体解剖学等方面的知识，这些饭制科普因为粉丝不遗余力地宣传，从圈层内部破圈传播至大众视野，在一定程度上澄清了人们对法医专业的误解，也算小有贡献。

相较于其他同人产出，以作品为依托的影评和科普内容更具社会推广价值，这些产出释放了粉丝的创作欲和表达欲，佐证了作品的严谨，也反衬了艺人对本职工作的用心，还可督促他们继续上进——当关注者用心体会自己表达的每一个细节，身为众人推崇者的他们自然也应当跳出舒适圈，辨识出那些看似宠溺实则致命的虚构夸赞，正视自身、加倍进取，以更多优质的、可供粉丝深挖的作品来回馈大众。

创意无边的视听盛宴

纸笔之下的平面世界固然精彩，可视觉与听觉的享受更能吸引关注。原因是多方面的，其一是因为粉丝所得的原始素材中本就包含大量视频，直接用于剪辑出粮，快速又方便；其二则是由外部环境变化引起的契机。2021年第一季度的财务报告显示，在各大视频网站中，B站的日活跃用户虽次于腾讯和爱奇艺，但已超越了优酷；[1] 同样是第一季度，短视频网站的日活跃用户快速增长，抖音的日活跃用户数峰值约为7亿，平均值也超6亿。[2] 以"爱优腾"为首的视频平台格局是否会改变虽然仍不可知，但以用户原创内容为主的视频网站（即UGC类网站）的兴起似乎势在必行。大量的用户围聚在这些平台，寻找自己感兴趣的自制内容，无形中滋养了视频类粉丝作品的传播空间和传播基础。

视频类产出的最常用模板是将既有素材修改、剪辑、拼接后配上合适的背景音乐，再根据需要附上字幕或是其他辅助类的说明文字，最后组成完整作品。根据素材类型和剪接手法的不同又可分成几个不同体系。在一些作品中，粉丝会以

1　B站日活用户超优酷成第三大视频平台，爱优腾格局要大变了吗？ https://www.sohu.com/a/482925763_507132.

2　一季度抖音日活数据，峰值约7亿、平均值超6亿，https://www.36kr.com/p/1158992723461510.

多张静态图片作为原始素材，比如明星艺人的高清宣传照、剧集的剧照或是其他官方图等，最终成品未必需要有连贯的剧情和深刻的内涵，能简单表达美、帅、燃、治愈等情绪就已经达成目的。技术的更新迭代又为非专业粉丝的产出提供了保障。近年来，短视频平台的火爆推动了视频剪辑软件的改革，它们争先恐后地走出电脑端、走向手机端，以降低入门难度和增加用户体验为进化方向，有趣的特效和别出心裁的转场方式不断更新，一键剪辑、智能剪辑甚至成为主流，再新的新人只要跟着指引、动动手指就能立刻出片。借着一键剪辑生出的静态视频虽然生得粗糙，最简陋时可比拟能自动翻页的PPT，但胜在制作简单方便，所以产量不小，更能成为全员产粮计划的"诱导剂"，先把跃跃欲试的新人们"骗"进门，无所顾虑地投身产粮大业，再慢慢提炼修为，进化成更专业的产粮小能手。

非专业的粉丝有技术的加持，而专业的粉丝也有自己的新玩法，时下较为流行的手书类作品便可以视为专业版的静态视频。手书一词源自日语"手書き"，以手绘画作为静态视频的素材——当然，这些手绘素材也是由粉丝亲手绘制，所以，完成一个手书作品共有三个步骤：第一步，手绘同人图；第二步，用合适的转场把几张画作拼接到一起；第三步，追加背景音乐。而专业素质更强的粉丝甚至能让手书真正"动"起来。通常来说，动画作品的帧率在24～120帧/秒，即1秒的动态镜头由至少24张渐变的静态图组成。由此知，只要粉丝在手书第一步时准备足够多的、前后有关联的手绘图，就能抛弃生硬的转场特效，实现自然的镜头切换。在这些专业产消者手中，手书成了有剧情的动画视频，其中的巅峰之作甚至能以假乱真地模仿官方出品。

在另一些作品中，动态的视频是主要素材且最后成品大都自带剧情属性，能拼凑出相对完整的故事性。从参演人数来看，粉丝二次剪辑的成果既可以是单人视频，也可以是多人及群像视频，不同类别的视频在选材方面略有不同。单人向视频更受艺人粉丝青睐，选材游走于艺人的各类影音库之间，画面题材不做限制，情节桥段以突出偶像为核心。多人及群像视频可分为几个分支，其中一支以单一作品为依托，也仅以此作品为素材库，所出成果多为作品中各个人物角色的群像剪影。举例来说，如果以《红楼梦》为选材，既能从贾宝玉和林黛玉各自的视角出发写一首双人曲，也能从群像角度讲一遍十八钗。另一类群像视频则彻底抛弃了作品的限制，将素材的搜寻范围扩大至不同艺人的不同作品，只根据创作主题的不同，寻找最契合的片段，如盘点古装十大美人的系列视频就是把目光置于所有的中国古装影视剧，为心中的美人们博一个名号。由此知，文本粉丝们确实有"游猎者"的作风，在不同作品中采集自己所需的灵感，又借着适合的契机被召唤出，融会贯通成了独具风味的二创作品。

粉丝产出视频的主题千变万化，全凭产粮粉丝的心境想法和技术手段。最基础的"粮"是非叙事类的视频故事，内容大抵只是作品中名场面的堆砌，再依照个人喜好酌情润色处理。由于不以叙事为目的，各个名场面间的衔接通常不大连贯，当然，也不必强求连贯的故事性，因为这些粉丝产粮作品更多只是粉丝情绪输出的终端，或是被当作吸引新人入坑偶像/作品的"诱饵"。既然有非叙事性的粮，自然也有以叙事为主的视频产出，更通俗来说，这类作品权可当作同人文的视频化表达。入门级别的叙事视频可能概述了某个故事的主线流程，或是角色人物的生平介绍，相关内容多是依托于某个（些）作品而生，不是凭空而来。进阶版的叙事视频则是粉丝依据现有作品的人物设定要素，大刀阔斧地改编创造出一个半新的故事。而在高阶版中，脑洞大开的粉丝再无束缚，他们把手中的素材重新洗牌，随心所欲地用镜头语言捍卫自己的口味，更有野心的粉丝甚至能假借各种素材间的起承转合，自编自导他演地制作出长短不一的迷你剧。

除了让人大饱眼福，粉丝还很有野心地想要攻占人们的耳朵。翻唱偶像的歌、作品的主题曲之流是最简单的表达，简单得甚至算不上典型的粉丝产出。把心境谱成曲、把心意写成词，为自己的喜欢写一首歌自然是更优的排解之法。在这方面，文本粉丝和名人粉丝之间并无不同，写人、写景、写情、写故事……他们的灵感和情感迸发出一首首同人曲，那些虔诚的心意，被传唱得声声入耳。有时，粉丝制成的单曲会直接以"某某应援曲"来命名，目的明确、直抒胸臆，向全世界宣布它是为谁而生。歌曲录制的完成并不意味着产粮结束。随着粉丝群体对高质量"粮"的无限渴望，产粮粉丝们也越发严格要求自己，精益求精的他们还会为单曲制作音乐视频，对封面插画、PV图、后期等细节一手包办，全方位地包装自己的心血结晶，便于它们在多平台的广泛传播。虽然很多时候包括同人曲在内的粉丝创作的瞬间灵感来源于个人，但成品的最终制作却时常由三五同好协作完成。尤其是近几年粉丝产粮意识渐强，加入产粮大军的粉丝越来越多，为了更好地产出，产粮粉丝们渐渐开始向专业化、分工化的方向前进，产出的同人作品贵多也贵精。如此一来，协作式和联动式的产出模式一则能满足粉丝溢出的创作激情，二则能填补激情之外的专业短板，自己完不成的脑洞就广发英雄帖，卧虎藏龙的粉丝同好中总有能担重任的。

天马行空的手作杂货

画作、文本、视频和音频类的二创、同人作品大概是粉丝产出中最司空见惯的几大类了，它们又能串联并联出新作品，例如以同人文为背景的同人曲、以同人绘画作为PV插图的同人曲等。除了这些形制规整的产出类型之外，粉丝的生产世界还有许多样式有趣、令人意想不到的小物件。

印章，是以书写和绘画功底为依托的手作。虽然诸如玉石印章、木质印章等传统材质更为大众所熟知，但真正让印章走进粉丝产出圈、成为心头好物的却是橡皮印章。橡皮印章以橡胶为材料，但质地与我们日常用的文具橡皮略不一样，经过特殊处理的橡皮印章不仅落刀有悔、适合雕刻，印章的形状、大小和颜色都可多选，为粉丝们的脑洞保驾护航。能写会画的粉丝可以亲自设计属于自己的印章内容，并不擅长写字绘画也可以放心尝试，把喜欢的简笔画、名言金句，或是其他象征符号誊抄至刻章面上后再下刀也是一种选择，化刀为笔，尽显心意。除了印章，需要联动书写和绘画的粉丝产出还有不少，比如扇面、贴纸、手绘立体书、十字绣、徽章等。这些手作小物件的种类与平时常见的文创产品颇有雷同，仿佛只要在市面上出现过的，粉丝就能依样画型地作出相似的同人作品，用实际行动表明了哪里有官方，哪里就有同人。不过，在制作的精细程度、花样心意等方面，粉丝的产出自然是青出于蓝的。

娃圈，把满腔爱意实体化成软萌可口的娃娃陪伴身侧以慰相思，是近年来流行于粉丝群体间的一大爱好。其实，以娃娃为载体投射自己喜欢角色的现象算不上是新鲜事，曾经的小商贩会把糖人、面人、泥人捏成齐天大圣、天蓬元帅等超人气偶像的样子吸引小朋友的驻足围观，动画、漫画人物化身的手办等也早已风靡现实世界，而如今，这股风潮不仅在文本粉丝的圈层内发展壮大，还渐渐吹进了明星艺人的粉丝圈层内。一些精明的商家开始将明星艺人推进娃圈的辐射范围内，他们以艺人为原型设计出了各种材质、各种风格的人形娃娃作为周边吸引粉丝购买，如火爆热剧的角色娃娃、广告形象的娃娃等。这些官方出品的人形娃娃虽好，却也有不少缺憾，可能是未能抓住偶像的神态精髓，又或是款式太少、限制太多，不够自由。但有官方的珠玉在前，粉丝很快明确了自己的诉求为何，他们的灵感被点燃，以偶像为原型制作出的娃娃也正式加入了名人粉丝的产出清单。娃圈大户的手中可以有多达十数个到数十个不等的娃娃，每一个娃娃都是与众不同、有独特意义的存在，能代替偶像全方位地陪伴自己。

娃圈的顶流之一是兵人，这是一种所有关节都可以活动、拆卸、自由搭配组装的人形娃娃，材质大多为塑料、橡胶等，是动画、漫画、游戏领域的常客，不过名人粉丝也很快开拓了这一市场。一个完整的兵人娃娃由素体（即不包含头部的躯干和四肢）、头部（包括脸型、五官和发型）、衣服及其他配件组成。兵人的高自由度让粉丝的参与空间几乎遍布每一个细节，他们在琳琅满目的配件堆里挑选最符合心意的，努力复刻心中偶像的样子：头发的长短、刘海的造型、眼睛的形状、衣服的款式，还有鞋子、帽子等都要尽量还原。当粉丝按照心里的图纸，设计、制作出带有自己独特风格的人形娃娃时，便算是入门了娃圈，但厉害的产出粉丝绝不妥协于简单的组装，他们还要亲手参与制作过程。现成的脸型不能展现偶像的盛世美颜？那就自己动手捏。发型不合适？那就亲自修剪上色。衣服没有特色？那就照着偶像的私服剪裁出一模一样的，背包、首饰也要配齐，让人一眼就看出是谁家的杰作。专业又实干的粉丝手作余下的边角料又可以为那些初入门的粉丝打样，以增添娃圈的整体水准。

兵人娃娃能惟妙惟肖地复制出心中的人物形象，但硬邦邦的质感多少也劝退了一些"心软"的粉丝。大概是为了解决这一顾虑，棉花娃娃逐渐打败了兵人娃娃，成为娃圈的新晋顶流。棉花娃娃虽不能自由活动筋骨，但胜在软萌可爱、便于携带，外出旅行或线下应援时带着以偶像为原型的棉花娃娃合影留念，也是让人心动的小福利。有心的粉丝还会购买材料包亲手缝制一个饱含心意的娃娃，再为娃娃缝制新衣，或是发挥群体的力量一起来探讨与娃有关的小知识，譬如如何护养，如何做小配件，再分享外出游玩时拍摄的照片……有娃的粉丝们也算真正做了一回"妈粉"。

虽然此处只简略介绍了两大类粉丝的手作产出，但粉丝的产出圈实则精彩纷呈、种类繁多。这些小玩意因由粉丝的心意和创意而生，但它们的出路却未必只能空坐一隅积灰。粉丝产出的火爆带动了同人产业的进化，粉丝的二创、同人作品已然开始沾染商业气息，这也意味着粉丝产出正越发专业化，慢慢走上了商业盈利的道路。名为粉丝的专业消费者们终于与其他领域的产消者一样，逐渐成为具有未来意义的群体。

参考文献

1 Cavicchi, D. Loving music: listeners, entertainments, and the origins of music fandom in nineteenth-century America[M]. Fandom, Second Edition. New York: New York University Press 2017: 109-126.

2 陈依雯.唐代小说的传播与接受[D].南京:南京大学,2016.

3 陈志勇.荀慧生与1930年代京剧"四大名旦"的评选——以《戏剧月刊》《申报》等民国报刊为中心[J].文化遗产,2017(3):51-63.

4 崔凯.破圈:粉丝群体爱国主义网络行动的扩散历程——基于对新浪微博"饭圈女孩出征"的探讨[J].国际新闻界,2020,42(12):26-49.

5 De Certeau, M., & Mayol, P. The practice of everyday life, Vol. 2: Living and cooking [M]. Minnesota: University of Minnesota Press, 1998.

6 邓惟佳.中国"美剧网上迷群""角色扮演"中的自我认同建构——以"伊甸园美剧论坛"为例[J].新闻界,2010(2):29-31.

7 凡勃伦.有闲阶级论:关于制度的经济研究[M].李华夏,译.北京:中央编译出版社,2012.

8 冯应谦.歌潮·汐韵:香港粤语流行曲的发展[M].香港:次文化堂有限公司,2009:5.

9 Fiske, J. (1992). The cultural economy of fandom[J]. The adoring audience: Fan culture

and popular media, 30–49.

10　Giddens, A. Modernity and self–identity: Self and society in the late modern age[M]. Stanford university press, 1991.

11　汉斯·罗伯特·耀斯. 审美经验与文学解释学[M]. 顾建光，顾静宇，张乐天，译. 上海：上海译文出版社，1997:187–190.

12　黄银鸽. 宋代书坊业发展研究[D]. 广州：广州大学，2018.

13　Jauss, H. R., Bennett, B., & Bennett, H. Levels of identification of hero and audience[J]. New literary history, 1974, 5(2), 283–317.

14　Jenkins, H. 13. "What are you collecting now?": Seth, comics, and meaning management[M]. In Fandom, Second Edition. New York: New York University Press, 2017: 222–237.

15　金雪涛. 消费者学习机制与"饭圈"文化的利弊[J]. 人民论坛·学术前沿，2020(19):46–51.

16　Kim, M., & Kim, J. How does a celebrity make fans happy? Interaction between celebrities and fans in the social media context[J]. Computers in human behavior, 2020(5) 111, 106419.

17　Lee, S. Y., Kim, H. M., Chu, K., & Seo, J. Fandom as a prosumer: study on information behavior of fandom[J]. Journal of digital convergence, 2013, 11(12), 747–759.

18　李娟. 鲍德里亚消费社会媒介批判理论的反思[J]. 江淮论坛，2013(2):142–145.

19　李佳楠，刘春林. 新生代社会责任观：消费行为的代际差异研究[J]. 科研管理，2018,39(7):106–113.

20　梁冬梅，黄也平. 商品符号传播：从"任意"走向"贴近"——消费符号指代与消费者关系的历史转型现象分析[J]. 华夏文化论坛，2020(1):260–269.

21　林品. "有爱"的经济学——御宅族的趣缘社交与社群生产力[J]. 中国图书评论，2015(11):7–12.

22　林品. "互联网+"时代的媒介融合对于文化消费者的赋权与形塑[J]. 上海艺术

评论，2019(1):103–105.

23 刘国强.网络直播中的粉丝群体:在参与式文化与消费文化批判的张力下[J].青年记者，2020(28):49–51.

24 刘梦霞.浅议青年参与式文化——以近年来的网络爱国主义事件为研究对象[J].中华文化论坛，2020(5):130–134,159.

25 刘伟，王新新.粉丝作为超常消费者的消费行为、社群文化与心理特征研究前沿探析[J].外国经济与管理，2011,33(7):41–48,65.

26 陆军.中国传媒的注意力经济与影响力经济[J].求索，2006(10):184–186.

27 吕鹏."饭圈"的拓扑结构及其参与社会治理的思考[J].人民论坛·学术前沿，2020(19):40–45.

28 马妍妍.社交媒体的"准社会互动"研究——以新浪微博为例[J].新闻世界，2013(5):185–187.

29 Marshall, P. D. Celebrity and power: Fame in contemporary culture[M]. Minnesota: University of Minnesota Press, 2014.

30 孟威."饭圈"文化的成长与省思[J].人民论坛·学术前沿,2020(19):52–59,97.

31 诺思洛普·弗莱. 对批评的剖析[M]. 陈慧，译. 天津：百花文艺出版社，1998:158–159.

32 潘曙雅,张煜祺.虚拟在场:网络粉丝社群的互动仪式链[J].国际新闻界，2014,36(9):35–46.

33 齐格蒙特·鲍曼.全球化——人类的后果[M].郭国良，徐建华，译.北京：商务印书馆，2001.

34 让·波德里亚.消费社会[M]. 刘成富，全志钢，译. 南京：南京大学出版社，2001.

35 Ritzer, G., & Jurgenson, N. Production, consumption, prosumption: The nature of capitalism in the age of the digital "prosumer" [J]. *Journal* of consumer culture, 2010, 10(1): 13–36.

36　Ritzer, G., Dean, P., & Jurgenson, N. The coming of age of the prosumer[J]. American behavioral scientist, 2012, 56(4), 379–398.

37　桑斯坦. 信息乌托邦：众人如何生产知识[M]. 竞悦，译. 北京：法律出版社，2008.

38　Stever, G. S. Fan behavior and lifespan development theory: Explaining para–social and social attachment to celebrities[J]. Journal of adult development, 2011, 18(1), 1–7.

39　田丰. 网络社会治理中的"饭圈"青年：一个新的变量[J]. 人民论坛·学术前沿，2020(19):33–39.

40　Toffler, A., & Alvin, T. *The third wave*[M]. New York: Bantam books, 1980.

41　王敏芝，李珍. 媒介文化视域中的粉丝话语权增强机制及文化反思[J]. 陕西师范大学学报(哲学社会科学版)，2019,48(6):108–115.

42　文慧. 快乐电视选秀：解码《超级女声》引发的选秀现象[M]. 北京：团结出版社，2007: 29–39.

43　魏鹏举. 从"饭圈"文化看创造力经济的未来[J]. 人民论坛·学术前沿，2020(19):24–32.

44　吴修申.《顺天时报》评选"京剧名伶"[J]. 民国春秋，2000(3):63–64.

45　夏丹. 代际差异下的消费价值观多元化刍议[J]. 商业经济研究，2017(16):34–36.

46　Yang, L. All for love: The Corn fandom, prosumers, and the Chinese way of creating a superstar[J]. International journal of cultural studies, 2009, 12(5), 527–543.

47　杨玲. 西方消费理论视野中的粉丝文化研究[J]. 长江学术，2011(1):29–38.

48　杨玲. 粉丝经济的三重面相[J]. 中国青年研究，2015(11):12–16.

49　Sedikides C. & Anderson C. A. *Causal perceptions of intertrait relations：the glue that holds person types together* [J]. Personality and social psychology bulletin, 1994, 20(3):294–302.

50　曾庆香. "饭圈"的认同逻辑：从个人到共同体[J]. 人民论坛·学术前沿，2020(19):14–23.

51　查曹，伍晓蔓，毕名杨，王欣雨，梁滨，周文潇.粉丝经济背景下偶像对全民公益的拉动作用研究——以新冠肺炎时期为例[J].湖北经济学院学报(人文社会科学版)，2021,18(2):43–47.

52　仲立斌.二十世纪二三十年代的梅兰芳与广告——以《申报》为例[J].戏曲艺术，2017,38(1):19–25.

53　中森明夫.你根本不懂偶像[M].台北：柳桥出版社，2019：58.

54　2021年中国粉丝经济市场发展规模现状及未来前景分析报告.

55　周茜."大梅党"赵尊岳与梅兰芳——以1920、1922年《申报·梅讯》为例[J].文艺研究，2017(6):103–110.

56　周仲谋.陈嘉震与20世纪30年代上海影坛[J].电影新作，2019(4):75–80,91.

附 录 清朗行动（2021）

相关政策

- 5 月 8 日，国务院新闻办公室举行 2021 年"清朗"系列专项行动发布会，"饭圈"乱象被正式列入 2021 年"清朗"系列专项行动的治理重点。

- 6 月 15 日，中央网络安全和信息化委员会办公室（简称中央网信办）宣布在全国范围内开展"清朗·'饭圈'乱象整治"专项行动。针对网络"饭圈"突出问题，重点围绕明星榜单、热门话题、粉丝社群、互动评论等重点环节，全面清理"饭圈"粉丝互撕谩骂、拉踩引战、挑动对立、侮辱诽谤、造谣攻击、恶意营销等各类有害信息，重点打击以下五类"饭圈"乱象行为：

  (1) 诱导未成年人应援集资、高额消费、投票打榜等行为；

  (2) "饭圈"粉丝互撕谩骂、拉踩引战、造谣攻击、人肉搜索、侵犯隐私等行为；

  (3) 鼓动"饭圈"粉丝攀比炫富、奢靡享乐等行为；

  (4) 以号召粉丝、雇用网络水军、"养号"形式刷量控评等行为；

  (5) 通过"蹭热点"、制造话题等形式干扰舆论，影响传播秩序行为。

  其间，将关闭解散一批诱导集资、造谣攻击、侵犯隐私等影响恶劣的账号、群组，从严处置"饭圈"职业黑粉、恶意营销、网络水军等违法违规账号，从重处置纵容乱象、屡教不改的网站平台。

- 7月21日，中央网信办旗下平台网信中国发布《中央网信办启动清朗·暑期未成年人网络环境整治专项行动》，聚焦七类网上危害未成年人身心健康的突出问题：

    (1) 直播、短视频平台涉未成年人问题；

    (2) 未成年人在线教育平台问题；

    (3) 儿童不良动漫动画作品问题；

    (4) 论坛社区、群圈等环节危害未成年人问题；

    (5) 网络"饭圈"乱象问题；

    (6) 不良社交行为和不良文化问题；

    (7) 防沉迷系统和"青少年模式"效能发挥不足问题。

- 8月2日，网信中国发布《不良粉丝文化整治工作取得阶段性成效》，文中表示专项行动截至8月2日，清理负面有害信息15万余条，处置违规账号4000余个，关闭问题群组1300余个。

- 8月5日，中央纪律检查委员会、国家监察委员会网站发布《深度关注丨整治"饭圈"乱象》，公布了"清朗·'饭圈'乱象整治"专项行动的阶段性成果，并表示不良粉丝文化已经到了非整治不可的紧要时刻。

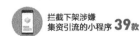

"晴朗·'饭圈'乱象政治"专项行动

重点打击5类"饭圈"乱象行为

- 诱导未成年应援集资、高额消费、投票打榜等行为
- "饭圈"粉丝互撕谩骂、拉踩引战、造谣攻击、人肉搜索、侵犯隐私等行为
- 鼓动"饭圈"粉丝攀比炫富、奢靡享乐等行为
- 以号召粉丝、雇用网络水军、"养号"形式刷量控评等行为
- 通过"蹭热点"、制造话题等形式干扰舆论，影响传播秩序行为。

阶段性成效

目前已累计

清理负面有害信息 **15**万余条　处置违规账号 **4000**余个

关闭问题群组 **1300**余个　解散不良话题 **814**个

拦截下架涉嫌集资引流的小程序 **39**款

各平台响应"清朗"行动部分阶段性成果

豆瓣

删除违规和不良信息46428条

永久关闭和禁言违规账号674个

关停或解散问题小组25个

处罚问题小组20个

（截至6月23日）

快手

处置违规视频290条　　违规账号110个

（6月15日至7月31日）

微博

关闭错误导向超话108个

解散违规群组789个

禁言和永久关闭账号990个

（自通报吴亦凡涉案信息以来，截至8月1日）

图源：　中央纪委国家监委网站8月5日发布的《深度关注 I 整治"饭圈"乱象》一文

- 8月17日，文化和旅游部颁布《演出票务服务与技术规范》。

- 8月19日，正式实施《演出票务服务与技术规范》，这是国内首个演出票务领域的行业标准，有分析认为此举将有效打击"黄牛"生存空间。

- 8月24日，"修身守正立心铸魂——中国文联文艺工作者职业道德和行风建设工作座谈会"在京举行。会议针对"饭圈文化"、"娘炮"形象、"顶流"现象等和近期文艺界及娱乐圈集中出现的违法失德现象开展座谈交流。

- 8月27日，网信中国发布《关于进一步加强"饭圈"乱象治理的通知》，文中提出10点要求：

（1）取消明星艺人榜单，严禁新增或变相上线个人榜单及相关产品或功能。

（2）优化调整排行规则，不得设置诱导粉丝打榜，付费签到等功能。

（3）严管明星经纪公司。

（4）规范粉丝群体账号。加强对明星粉丝团，后援会等账号的管理。

（5）严禁呈现互撕信息，及时发现清理"饭圈"粉丝互撕谩骂，拉踩引战，造谣攻击等各类有害信息。

(6) 清理违规群组版块，阻断对粉丝群体产生不良诱导甚至鼓励滋事的渠道。

(7) 不得诱导粉丝消费。

(8) 强化节目设置管理，加强对网络综艺节目网上行为管理。

(9) 严控未成年人参与。

(10) 规范应援集资行为。

● 8月27日，国家网信办启动"清朗·移动应用程序PUSH弹窗突出问题专项整治"，明确六项整改要求，其中包括"禁止通过PUSH弹窗渠道放大传播失德艺人、负面争议人物"的有关言论。

● 9月2日，中央宣传部印发《关于开展文娱领域综合治理工作的通知》，要求规范市场秩序；压实平台责任；严格内容监管；进一步强化行业管理；同时，指出要加强教育培训，完善制度保障，加强舆论宣传，强化组织领导。

● 9月2日，国家广播电视总局办公厅发布《关于进一步加强文艺节目及其人员管理的通知》，该《通知》细致地将饭圈乱象的治理，延伸至"坚决抵制违法失德人员"，"坚决反对唯流量论"，"坚决抵制泛娱乐化"，"坚决抵制高价片酬"等八项举措，并明确指出，不得播出偶像养成类节目，不得播出明星子女真人秀节目；选秀类节目也要严格控制投票环节设置等。紧接着一周内，相关部门、地方广电卫视、中国演出行业协会以及包括爱优腾在内的14家平台等纷纷召开会议，发布相关举措。

● 9月2日，《网络表演经纪机构管理办法》在文化和旅游部官网公开发布，明确规定网络表演经纪机构不得以虚假消费、带头打赏等方式诱导用户消费，不得以打赏排名、虚假宣传等方式炒作网络表演者收入。

● 9月14日，中共中央办公厅、国务院办公厅印发《关于加强网络文明建设的意见》。该《意见》包括总体要求、加强网络空间思想引领、加强网络空间文化培育等八个部分。在要加强网络空间生态治理要求下，强调深入推进"清朗·净网"系列专项行动，深化打击网络违法犯罪，深化公众账号、直播带货、知识问答等领域不文明问题治理，开展互联网领域虚假信息治理。

平台方的应对行动

- 6月17日、23日、24日，网易云音乐、豆瓣、爱奇艺发布整治"饭圈"乱象公告。

- 6月下旬，豆瓣开始对违规账号、问题小组等进行删除和解散，爱奇艺对集资、打榜开展"自查自纠"。

- 7月31日，针对北京朝阳警方发布了吴亦凡事件的相关通报，网上出现不少粉丝极端言论。多个平台均发布整治"饭圈"乱象公告，快手公告称自6月15日至7月31日，处置违规视频290条，违规账号110个。

- 8月1日，新浪微博发布公告称，自通报吴亦凡涉案信息以来，关闭错误导向超话108个，解散违规群组789个，禁言和永久关闭账号990个。

- 8月4日，新浪微博召集20余家经纪公司及艺人工作室举办"饭圈治理专项"座谈会。

- 8月6日，新浪微博下线"明星势力榜"。

- 8月19日，新浪微博召集20多家头部MCN(网红经济运作模式)机构，开展娱乐生态与饭圈治理交流座谈会，呼吁所有内容生产者输出正向优质内容。

- 8月23日，因大规模互撕谩骂，赵丽颖粉丝群多个官微账号被禁言。这是"清朗行动"后，首个因"互撕"被大规模禁言的粉丝群体。

- 8月25日，中国电视艺术家协会在北京召开"崇德修身 固本培元——中国视协电视艺术工作者职业道德和行风建设工作座谈会"。爱奇艺首席执行官龚宇表示，爱奇艺取消未来几年的偶像选秀节目和任何场外投票环节。

- 8月27日，新浪微博全面下线超话模块中明星、CP、音乐分类排行，并严禁在超话中出现应援打榜模块，严禁违规集资行为。豆瓣、QQ音乐、网易云音乐等平台纷纷作出重罚"饭圈"乱象小组、下架艺人榜单等诸多重拳举措。豆瓣发布加强"饭圈"乱象治理公告，称将针对"粉丝聚集""互撕谩骂""八卦爆料""制造舆论""养号刷屏"等问题上线应对措施。

- 8月27日，杨紫、肖战、杨颖 THE9、乐华娱乐、嘉行传媒、TFBOYS、时代少年团等众多经纪公司和艺人工作室均发布理智追星倡议书。

- 8月28日，OQ音乐对数字专辑购买数量进行限制，用户已购买的专辑将无法重复购买。

- 8月29日，网易云音乐平台下线所有明星艺人榜单，仅保留音乐作品相关排行。对所有付费数字专辑及单曲进行限购。

- 9月1日，新浪微博管理员发布《明星经纪公司及官方粉丝团社区行为指引(试行)》，其中要求明星及其经纪公司应对粉丝团体负正向引导责任。

- 9月2日，中国演出行业协会发布《关于加强演艺人员经纪机构自律管理》的公告，艺人经纪机构应承担艺人教育管理责任，应开展自查自律，对于缺乏底线意识、不服从约束和引导的艺人，应终止为其提供经纪服务。严重失职失责、纵容违法失德行为的经纪机构今后也将受到行业自律惩戒。

- 新浪微博邀请近50家流量型艺人团队及重点经纪公司再度举行座谈会，对艺人团队进行内容安全培训。

- 9月7日，酷狗音乐发布整治"饭圈"乱象公告，宣布下线所有明星艺人榜单，取消所有涉应援、集资类音乐作品榜单、内容，对付费专辑或单曲进行限购。

- 9月11日，中国演出行业协会联合14家平台发起自律公约。明确反对"唯流量至上"，注重文艺作品的质量口碑，不以数据、流量作为主要评价标准，拒绝以重复刷量、刷单等方式进行虚假炒作;拒绝为违法失德人员提供展示平台;加强对文娱领域相关账号、评论、弹幕的管理，对发布含有违规内容的账号予以限流、禁言、清理，并明确了六类违规标准。

下架App

自清朗行动以来，多款用户数量较高的追星应用被集中下架，部分未下架应用也开始采取禁止未成年人消费等措施，以符合专项整治要求。

"超级星饭团App""魔饭生pro""桃叭""偶像星饭团""追呗""饭饭星球"等

应用于 8 月 10 日 2 点集中从苹果应用市场下架，至今未恢复。

此次被下架的主要是非官方的第三方应用，相对于官方应用，第三方公司的应用功能模块更齐全，牵涉明星艺人更广泛，用户数量也更多。过去，这些第三方应用的不规范操作，成了饭圈乱象的重要推手。

整改 App

虽然上述应用被从应用市场下架，但大多数应用并未停止运营，已下载用户仍可正常使用。不过，多数平台已经对一些容易出现问题的功能进行了整改。

8 月 13 日，已从应用市场中下架的"桃叭"发布了业务调整公告，关闭经费众筹、应援资源、二手周边的交易通道，并在七个工作日内陆续下线涉及的功能模块。针对未成年人的不理性消费行为，"桃叭"在应用中提供了青少年保护模式，此模式下将对未成年人充值、经费交易等操作进行限制。除此之外，该应用还在首页增加了党建学习、爱心公益等内容，引导粉丝群体学习党建知识，增加对社会公益的关注。

新浪微博为遏制非理性应援行为，已率先下线了"明星势力榜"；百度、360 搜索等平台也将"明星人气榜"等功能下线。

"饭圈"内的变化

- 自清朗运动开展以来，新浪微博热搜榜娱乐明星八卦"常驻"，"流量热搜"被有效遏制。

- 在热搜、相关数据榜单取消后，粉圈内攀比风气（比氪金、比外貌等）得到遏制，粉圈关系趋向和谐，有效引导青少年粉丝理智追星。

- 明星粉丝组织的变动：八月下旬到九月初期间，微博粉丝大站纷纷改名，取消"××站""××后援会"等称谓，脱掉大站的马甲，看起来更像普通的个人粉丝 ID。改名后的粉丝站的活动方向也有所变动，以主动发帖安利、转发评论明星微博、转发评论品牌代言的微博为主，号召个人粉丝控评数据的情况大大减少。不过，这只是表面上的妥协。虽然"饭圈"行为看似趋向规矩和谐，但许多旧风气仍然在"水面"之下以更隐蔽的方式运行着，"饭圈"核心组织的准入条件也越发严格。

- 少数改名后的粉丝站仍存在做数据的情况，粉圈的日常安利也有条不紊地进行着。

- 在控评方面，虽然大部分站子都不再整理汇聚帖子引导粉丝评论点赞，但娱乐热搜下仍然存在大量由粉丝发布的安利评论。不少粉丝抱着"谨小慎微"的心态，认为"避避风头是为了更好的未来"。

- 粉圈内的"养号"现象仍然存在。

- 粉圈内长久存在的黄牛抬价，私自售卖明星行程、航班酒店等信息的现象仍然存在，粉丝可以照常购买偶像的隐私信息。而在线下追明星行程的途中，粉丝对公共秩序造成阻碍的现象屡屡存在，且缺乏规范。

- 豆瓣小组也响应号召做集中内部整改。但上有政策、下有对策，不少粉丝群为暂避危机而建立备用群组，增加整改难度。

- 韩圈：在清朗行动中，许多韩圈的站子被封，这在一定程度上起到了威慑作用；但是被封号的粉丝团仍通过转战备用号进行专辑代购。另外，由于韩圈的专辑购买以及相关数据没有限制，所以粉丝批量"买砖"（购买专辑）做数据的情况仍没有改变。

后 记

亚文化群体的行为生态和心理认同一直是我的研究兴趣。近年来，以粉丝群体为代表的趣缘社群因媒介技术发展和社会文化变迁而演化"重生"，他们在主流舆论场中横冲直撞，引发话题无数，无疑是极佳的观测对象。

我对粉丝群体的关注可以追溯到他们还被称为"追星族"的时候。当时，大众对"追星族"的态度与今天一样，大多是批判性的：追星被认为是不正常的，会给社会造成重大危害。媒体机构和普罗大众习惯性地把粉丝行为的错误归咎于追星，再以此为论据警告他人千万不要追星。某些私生粉的事迹更在媒体的渲染之下成了童年时期的恐怖故事——试想一下，当你毫无防备地打开家中橱柜，却看到一张陌生人的脸正对你露出和善的微笑，其惊悚之处不言而喻。然而，在这些传闻之外，我与粉丝的几次真实接触却都很正常，甚至还有过一些颇为有趣的经历。这种矛盾的情景其实正对应着粉丝内心的疑惑：追星是错误的吗？自己是正常的吗？正常的追星行为应该有何界限？尽管社会大众对粉丝群体仍然多有非议，但得益于常年的隐于人后，在这一阶段，粉丝面临的困扰更多是来自于内心的自我焦灼，以及身边亲友的不理解。不过，粉丝们很快就不得不放弃寻求这些困扰的答案，因为他们有了更大的难题需要处理。2017 年，选秀时代开启，在各种因素的作用下，我国粉丝社群的固有生态发生了根本性的改变，职能型的粉圈粉墨登场。普通粉丝还来不及过多思考，就或主动或被动地加入一场场圈群混战中，渐渐变得极端而疯狂。整个群体以热爱为名，主动从幕后走到台前，朝着有序又失控的方向野蛮前进——这就是很多人"苦粉圈"的起点。社群生态前后如此巨大的反差引起了我的好奇：个人粉丝在加入粉圈之后都经历了什么？粉丝群体究竟为何会如此"疯狂"？支撑他们的仅仅是对偶像明星的崇拜吗？以及，话题另一端的明星艺人们又是以什么心态、什么立场面对这场以崇拜为主题的亚文化狂欢？探寻这些问题的答案，即是我撰写本书的初衷之一。

对于学者而言，有了感兴趣的观察对象和相应研究问题，下一步就是从过往资料中寻找理论框架的支撑。詹金斯作为粉丝文化研究领域的先驱，曾尝试从文化参与的角度出发，多维度地挖掘粉丝文化的社会意义和文化价值。但一则他的视角多停留在社会文化层面，对群体内在驱动的探讨相对较少；二则他的研究扎根于电视工业时代，数字时代的社会环境已与此背景大相径庭；三则我国粉丝的进化路径主要参照日韩模式，与詹金斯笔下的电视粉丝群体有明显区别，因此，詹金斯得出的相关结论虽然多有启发，但如果想真正从学理角度剖析我国粉丝群体现状，则仍需更多元和本土化的资料。尽管粉丝群体被主流文化视为一种边缘性存在，但学术界的相关研究并不算少见。如有研究从粉丝的心理诉求、社会认同等角度出发，开启粉丝的去病理化探索，另有一些从理论层面剖析粉丝群体的文化需求、认知和行为模式，其他的研究要么从商业角度讨论粉丝群体对各行各业的利弊所在，要么以现有社会准则来评估粉丝的群体价值。资料虽然丰富，但学术论文求专精而不求广博，更倾向于专注某个视角或聚焦某个研究问题，未能深入描绘这一群体的全貌，自然也无法解答我的全部疑惑。所以，在整合过往资料的基础上尽可能全面立体地描绘粉丝群体，并尽量客观地评估他们对社会、文化、经济等方面的影响是撰写本书的重要目的。

当我准备动笔之时，却感到无从下手。尽管我对粉丝群体的关注由来已久，手头也有不少可以参考的资料，但那些匆匆一瞥和纸上得来，实在无法满足我对于"全面立体"和"客观"描述的要求。这样一来，做一次田野调查就成了必然的选择。新媒体时代的粉丝群体极度依赖各类社交媒体平台，为了更好地接触这一群体，我在各个社交平台创建了十余个账号，又在不同类别、不同人气度的艺人群体中挑选了几个具有代表性的，潜伏进入他们的粉丝群体中试图获得一手资料。而作为新"粉丝"的潜伏过程，着实让我体会到了"混圈"的艰难。粉圈组织内部独有一套认知体系，其逻辑与圈外人大不相同，对一些事物的解释和处理方式更让人难以认同；与此同时，粉圈的高度排外性在迎新这件事上也有体现，新入坑的粉丝既是需要拉拢的潜在共同体，也是需要考查的可疑对象。对于我这类"新人粉丝"而言，想要浅尝辄止地接触粉圈其实并不算难。我可以随意在微博超话、百度贴吧等粉丝聚集地闲逛，也可以通过账号等级、博文/贴文的转赞评数量等指标轻松找到并关注圈内的大粉们，还可以在各类社交平台上观察收集到普通粉丝的日常状态及重要的粉丝活动信息，甚至还能混入一些不涉及"机密情报"的粉丝群。然而，那些秘密策划关键活动的隐秘小群、涉及重要信息的核心粉丝群，我就绝无可能接触到了，更不必提需要维系粉圈日常运作的各类职能组织。简而言之，粉圈的圈层壁垒太过强硬，并不是简单地高喊一句"我是粉丝"，就可以真正融入其中的。

虽然凭借着在各个社交平台潜伏观察的内容也能集合成书，但如此得来的结果难免浮于表面，止步于此有些可惜。幸运的是，我的外援团很及时地登场了。年轻学生中不乏混圈的粉丝，他们以多年老粉的身份向我提供了不少有趣的小故事，也为我科普了许多关于粉圈的小知识，在他们的故事中挖掘一二，不同圈层间的异同点便呼之欲出了。更幸运的是，身边的亲朋好友之中也出现了一些第一次踏足追星领域新粉丝，他们从无到有、过关斩将、一路冲入核心圈的经历，为我提供了最为鲜活有趣的素材。当然，眼见着这些新粉丝被粉圈的去人格化规则洗脑却劝不回头，也是极为痛苦的过程。好在，整个"卧底"过程虽然有艰难、有痛苦，但也收获了不少愉悦体验。圈层内部的互动和情感支持让我这个外人都颇觉感动，这种互动和支持的范围并不仅限于涉及偶像的事件，更会延伸至现实生活。粉丝们彼此分享着在工作、学业和生活中的成就，同时也解答着彼此的疑惑和困扰，这让我再次意识到了亚文化圈层对青年群体社会资本积累的重要意义。

除此之外，产粮粉丝们的创作激情更让我格外惊喜，隐约窥见了阿尔文·托夫勒笔下产消者的无限潜力。这些产粮粉丝们会反复揣摩原作中的细节，在别人的故事中投射自己的真情。为了完美复刻脑海里的画面，产粮粉还会不断提升能力，学习摸索最新的"黑科技"。这份执着与努力着实让人不敢小觑。就是这些亲身经历、鲜活有趣，时而痛苦又时而欣喜感动的细节凑成了本书的支点。

真正落笔之时正值清朗行动如火如荼之际，文娱市场犹如经历着一场畅快人心的大清洗。涉嫌擦边的平台和组织被责令整改或直接取缔，德不配位的明星因东窗事发而淡出公众视野，商业资本屡次遭遇流量反噬。"内容为王"的逻辑重回主流，普罗大众也因此看到了更优质且多样化的——而非特供粉丝——的作品。粉丝社群的生态环境终于清朗起来，人们对明星艺人的讨论逐渐回归理性，不再以颜值当先，而是更看重他们的专业技能及道德品质。不过，这对我却有一些小小的影响：在案例选择上可谓如履薄冰，稍不留神就被迫跟着一起"塌房"。所以在正式出版前，我仍不住地祈祷"某某们，你们可千万别出事啊！"

尽管努力想要做到全面客观的描述，但在撰写时，我却难以避免地夹杂了一些私心在其中。借着研究课题的机会，我较为全面地接触了粉丝群体，更新了对他们的认知，将职能型的"粉圈"视为"粉丝群体"的一个特殊子集，再将二者分开讨论，避免对"粉丝"的整体污名化，就是我私心的体现。盲目且极端的粉圈组织被社会大众厌弃，算得上是理所当然，本书也无意为他们辩驳。但因热爱而相聚相伴的、尚存理性的粉丝群体却不是无可救药的，也不该就此消失。正如文中提及的，有粉丝因为热爱而努力拼搏，只为能与心中的偶像比肩同行；有粉丝激情投身文化生产，绘制出瑰丽多姿的三千世界；有粉丝热心参与公益事业，把对偶像的小爱升华到对世界的大爱……而这些仅是粉丝群体为社会生产发展所带来的最常见的几种正向作用，如果有正确的引导，他们应当能创造出更多的社会价值。所以，我的另一个私心是在正视粉丝需求的基础上，寻找一个可以引导他们不断进步、发挥群体真正价值的方式。在"卧底"经历中，我还看到了一些"格格不入"的粉丝。粉圈诸多非理性行为是以自我矮化和神化明星艺人为支撑的，偶像没有瑕疵、不会犯错、理应受世人"供奉"。但这些格格不入的粉丝却不认同这些逻辑。他们愿意承认偶像的不完美，甚至提出切实可行的建议，想要与偶像一同进步——如此"大逆不道"的言行自然无法被粉圈接纳。但粉丝，或者说支持者存在的一大意义便是帮助被支持者实现自我提升。明星艺人作为公众人物需要接受社会大众的评价，如果他们想要长久地走下去，就更需要那些敢于赞赏、敢于批评、不"忠诚"的支持者，而不是以爱之名，彼此束缚禁锢的狂热粉丝。因此，我也私心地希望未来能看到更多愿意直言偶像不足、直面偶像不完美的粉丝，以及大方欣赏、不被固有偏见左右的普通观众和听众。

如上述种种，本书的撰写过程不敢说有多困难，却也不算轻松。能够顺利完成这本书，离不开亲朋好友和各位师长的支持与鼓励。因此在最后，我想要感谢一直以来给予我无限的宽慰和理解的朋友们，容忍了我时而絮絮叨叨，时而原地消失的任性；还有我的小猫猫，用"毛茸茸"的呼噜声陪伴治愈每一个疯狂码字的深夜。感谢随时把我从苦海中捞起来的三位超人伙伴，艰难的工作因你们而变得幸福起来。还有邵鹏老师和吴飞老师的悉心指导，卢川老师的辛苦编校，可爱学生们的耐心科普。以及，尚未有幸相见却神交已久的远方友人，以身作则地解答我的彷徨，安抚我的焦虑。

书到此处，和粉丝社群的交往就要暂时告一段落了。因为时代发展迅速，书中提到的不少现象恐怕已经成为过去，后来的读者可能会有疑惑，故在此先作说明。同时，也欢迎读者对书中存在的不足处给予批评指正、分享交流。

希望我们保持理性，奔赴热爱，所遇皆美好。

郭 沁

2023 年 7 月 11 日于杭州

图书在版编目（CIP）数据

流量危机：亚文化圈层的心理画像 / 郭沁著. —
杭州：浙江大学出版社，2023.10（2025.8重印）
ISBN 978-7-308-23645-4

Ⅰ．①流… Ⅱ．①郭… Ⅲ．①传播媒介－亚文化－网
络文化－研究 Ⅳ．①G206.2

中国国家版本馆CIP数据核字(2023)第064615号

流量危机：亚文化圈层的心理画像

郭 沁 著

策划编辑	徐 婵
责任编辑	卢 川
责任校对	陈 欣
封面设计	VIOLET
出版发行	浙江大学出版社
	（杭州市天目山路148号　邮政编码310007）
	（网址:http://www.zjupress.com）
排　　版	杭州林智广告有限公司
印　　刷	杭州钱江彩色印务有限公司
开　　本	710mm×1000mm　1/16
印　　张	17
字　　数	248千
版 印 次	2023年10月第1版　2025年8月第2次印刷
书　　号	ISBN 978-7-308-23645-4
定　　价	78.00元